AKINCILAR

OLYMPIA

AKINCILAR
M. TURHAN TAN

İstanbul, 2024
ISBN: 978-605-7856-81-4
Sertifika No: 33824

Genel Yayın Yönetmeni: Ersin Cengiz
Editör: Tuğba Aydın
Kapak Tasarım: Yunus Karaaslan
Sayfa Tasarım: Bilal Şenel
Baskı-Cilt: Melisa Matbaası
Çifte Havuzlar Yolu Acar Sitesi No:16
Davutpaşa/İstanbul Tel: 0212 674 97 23
Sertifika No: 45099

OLYMPIA YAYINLARI
Sertifika No: 30038
Ömerağa Mahallesi Abdurrahman Yüksel Caddesi
No: 9/1 28 İzmit/Kocaeli
Tel: 0262 324 89 34 Fax: (0262) 324 89 34
olympiayayinlari@gmail.com

AKINCILAR

M. Turhan TAN

BİR VOYVODA NASIL EĞLENİR?

Eflâk Voyvodası Vilad, kızarıp bozararak kulağına bir-iki kelime fısıldayan sevgilisi Mariçe'nin iki eline yapıştı ve haykırdı.

- Doğru mu söylüyorsun, bu dediğin oldu mu? Mariçe, sevinç içinde kekeledi:

- Evet, doğru. Çoktan beri işkilleniyordum. Bu sabah inandım çünkü kımıldadı.

- Nerede kımıldadı?

Kadın, mengeneye konulmuş gibi acılar içinde kalan ellerinden birini kurtardı, sağ kasığının üst tarafını gösterdi:

- İşte burada!

- Ya, orada kımıldadı ha. Demek ki gebesin ve utanmadan bu büyük suçu bana müjdeliyorsun. Dur, öyleyse. Erkeğinden izin almadan çocuk yapan kadınlara ne yapılacağını sana göstereyim.

Voyvoda Vilad, bu sözleri bitirir bitirmez ana olmak sevinciyle pembe bir neşe içinde gülümseyen genç kızı belinden yakaladı bir sedir üstüne attı, şaşkınlıktan dilsizleşen, korkudan da sapsarı kesilen kadıncağızın karnını açtı, kısa ve pek kısa bir an içinde kılıcını çekerek o çıplak karına daldırdı, içine tuz atılmış bir çorba çanağında kaşık dolaştırıyormuş gibi hızla kılıcını evirip çevirdi ve acı çığlıklarla can vermekte olan zavallı kadına bir kucak bağırsak göstererek bağırdı:

- İşte gebeliğin kalmadı. Bu dünyaya bir daha gelecek olursan erkeğine danışmadan anne olmaya kalkışma!...

Kadın bu sözleri duymadan ölmüştü, böğrü yıldırımla delinmiş bir ağaç gibi upuzun yatıyordu. Voyvoda Vilad, bir-iki dakika kurbanını seyrettikten sonra odadan çıktı, önüne ilk rastgelen adama emir verdi:

- Bir çuval al, içeri gir. Sedirdeki ölüyü sırtla, bir çukura at.

Şimdi içinde kuduz bir iştiha, kan dökmek iştihası kabarmıştı. Şarap yerine kan içmek, saz yerine parçalanmış ciğerlerin iniltisini dinlemek istiyordu. Bu vahşi dileğin gözlerine doldurduğu kızıl dumanla her yönde kan görüyordu, burnuna bir mezbaha bulaşıyordu!.

Şurada, burada kendisini selâmlayan askerlerin, uşakların yüzüne bile bakmayarak merdivenleri indi, dehlizleri geçti, saray kapısından çıktı. Kafasında kızıl projeler dolaşıyordu. Dillerde dönecek ve asırlarca söylenecek işler yapmak kuruntusuyla için için kıvranıyordu.

Sarayın biraz ilerisinde gözüne bir küme insan ilişti. Bunlar açlıkları kansız benizlerinden okunan bir iki düzine dilenci idi. Elsiz ve çıplak kollarını ileriye uzatarak, damarları boşalmış kemik bacaklarını bükmeye çalışarak Voyvoda'dan birer dilim ekmek dileniyorlardı.

Vilad, bu canlı iskeletleri görür görmez iliğine kadar titredi, bir peri alayıyla karşılaşmış gibi vahşi bir ihtirasa kapıldı, korku ve telâş içinde ardına düşmüş olan koruculardan birini çağırdı:

- Bu adamlar, dedi, aç. Kendilerini doyurmalı, bir daha acıkmayacak kadar doyurmalı!

Korucu, boyun kırıp dilencilerin yanına doğru giderken bağırdı:

- Dur alık! Ne yapmak istediğimi anlamadan nereye gidiyorsun. Bunları şu karşıdaki barakaya götür, güzel bir sofra kur, karınlarını doyur.

Korucu, titreyen bir sesle mırıldandı:

- O barakada Macar delikanlıları var. Emriniz üzerine kendilerini orada zincire vurduk!

Vilad'ın gözlerindeki kızıl sevinç, kıvılcımlı bir kahkahaya dönüştü, yüzünde engin bir haz dolaştı:

- Onları, dedi, sürüye sürüye kilise önüne getirin, dilencileri barakaya doldurun, yedirip içirmeye başlayın. Karınları doyunca bana haber verin.

Biraz sonra, dil öğrenmek için Eflâk'a gönderilmiş ve fakat Voyvoda'ya karşı kusur ettikleri bahanesiyle zincire vurulmuş olan dört yüz Macar delikanlısı, bir yaban mandası sürüsü gibi dörder kişilik uzun bir dizi halinde sokaklardan geçirilerek, kilise önündeki meydanlığa götürülüyordu.

Vilad'ın her dediğine boyun eğen boyarlar, onda cehennemi bir kudret bulunduğuna inanç besleyip kör bir uysallıkla kendisine bağlılık gösteren subaylar, kumandanlar, yeni bir sahneye şahit olacaklarını sezinleyerek koşmuşlardı. Voyvoda'nın yanında el pençe divan durup yer almışlardı. Bükreş halkı da küme küme oraya geliyorlardı, oynanacak acıklı oyunu seyre hazırlanıyorlardı.

Vilad, kafasında taşıdığı trajediyi canlandırmak için uzun boylu düşünmeye lüzum görmedi. Kısa bir emirle birçok odun

getirtti, onları üst üste yığdırdı, dört yana da çalı çırpı diz-
dirdi ve bu dekor tamamlanınca korucularına haykırdı:

- Şu dil bilmezleri onar onar yakınız!

Şimdi direk direk alevler içinde küme küme Macar de-
likanlısı dayanılmaz çığlıklar çıkararak cayır cayır yanıyordu.
Boyarlar, subaylar, kumandanlar, nemlenen gözlerini önle-
rine eğmişlerdi. Yüreklerinden kopup gelen sesleri dişleri ara-
sında çiğneyip Voyvoda Vilad'a duyurmamaya çalışıyorlardı.
Yalnız o, yanan insan eti kokusuyla zehirlenen havayı, derin
bir hazla yutuyor ve vahşi bir sarhoşluğun zevkiyle durduğu
yerde sallanıyordu.

Onuncu mu, on beşinci kümenin ateşe sürüklendiği sı-
rada kurbanlardan bir genç, cesur bir hamle gösterdi, bütün
kümeyi durduran bir ayak direyişiyle yürümekten kendini
alıkoydu ve bağırdı:

- Voyvoda, sen bir dahisin fakat eksiklerin var.

Vilad, en korkunç bir ölümün eşiği önünde kendisini hem
öven, hem kınayan bu genç sese karşı birden ilgi gösterdi,
cellâtlara emir verdi:

- Şu delikanlıyı sürüden çıkarın, öbürlerini yakın.

Ölüm mahkûmları gene sıra ile ve dizi dizi yakılıp durur-
ken Vilad, yanına getirttiği gence sordu:

- Adın ne senin?

- Demitriyos Yaksiç!

- Kaç yaşındasın?

- On sekiz.

- Bana "dâhi" dedin. Bunu düşünerek, anlayarak mı söy-
ledin?

- Evet.

- Öyle ise anlat bakayım, ben neden dâhi oluyorum?

- Çünkü düşmanı korkutmak için dost kanı döküyorsun. Bunu gelişigüzel yaratılmış bir adam yapmaz.

Vilad gülümsedi:

- Fena bir görüş değil. Yanımda yaşayan insanlardan hiçbiri, yaptığım işlerin sebebini bu biçimde anlayıp anlatamadı.

- Sen, gençliğinle beraber iyi gören, iyi seçen bir adamsın. Eğer bende gördüğün eksikleri de apaçık söylersen şu odun yığınına çıkmaktan kurtulacaksın.

- Ölümden korktuğum için değil, seni beğendiğim için düşüncelerimi düpedüz söyleyeceğim: Sen, biraz papağana benziyorsun?

- Ne demek bu?

- Papağanlar öğrendiklerini söylerler. Sen de yalnız kesmeyi, yakmayı biliyorsun. Halbuki düşmanları inim inim inletmek için yapılacak çok şeyler vardır. Söz gelimi...

Vilad, sanatkârlığından kuşkulanmış bir adam telaşıyla delikanlının sözünü kesti:

- Sus, bana örnek gösterme, biraz sabırlı ol. Arkadaşlarının yakılması bittikten sonra bu düşüncenin yanlış olduğunu sana göstereceğim. Göreceksin ki ben papağan değilim, duyulmamış şeyler de yapabilirim.

Zincirleri alınan Demitriyos Yaksiç, Vilad'ın verdiği emir üzerine boyarların şuasına geçti, onlar gibi gözlerini nemlendirmeyerek, önüne eğmeyerek ve hatta hiçbir acı duymayarak yurttaşlarının dizi dizi yakılmalarını seyre daldı.

Hayli uzun süren bu vahşi iş, öğleye doğru bitti, ortada koca bir yığın külle ağır bir kokudan başka bir şey kalmadı. Halk, lanetlerini haykırmamak için dişlerini sıkıyordu. Bir kısmı çocuklu olan kadınlar şahit oldukları ağır cinayetten vicdanlarına bulaşan kiri boşaltmak için kiliseye koşuyorlardı.

Vilad, birkaç dakika düşünceli durdu. Sonra, Demitriyos Yaksiçe döndü:

- Gel, kiliseye gidelim, dua edelim. Çıkışta sana bir hayli yenilikler göstereceğim.

Boyarlar ve subaylarla birlikte kilise avlusuna girdikleri vakit ilk önlerine çıkan ihtiyarca bir papaz oldu. Bu din adamı, saatlerden beri yakılan insanların ne çığlığını duymuşa, ne kokusunu almışa benziyordu. Derin bir kaygısızlık içinde lagar bir eşeğe heybe yerleştirmeye çalışıyordu. Ya dalgınlıktan veya Tanrı evinde teşrifat filân düşünmeyi yersiz gördüğünden Voyvoda Vilad'ın yanı başına gelmesiyle de ilgilenmedi, heybeyi yerleştirip eşeğe atladı, hayvanı yürütmeye hazırlandı.

Vilad, kilise avlusuna girdi gireli papazı gözden geçiriyor, onun kendisine sırt çevirip eşekle uğraşmasına içerleyip duruyordu. Herifin selâm vermeden, yan gözle bile dönüp bakmadan yola çıktığını görünce haykırdı:

- Dur bakalım bunak keşiş. Sana soracaklarım var.

Papaz, hakaret görmeye alışkın bir adam kayıtsızlığıyla eşeğin yularını topladı, durdu ve telâssız bir sesle sordu:

- Değersiz bir keşişten ne anlamak istiyorsunuz Voyvoda?

- Öbür dünyanın yolunu!..

Papazın yüzünde gülmekten ziyade ağlamaya benzeyen bir değişiklik belirdi, dudaklarında da gevrek bir cümle dolaştı:

- Drakul o yolu benden daha iyi bilir!

Kanlı düşünceler geçirip duran Voyvoda Vilad'ı bu söz büsbütün çıldırttı, kuduza çevirdi. Çünkü ona Türkler Kazıklı Voyvoda, Ulahlar cellat anlamına olarak Çepepuç, Macarlar Drakul diyorlardı. Drakul şeytan demekti ve o kelimenin şöyle bir soru sırasında söylenilmesi, Vilad'ın sillelenmesi gibi şeydi.

Papazın maksadı da, şüphe yok ki, Voyvoda'ya hakaret etmekti. O, kendisiyle eğlenmeye kalkışan bu eli kanlı hükümdar bozuntusunun durumunu, Tanrı'ya karşı dil uzatmaktan farksız bulduğu için bu dil saldırışını yapmıştı. Şimdi sessiz bir ağırlık içinde onun vereceği cevabı bekliyordu. Bu cevap, çılgın bir haykırış oldu. Vilad, bir yanına çuvaldız sokulmuş gibi çırpına çırpına bağırdı:

- Kazık, iri bir kazık, çok iri bir kazık, şu çan kulesi kadar uzun bir kazık!

Kazıklı Voyvoda'nın sarayında en bol bulunan şey kazıktı. Dost veya düşman ayırt etmeyerek her kızdığı adamı kazıklamaktan zevk alan bu kalpsiz ve vicdansız küçük kral, boy boy kazıklar yaptırarak şurada burada istif ettirmişti. Papazın şeytan kelimesini kullanarak kendinin o adla anıldığını yüzüne vurması üzerine bağırmaya başlayınca ardında bulunan korucular hemen koştular, en yakın bir yığından en uzun birkaç kazık seçip getirdiler ve onun kuduz bir kızgınlıkla verdiği emri yerine getirip bir iki dakika içinde papazı eşeğiyle beraber bulunduğu yerde kazıkladılar.

İhtiyar din adamı küçük bir ses çıkarmamış, eşeği kadar bile inlememiş, altından sokulup ucu ta boğazına dayanan kazığın üstünde çırpınmadan can verip gitmişti. Fakat kiliseden avluya fırlayıp bu kanlı sahneyi gören birkaç düzine kadın, yarım saat önceki korkunç cinayetin dumanları henüz gökte uçuşup durduğu bir sırada yapılan bu ikinci vahşiliğe karşı. Boyun devrilsin herif diye hep bir ağızdan Voyvoda'ya karşılık veriyorlardı.

Vilad, erkeklerden daha yiğit çıkarak kendini ayıplayan kadınları ilkin oradan çalakamçı çıkartmak istedi. Fakat sabahtan beri döktürdüğü kanlarla sinirleri kızgın bir gerginliğe kapıldığından ruhundaki uğursuz iştiha da yeni baştan kabarmış okluğundan bu düşüncesini çarçabuk bıraktı, başka bir dileğe kapıldı, koruculara döndü:

- Şu orospuların, dedi, kucağında piçleri olanları ayırın. Üst tarafını saçlarından sürüyerek dışarı atın.

Biraz sonra on emzikli kadın Vilad'ın önüne sıralanmışlardı. Vahşi Voyvoda bunları, bir ağılda süt kuzularını gözden geçiren aç bir kurt bakışıyla bir-iki dakika süzdü, yeni bir eser yaratmak üzere bir sanatkâr çalımıyla genç Demetriyos Yaksiçe de bir göz attı, sonra şu korkunç emri verdi:

- Bu kahpelerin memelerini kesin, yerlerine piçlerinin kafalarını yapıştırın!

Bu tüyler ürperten cinayette işlendi, on annenin memeleri koparılarak yerlerine kendi çocuklarının kesilmiş başları konuldu. Boyarlar ve subaylar gene susuyorlardı, nemli gözlerini göğüslerine eğip duruyorlardı, birden ölüveren çocuklarla onların, kesik başlarından kendi ciğerlerine akan kan içinde can vermekte olan anneleri üzüle üzüle seyrediyorlardı.

Hıçkırık ve inilti kesilince Vilad yüzünü genç Macar'a çevirdi, sordu:

- Nasıl, gördüklerin ustaca mı? O, omuzlarını silkti:

- Fena değil ama gene eksiğiniz var. Çünkü bu yaptıklarınızı da yapanlar görülmüştür!

Voyvoda kızmadı, belki hoşlandı, bir yılan bakışıyla Yaksiç'i süzdü:

- Gittikçe, dedi, gözüme giriyorsun. Bana üstat olacak çağda ve kıratta değilsin lâkin en iyi şahidim olacağına kuşku yok. Hele kiliseye girelim, sonra görüşürüz.

Vilad, hepsi soğuk terden ıslak bir örtü içinde kalan boyarlarla subaylarla ve Demitriyos Yaksiç'le birlikte kiliseye girdi. Kutsal resimler önünde diz çöküp dualar okudu, mum yaktı, papazlara para dağıttı ve ayrılacağı sırada başpapaza saygı gösterdi, o akşam saraya gelip yemekte bulunmasını söyledi.

Sokağa çıktıkları vakit Yaksiç'i sağ yanına almıştı, şen şen anlatıyordu:

- Ben, diyordu, ölümün bütün acılarını öldürmek istediğim insanlara tattırmak isterim, satır, balta, topuz bir çırpıda ölüm getirir. Böyle bir durumda ne ölen acı duyar, ne öldüren tat duyar. Seyircilerin bile ipe çekilmiş yahut kılıçla başı uçurulmuş bir adamın ölümü mahkûmunu seyre değer bir biçimde kıvrandım, çırpındırdım inletir. Fakat onun da büyük bir eksiği var: Kansızlık!... Zehirle ölenlerin kanı akmaz. Kan görülmeyen ölüm sahnelerinde de hiç tadı olmaz. Bunun için ben yakmayı veya kazıklamayı tercih ederim. Yakılan adamın ölümü seyre doyulmaz bir şeydir. O gibilerin kanları kızıl bir alev olur, fıskiyeden fışkıran sular gibi gökyüzüne sıçrar. Hiçbir odun, hiçbir çıra bu güzel kokulu alevi veremez. Kazıklanıp ölenlerin inceliği kıvranışlarındadır. Hiçbir köçek, hiçbir usta oyuncu kadın, kazık üstünde kıvranan ölüm mahkûmu kadar ahenkle bükülüp doğrulamaz. Bu oyunun müziği de kendisindedir. Kazıklanan adam hem oynar, hem ırlar!

Biraz durduktan sonra sordu:

- Sen, benim bu düşüncelerimden, bu buluşlarımdan daha üstün bir şey düşünebiliyor musun?

- Elbette düşünüyorum. Eğer sizi adam öldürtmekte biraz acemi görmesem ortaya atılır mıydım?

- Fikirlerini açık söyle, eğer bana bir yenilik öğretirsen seni baş boyar yaparım.

- Teşekkür ederim. Fakat baş boyar olmaktan ziyade adam öldürmek sanatında ustalığımı tanımanız beni bahtiyar edecektir.

- Buna da peki diyelim de bahse geçelim.

- Muhterem Voyvoda. Benim sizde gördüğüm sanat eksikliği, eti ve siniri düşünüp yüreği, ruhu unutmanızdır. Siz öldürmek istediğiniz adamlara yalnız ten acısı sunuyorsunuz. Bunu ne kadar ustalıkla yapsanız, bir mahkûmun ruhunu ateşe vermekteki inceliğe yaklaşmış olmazsınız.

- Anlamadım delikanlı. Fikrini aç.

- Örnek göstererek sizi aydınlatacağım Voyvoda. Deminden beş-on kadının memelerini kestirdiniz, sonra da çocuklarının kafalarını koparıp o memelerin yerine koydurdunuz. Bu bizim Macar delikanlıların ateşte yakılmasından da, papazla eşeğinin kazıklanmasın dan da ince bir işti. Fakat adam öldürmek sanatı bakımından sakattı. Çünkü usta bir sanatkâr, o anneleri kendi çocuklarının başlarını koparttırmakla işe başlardı. Bu biçim davranışladır ki ölüm mahkûmu kadının ruhu da acı duyardı, iniltisi keskinleşirdi.

Vilad, genç Macar'ın omzuna kuvvetli bir yumruk indirdi:

- Beğendim, dedi, gerçekten beğendim. Bundan sonra öldüreceğim adamların ruhlarını da bağırtmayı boşlamayacağım. Yalnız sen, büyük işlerde bana güzel fikirler vermekten, yenilikler öğretmekten geri kalma. Vazifen budur, yerin de sarayımdır. Artık Macar yurdunu unutacaksın!

Demitriyos Yaksiç'in gözlerinde bir pırıltı belirip söndü, ince dudaklarından birkaç teşekkür kelimesi döküldü. Vilad, kendi dehasına hayranlık göstermekle beraber o dehayı yükseltecek yolları da bilen delikanlının mırıldanışını işitmemiş gibi davrandı, başını ardına çevirip koruculara sordu:

- Dilenciler ne oldu? Cevap verildi:

- Yediler, içtiler, size dua ettiler, barakada emrinizi bekliyorlar.

- Gidin, hepsini birer kazığa zincirle bağlayın barakayı ateşe verin.

Ve Demitriyos, Yaksiç'e döndü:

- Bunların üzerinde senin dediklerini sınamak istemem.

Çünkü dilencilerin ne kalbi ne de ruhu vardır. Onlar midelerine bağlı olarak yaşarlar. Onun için kendilerini sadece yaktırıyorum!

Bu kan ve vahşet dolu günün gecesinde Vilad'la Demitriyos ve Bükreş kilisesinin başpapazı birlikte yemek yiyorlardı. Henüz ilk lokmaların alındığı sırada Voyvoda birden dalgınlaştı, yemeği ve yanındakileri unutmuş gibi görünerek uzun bir zaman düşündü, sonra uykudan uyanıyormuşçasına silkindi, derin derin içini çekti.

- Yaksiç, dedi, bugün kaç kişi yaktım, kaç kişi kazıklattım, kaç kişi parçalattım?

- Yataktan kalkar kalkmaz metresim Mariçe'yi kendi elimle öldürdüm. Sonra dört yüz Macar delikanlısını ateşe attırdım, içlerinden yalnız seni ayırdım. Arkasından bir düzineye yakın kadın ve çocuk öldürttüm, yirmiden fazla dilenci yaktırdım, bir papaz kazıklattım. Altı yüz Bohemyalı tacir, şimdi pazar yerinde kazığa vurulmaktadır. Bulundukları köylerde, kasabalarda oturan halkın sayısını bana doğru bildirmedikleri için beş yüz boyar da içendi evlerinin önünde kazıklanmak üzeredir. Demek ki bin beş yüz elli kadar cana kıydım.

Başpapaz, bu korkunç hesabın kafasına aşıladığı sersemlikle Vilad'ın önündeki ekmek dilimini aldı ve mırıldandı:

- Canım sağ olsun!

Voyvoda, genç Macar'la konuşurken onun hulûs çakmak şeklin de araya söz karıştırmasına kızdı:

- Papaz efendi, dedi, başkalarının malına el atılmamasını kilisede bağıra bağıra söyleyen sizsiniz, değil mi?

- O, damdan düşercesine yapılan bu sorunun ne yüzden yapıldığını anlamayarak şaşkın şaşkın cevap verdi.

- Evet!

- O halde ne halleder de benim önümdeki ekmeği alırsın?

Ve papazın bir şeyler söylemesine meydan vermeden hizmetçilere emir verdi:

- Alın şu soysuz herifi, saray avlusunda kazığa vurun! Baş papaz palas pandıras sürüklenirken o, gevrek gevrek güldü:

- Yaksiç, dedi, ekmek meselesi bahane. Seninle konuşurken bugünlük kokan ihtiyarın yanımızda bulunmasını islemedim, onun için kendisini kazıklattım. Onu yemeğe çağırmamak daha iyi idi ama, dalgınlıkla çağırmış bulundum. Sonra da pişman oldum, işte cezasını verdim.

Ve birden kahkahalar savurmaya girişti, güldü, güldü, güldü, sonra kahkahalarının sebebini anlattı:

- Bugün öbür dünyaya yolladığım bin beş yüz adamın başında iki de papaz bulunmak gerekti. Herifler yeraltı âleminde çarçabuk papaz bulamazlarsa ibadetlerini yapamazlar, vebal altında kalırlar! Ben, kendilerini dünya sıkıntısından kurtardığım gibi gittikleri yer de günaha düşmemelerini de düşünüyorum.

- Artık Allah'ın da, insanın da yanında benim iyiliğimi söylerler, değil mi?

Demitriyos Yaksiç, zırdeli Voyvoda'nın sözlerini dinliyor fakat bir karşılık vermiyordu. Çünkü onun kara ve bulanık ruhunu çok iyi kavramıştı. Küçük bir kelimeden o ruhun kirli bir su gibi kabaracağını, dört yanına boğucu çamurlar püsküreceğini biliyordu.

Vilad da onun hayran hayran kendini dinleyişinden haz alıyordu. Yalnız söylemek ve hiçbir şey dinlememek bu eli kanlı adamın âdeti idi. Bu âdete saygı göstermeyenleri, kim olursa olsun, parçalamak isterdi. Genç Macar'ın bu çirkin zevke gösterdiği uysallık son derece hoşuna gidiyordu. Başpapaz'ın kazıklanması hakkındaki mülâhazalarını söyledikten sonra gülmeyi bıraktı, ağırlaştı, tasalı görünür bir sesle başka bir bahse geçti:

- Kimse, tek bir kimse içimde dolaşan kurdu sezmiyor, sezemiyor. Gece-gündüz yanımda bulunanlar, beynimde kıvranan yılanı görmüyor, göremiyor. Ben de bu görmemezliğe kızıyorum, alabildiğine kan döküyorum. Yalnız kan, yalnız ateş o kurdu uyuşturuyor, o yılanı uyutuyor. Fakat bugün onlar gene ayakta. Döktüğüm kanlardan içime ferahlık gelmedi.

Sustu, dalgınlaştı, iri başını göğsüne dayayarak düşünceye daldı. Dimitriyos bir günde bin beş yüz adamı ateşe atan, kazığa vuran, parçalatan bu duygusuz mahlûkun demlenmesine, âciz ve bitkin görünmesine için için şaşıyordu, olanca dikkatini gözüne toplayarak herifi süzüyordu.

Pıhtı pıhtı kanla çevrili demir bir topuz gibi her gözde korku uyandıran bu iri kafa şimdi ölü bir kelle gibi cansız görünüyordu. Bu adamın adı, dillerde gezen Kazıklı Voyvoda olduğuna bin bir tanık isterdi. O kadar silik, o kadar sönük duruyordu.

Vilad, uzun zaman bu çökük durumda kaldı, sonra ağırlaşmış gibi görünen başını yavaş yavaş kaldırdı, inler gibi mırıldandı:

- Türklerle bozuşacağız: İşte beni çileden çıkaran. Deli yapan, kana bulayan dert!

Dimitriyos'un kulakları, sese henüz alışan bir sıpa kulağı gibi oynadı, gözleri parladı ve kendini tutamayarak sordu:

- Türklerle bozuşacak mısınız?

- Evet, üzülerek söylüyorum, evet. Kardeşim Radol, Osmanlı Padişahı'nın yanındadır, gözdedir. Hünkâr bu sütü bozuk çocuğu benim yerime geçirmek istiyor. Bunu çoktan duydum.

- Fakat Macar Kralı: Matyas Korvenle aramın iyi olmasından ötürü şimdiye kadar Türklerin saldırışına uğramadım. Şimdi Radol edepsizi sabırsızlanıyor, aşkını sıkıştırıyor, başıma bir çorap örtüvermek istiyor!

Ve birden ayağa kalktı, sofrayı tekmeledi, sahanları devirdi, Yaksiç'inin yakasına yapıştı, bağırmaya koyuldu:

- Korkuyorum, Türklerden korkuyorum, Beni Kazıklı Voyvoda yapan işte bu korkudur. Deminden içimde kurt, kafamda yılan var, dedim. O kurt, o yılan hep Türk korkusudur.

- Gece uyuyamıyorum, gündüz rahat nefes alamıyorum. Gözümün önünde hep Türkler dolaşıyor. Bu hayaletlerden kurtulmak için kan döküyorum, insan kazıklatıyorum.

Delikanlıyı, cılız bir ağaç silker gibi hızlı hızlı salladı.

- Bana yol göstereceksin, mutlaka bir yol göstereceksin.

Türklerin ayakları altında kalmamam için çare bulacaksın yoksa seni de yurttaşların gibi yakarım, hem kazıklattıktan sonra yakarım.

Demitriyos ne telâş, ne ürküntü gösterdi, soğukkanlılığını kaybetmeden cevap verdi:

- Her güçlüğün bir de kolay yanı vardır. Beni dinlerseniz Türk korkusunu da gidermek mümkün olduğunu anlarsınız.

Vilad, delikanlının yakasını bıraktı, inanmazlıkla dolu gözlerini aça aça sordu:

- Doğru mu söylüyorsun, beni bu yaman korkudan kurtaracağını umuyor musun?

- Ummasam açık söylerdim, elimden bir şey gelmez, derdim.

Voyvoda, Yaksiç'in yüzünü şapır şapır öptü. Yanı başına oturdu, yalvardı:

- Ne düşündüğünü söyle, uzun uzun söyle. Eğer benimde içime inanç verirsen seni kendime dost edinirim.

Genç Macar, kısa bir düşünceden sonra fikirlerini anlatmaya girişti:

- Türklerden korkmakta haklısınız. Çünkü Türk, yeryüzüne inmiş bir buluttur. Durmadan yürür ve durmadan yıldırım püskürür. Dağılmak bilmeyen bu bulutun önünde sağ kalma imkânı yoktur. Sonra Türklerin size saldıracakları da doğrudur.

- O halde?...

- O halde yapılacak şey Eflâk ormanlarına doğru yağacak yıldırım serper bulutu başka bir yola çevirmekten ibarettir.

- Bu yolu bulabilecek misin?

- Buldum bile Macaristan!

- Türkleri Macarların üstüne mi saldırtacaksın?

- Evet, muhterem Voyvoda. Hem de kolaylıkla!

- Bana olmaz işler konuşuyoruz gibi geliyor. Fakat düşün ki ben, en küçük şakayı kazıkla cezalandıran bir adamım. Yaksiç, omuzlarını silkti:

- Lütfen, dedi, dinleyiniz. Fikirlerimi beğenmezseniz istediğinizi yapabilirsiniz?

- Söyle fakat açık ve çabuk söyle delikanlı.

- Bizim Kralımız Matyas Korven, düpedüz piç olan Jan Hunyad'ın oğludur.

- Biliyorum eski kral Sigizmond, küçük Niğbolu'da Türk'ün gölgesinden korkup kaçarken Elizabet Morsine'yi bir köyde tanıdı, gebe etti, dokuz ay sonra Jan Hunyad çıktı fakat onun piçliğinden oğluna ne? İşte bugün Macar Kralı'dır.

- Macar Kralı'dır ama tahtını Macarların yüreğinde kuramamıştır. Bizim tasasız yaşamamız için aşağı Turtadan korkumuz olmamak lâzımdır. Halbuki kralın gözü hep yukarıda Viyana tarafın da. Çünkü Habsburglardan korkuyor, onlara karşı tahtım korumak istiyor. Bu yanlış politika da bizi kızdırıyor ve bize onun bir piç oğlu olduğunu hatırlatıyor. Kral'ın ikinci bir saçma işi de sarayına İtalyan şairler doldurması Lâtince'yi ve Lâtinleri, Macar'dan, Macarlardan üstün tutmasıdır. biz buna da içerliyoruz.

Voyvoda bağırdı:

- Ben de sana içerlemeye başladım. Benim işimi bir yana koydun, sözü Macarlara çevirdin.

- Bunları söylemezsem fikrimi iyi kavrayamazsınız. Türk bulutunu Macaristan'a nasıl çevireceğimi anlatabilmek için kralın durumunu göstermek gerektir.

- Buralarını kısa kes bari.

- Macarların kralı sevmediklerini anladınız, değil mi? Hâlbuki onun karısı Beatris, kocasını bir sezar yapmak ister. Napoli Kralı'nın kızı olan bu kadın, kafasından aş seren bir dişidir. Beyni gebelikten kurtulmaz, çeşit çeşit fikirler doğurur. İşte siz bu kadına yanaşmalısınız, Türklerle yapılacak bir savaşın kocasına getirecek şerefi anlatmalısınız.

- Haydi ben anlatmaya çalışayım, kadın anlar mı? Anlasa bile kocasını kandırıp Türklere karşı savaş açtırabilir mi?

- Bu, kullanacağınız dile bağlıdır.

- Ne dili kullanacağım?

İstanbul'u ele geçiren Türklerin şimdi Roma'yı da zapt etmek istediklerini söyleyeceksiniz, Romanın Türk eline geçmesi bütün İtalya'nın Türkleşmesi demektir. Böyle bir durumda kraliçe Beatris'in içinde doğup büyüdüğü Napoli sarayı göçmüş olacak ve onun annesi-babası yurtsuz kalacaktır. Sonra Türklerin, Roma'yı, bir taraftan da Belgrad'ı kendilerine merkez yaparak Viyana üzerine yürüyeceklerini yazacaksın. Bu yürüyüş amacının bulursa Beatris'in şimdi başın da taşıdığı taç da yuvarlanacaktır. İşte bu sözlerden telâşa düşecek olan Beatris kocasını sıkıştırmaya koyulacak ve zaten onu bir Sezar görmek istediği için elinden geleni yapıp kendisini Türklerin üzerine gönderecektir.

- Bundan benim ve hele sizin kazancınız ne olacak?

- Siz, uzunca bir zaman Türk bulutundan düşen yıldırımlardan uzaklaşmış olacaksınız. Kardeşiniz Radol'e bir oyun oynamak için düşünmekte serbest kalacaksınız. Ben de yurttaşlarımın ayaklanıp Matyas Korveni kovdurduklarını, Macar tahtına bir piçin soyumdan gelmeyen temiz kanlı bir kral oturttuklarını görüp uzaktan sevineceğim. Çünkü Matyas Korven Türklere yenilmezse de sarsılacaktır. Macarların ayaklanmasını bastıramayacaktır.

Vilad, oda içinde bir aşağı, bir yukarı gezinmeye koyuldu. Bir taraftan başını kaşıyor, bir taraftan bıyıklarını büküyordu. Dört yüz delikanlıyı bir sözle ateşe atan bu adam, Türk korkusuyla iradesini kaybetmişe benziyordu. Duruşu, düşünüşün yüreğindeki korkunun beyninde bir kargaşalık yarattığını apaçık gösteriyordu:

- Düşüncen, dedi, boş değil. Yalnız bir pürüz var. Onu da giderirsen dediğini yapacağım.

- Bu pürüz nedir Asaletmeab?

- Henüz bugün yaktırdığım dört yüz genç Macar'ın hatırası! Onların ateşe atıldıklarının haberiyle benim Beatris'e yazacağım mektup bir günde Budapeşte'ye varırsa durumumuz çok gülünç olmaz mı?

Yaksiç gülümseyerek cevap verdi:

- Aman Asaletmeab, düşündüğünüz şeye bakın. Kocasını Sezar yapmak istediğiniz bir kadın, o büyük şerefin kuruntusu ile sarhoş olurken dört yüz delikanlının yanışını mı düşünür?

Hele, siz Buğdan topraklarını alıp Beatrise armağan edeceğinizi mektubunuzun bir yanında söyleyiverirseniz yurttaşların ölümü Budapeşte sarayında dile bile alınmaz.

Ve birden hatırlanmış gibi sevinçle ilâve etti:

- Yazacağınız mektupta bu delikanlılar işini önsöz olarak koymanız da mümkün. Onların Bükreşte Türk propagandası yaptıklarını, Majeste Matyas Korven'e karşı Boyarlarda sevgisizlik uyandırmaya çalıştıklarını ve bu alçakça hareketlerin benim tarafımdan size haber verilmesi üzerine kendilerini cezalandırdığınızı yazarsanız, akan sular durur. Beatris'te, kocası da size teşekkür eder. Bu önsözün ardından dediğim şeyleri sıralarsınız.

Vilad, kısa bir düşünüşten sonra bu fikri de beğendi:

- Şimdi, dedi, sana büyük sırrı açmaktan çekinmem.

- Çünkü anladım ki beni seviyorsun ve bana yar olacaksın.

Yaksiç'in gözlerinde yine hain bir parıltı doğup söndü fakat dudakları kapalı kaldı. Vilad, onun içinde kaynayan ve ışığı gözbebeklerine kadar yükselen sevinci sezmedi, sır dediği şeyi anlatmaya koyuldu:

- Fatih Sultan Mehmet, gözdesi olan kardeşim Radof'u benim yerime geçirmek istediğini bana sezdirmemek istiyor. Dolaşık yollardan yürüyor. O, birine atılmayı tasarlayınca ilkin ortaya bir sürü ağır dilekler atar. Bunlar yapılamayınca kızmış görünür ve savaşa çıkar. Benden de geçenlerde beş yüz seçme delikanlı ve hediye ödenmek üzere on bin altın da vergi istedi. Delikanlı istemesinin sebebi beni Boyarların,

23

Eflâk halkının, Buğdanlıların, Macarların yanında küçültmektir. Onun sarayına böyle bir alay genci gönderirsem düpedüz muhabbet tellâlı sayılacağım. Sonra bu delikanlıları halk arasından seçeceğim için üstüme bulaşacak kir, katmerleşecek. Şu veya bu küçük hükümetler Türk sarayına vergi veriyorlar. Benim de o çirkin yükü omzuma alışım pek ayıp sayılmaz ama beş yüz delikanlı göndermek meselesi kötü. Bunu yaparsam kendini güle güle bir erkeğe sunduktan sonra o erkeğe etek dolusu para da veren bir orospu durumuna düşeceğim.

Biraz durdu, sonda yine söze başladı:

- Ben bu ağır dilekler önünde çıldırasıya kızmakla beraber Fatih Sultan Mehmet'i oyalamak istedim. Gergin sinirlerimi şunu bunu kazıklayarak uyuşturmaya çalıştım, ona karşı ise uysal göründüm, kendini birkaç ay oyaladım.

Demitriyos, işin içyüzünü kavrayabilmek kaygısıyla dayanamadı, sordu:

- Nasıl oyalayabildiniz Asaletmeab?

- Düşüneyim, dedim. Para bulmaya savaşıyorum, dedim.

- Delikanlıları kendim seçmek istiyorum, dedim. Sözün kısası, her dereden su getirdim, birkaç ay işi savsakladım. Artık söylenecek yalan kalmadı, Fatih Sultan Mehmet de ekşi söz söylemeye başladı. Dün akşam gelen bir çavuş bu sözlerin en ağırını getirdi.

- Bizim haberimiz yok Asaletmeab, bu çavuş ne vakit geldi?

- Dün akşam. Fakat ben kendisiyle haşhaşa kalıp görüştüm. Kâtiplerime bile neler konuştuğumu belli etmedim.

- Herif, demek ki, canınızı sıktı.

- Canımı sıktı da sözümü be çocuk. Yüreğimi ağzıma getirdi, sinirlerimi altüst etti. Bugün döktüğüm kanlar hep onun yüzündendir.

- Ne konuştuğunuzu sorarsam suç işlemiş olur muyum Asaletmeab?

- Seni dost tuttuğum ve dost tanıdığım için sorabilirsin, ben de işte anlatıyordum: Çavuş, benimle Fatih Sultan Mehmet arasındaki durumun sağlamlaştırılması artık gerektiğini ve bu işe Vidin Valisi Çakıra Hamza Paşa'nın memur edildiğini söyledi. Çakır'ın yanında Hünkâr'ın bir kâtibi de bulunacakmış.

- Bu kâtip kim çok Asaletmeab?

- Yunus adlı bir Rum dönmesi. Öz adı Katabolinos'tur.

Fatih'in gözdelerindendir. Çavuşun dediğine bakılırsa Çakırcı Hamza ile Yunus benimle görüşecekler, vergi ve beş yüz delikanlı işini sağlam bir kazığa bağlayacaklarmış. Çavuş bu tebliği yaptıktan sonra bir şey daha söyledi, gözlerimi fal taşı gibi açtırdı. Fatih, vergiyi ve delikanlıları gönderir göndermez benim de İstanbul'a gidip ayağını öpmemi istiyormuş. Onun kurmak istediği tuzak pek belli. İlkin paramı alacak, sonunda da İstanbul'a götürüp asacak!

- Siz ne cevap verdiniz Asaletmeab!

- Vidin valisine bir elçi heyeti göndereceğimi, müzakereye girişeceğimi, sırası gelince de İstanbul'a gideceğimi söyledim herifi ek gece yarısı yola vurdum, Bükreş'ten uzaklaştırdım. Onun ve efendisini paramparça edememenin hıncını metresimden, senin yurttaşlarından, dilencilerden ve şundan bundan çıkardım.

Elini alnından geçirdi, gamlı gamlı sordu:

- Şimdi bana bir yol göster. Kraliçe Beatris'e mektup yollamakla, Macar Kralı'na kavuk sallamakla Fatih Sultan Mehmet'in sillesinden kendimi kurtarabilecek miyim?

- Yüzde yüz Asaletmeab. Elverir ki biraz zaman kazanalım, Budapeşte sarayını harekete getirelim, umduğum gibi Macarlar, Sırplar da kendilerine uydurarak Türklerin üzerine saldırırlarsa siz, birkaç yıl geniş nefes alabilirsiniz. Bu yıllar içinde ise çok şeyler düşünülür, çok şeyler başarırım.

Vilad, bıyıklarını yiye yiye yine dolaşmaya koyuldu ve birden Yaksiç'in ellerine yapıştı:

- Kendimi, dedi, sana veriyorum. Beni artık sen kullanacaksın. Fakat benim bu güvenime karşı senin de bana candan bağlı olmanı isterim.

- Candan da, yürekten de size bağlıyım ve size bir köle gibi hizmet edeceğim.

- Buna inanabilmek için birbirimize daha yakın olmalıyız.

- Ne gibi Asaletmeab?

- İstanbul sarayında kardeşim Radof'un aldığı yeri, sen de benim sarayımda ve yüreğimde almalısın!

Kazıklı Voyvoda'nın birinci gözdesi olarak ortaya çıkan Demitriyos Yaksiç, yorulmak bilmez bir çalışma içinde İstanbul ve Şudin saraylarıyla mektuplaşmaya girişti her iki tarafa da yalanlar savurdu, dalkavukluklar yaptı, birkaç ay her bakımdan dostu olan Vilad'ı şen yaşattı, Eflâk topraklarını barış tadına erdirdi.

Matyaş Korven karısının zoru ile bir takım teşebbüslere girişmişti. Türklere karşı siyasal bir çember kurma düşüncesine kapılmıştı. Midilliyi almak, Venediklilere sert bir ders vermek isteyen İstanbul sarayı, bir müddet Bükreş'te dönen

entrikalara göz yumar gibi göründü, lâkin Macarların Eflâk
ve Buğdan işlerine önem verdiklerini, gizliden gizliye hazırlıklara başladıklarını anlayınca bu hoş görüşlüğü birden bıraktı, Kazıklı Vovyoda işini öbür meseleden önce bir sona erdirmeyi düşünür oldu.

Fatih, kendi gözdesi Radolü Eflâk Voyvodası yapmak istiyordu. Lâkin bu dilek, bu sütü bozuk delikanlıyı memnun
etmek düşüncesin den ziyade bir imparatorluk şeklini almaya
başlayan Osmanlı devle tinin kuzey sınırlarını genişletmek,
sağlamlaştırmak kaygısına dayanıyordu. Bununla beraber o,
hesaplı davranıyordu, adımlarını tartarak atıyordu. Çünkü
Eflâk işiyle uğraşırken Macarların, Venediklilerin, Bosnalıların, Karamanlıların hücumuna uğramak ihtimali vardı.

Fatih bütün bu ihtimalleri göz önünde tutarak Eflâk üzerine yürümek için en uygun günü bekliyordu. Lâkin Kazıklı Voyvoda'yı da boş bırakmıyordu. Vidin Valisi Çakırcı
Hamza'yı araya koyarak onu, gün geçtikçe artan bir sertlikle
sıkıştırıyordu. Bir aralık, ordular yürütmeden şu işi başarabilmeyi sınamak istedi. Çakırcı Hamza'ya gizli bir emir gönderdi, iyi bir düzenle Voyvoda Vilad'ı yakalarsa çok memnun
kalacağını bildirdi.

Çakırcı Hamza, Fatih'in bir kat daha gözüne girmek için
yaman bir hırsa kapıldı, yanında bulunan Yunus Bey'le baş
başa verip bir plân kurdu. İlkbahar günlerinden birinde bir
gezinti yapmayı, Eflâk Bulgaristan arasında bir yere çıkılarak Voyvoda'nın av bahanesiyle oraya çağırılması kararlaştırıldı. Vilad bu çağırışa uyup da gelirse yakalanacak, bir semerli beygire atılıp İstanbul'a yollanacaktı.

Plânı tasarlayan Yunus Bey'di. O, Türklerin konuklarına
ihanet etmeyeceklerine, evlerinde veya çadırlarında bulunan

bir adamın düşman da olsa canına kıymayacaklarına bütün dünyanın inanmasını göz önünde tutarak böyle bir düzen kurmayı faydalı bulmuştu. Çakırca Hamza da, fikrin kendinden doğmadığını düşünerek Yunus Bey'e "peki" demişti.

Lâkin Yunus Bey'in İstanbul'daki kardeşine yazdığı bir mektupta "kimseye söyleme, yakında Voyvoda Vilad'ı kafese koyacağız," diye bu düşünülen düzeni bildirmesi üzerine iş, umulmayan bir yola girdi. Yunus Bey'in kardeşi henüz dinini bırakmamıştı. İstanbul'un yeni sahiplerine yan bakmaktan da vazgeçmemişti. Kardeşinin mektubu nu alır almaz bir yolunu buldu, Bükreş'e haber uçurarak Vilad'ı kurulan düzene karşı uyanık bulunmaya zorladı.

Bu adam, yaptığı casusluktan ne gibi hâdiseler doğacağını tahmin edemiyordu. Yahut küçük bir çapta da olsa Türklerden hınç almak istiyordu. Fakat bu ülkü uğrunda kardeşine de ziyan geleceğini şüphe yok ki bilmiyordu. Eğer bunu bilse veya sezseydi şimdi anlatacağımız kanlı sahnenin yaratılmasına, uzaktan olsun alet olmazdı.

Evet, Yunus Bey'in gevezelik edip kardeşine o mektubu yazması, onun da miskin bir hınca kapılıp Bükreş'e haber yollaması üzerine tarihte çok seyide görünen bir vahşi dram perdesi acildi. Bu perdeyi kuranlar, dramı oynayanlar Voyvoda Vilad'la Demitriyos Yaksiç'tir.

Onlar İstanbul'dan gönderilen Jurnali alır almaz baş başa vermişler, Çakırcı Hamza Paşa'nın kurduğu düzene karşı yapacakları işi güzelce tasarlamışlardı. O sırada Macar Kralı Matyas Korven ve karısı Beatris pek yakında Türklerin üzerine hücum edeceklerini inandırıcı bir dille bildirmiş bulunuyorlardı. İstanbul'daki casuslar, Türklerin denizde ve Morada Cenevizlilere, Venediklilere harp açmayı düşün düklerini yazıp duruyorlardı. Eflâk'a büyücek bir ordu, silâh başında bulunuyordu. Ne Vilad, ne Yaksiç, İstanbul'dan korkmak için bir neden göremiyorlardı. Hatta Macarların Sırplarla, Bosnalılarla, Arnavutlarla yaptıkları el ve dil birliğini canlı bir hak koymak, Venedikleri de Türklere karşı harekete geçirmek için ok adımı atmayı kendileri için bir borç tanıyorlardı. Eflâk'tan İstanbul'a doğru atılacak bir tükürüğün Balkanlarda bir tufan yaratacağına inanıyorlardı.

İşte hu inanla yüreklerinde korkuya yer vermediler, korkunç bir plân çizdiler. Çakırcı Hamza Paşadan gelecek haberi beklemeye koyuldular. İstanbul'dan gelen jurnalin doğruluğunu gösteren bu ha berin gelmesi çok gecikmedi ve bir gün valinin mektubunu taşıyan bir ulak Bükreş sarayında boy gösterdi.

Mektup, yazdığımız düzene uygun, bir davet getiriyordu. Vilad, böyle bir çağırışın kendisi için büyük bir şeref olduğunu söyledi, hemen teşekküllü bir cevap yazdı, ulağa da bol ikramlar yaptı, paralar ve kumaşlar verdi, sevindirerek geri yolladı. O tarafta artık sevinç içindeydi, Yunus Bey Voyvodanın cevabı gelir gelmez İstanbul'a ta tarlar çıkarmıştı, saraya müjdeler uçurmuştu. Onun inanışına ve yazışına göre Vilad, çantada keklik gibi bir şeydi. Bu kekliğin kebap edilmek üzere İstanbul'a yollanması bir gün işi oluyordu.

Vilad'la Yaksiç'te sevinçlerinden zil takıp oynuyorlardı. Bunların taşıdığı kanaate göre de Çakırcı Hamza Paşa ile yanındaki saray kâtibinin yakalanması, pınar başında su içmek kadar kolaydı, bu hâdiseden bütün Balkanları ayaklandıracak sarsıntılar kopması da enikonu elle tutulacak kertede olgun bir hakikatti.

İşte bu Vaziyette Çakırcı Hamza Paşa, göz kamaştırıcı bir alayla Vidin'den çıktı, Tuna üzerinde yukarıya doğru bir gezi yaptıktan sonra geri döndü, kalafat noktasında karşı yakaya geçti, çadır kurdu, avlanmaya başladı. Bükreş sarayıyla yaptıkları anlaşmaya bakılırsa Voyvoda Vilad da oraya gelecekti, kendisiyle birleşecekti.

Bir gün, iki gün, hatta üç gün geçti. Vilad'dan bir haber çıkmadı, bir iz belirmedi. Çakırcı Hamza Paşa da sinirlenmeye başladı. Ne o ne Yunus Bey, Voyvoda'nın kurulan düzeni sezinsemiş olmasından kuşkuya düşmüyorlardı. Yalnız herifin bu görüşmeyi, herhangi bir mülâhaza ile kendi için yersiz bularak kalafat taraflarına gelmekten vazgeçmiş olmasından korkuyorlardı. Böyle bir şey, Fatih Sultan Mehmet'e karşı kendilerini çok küçük düşürecekti, kellelerinin bile bu durumda düşmesine imkân vardı.

Fakat bir gün Bükreş yolundan bir kalabalık göründü, Çakırcı ile Yunus'un da yüzü güldü. Gelenler bir aşçı ve bir saz takımıyla bir koç Boyar'dan, bir-iki katar katır yükü yiyecek, içecekten ibaret olup başlarında Demitriyos Yaksiç bulunuyordu.

Genç Macar, terbiyeli ve keskin duygulu finolar gibi yaltaklanarak, tatlı diller dökerek Voyvodanın saygılarını, selâmlarım Vidin valisine bildirdikten sonra efendisinin İstanbula gönderilecek deli kanlıları ve on bin altın vergiyi yanına alıp gelmek üzere bulunduğunu, kendisinin ilk peşkeşleri getirmek ödeviyle yollandığını anlattı, Çakırcıya ve Yunus Bey'e hayli değer taşır armağanlar sundu. Aynı zamanda Voyvoda gelinceye kadar onları konuklamaya memur edildiğini söyleyerek hemen mutfak çadırları kurdurdu, kazanları sıralattı, bir düzüne aşçıyı çalıştırmaya koyuldu.

Artık Çakıcı Paşa memnundu, Yunus Bey geniş bir nefes alarak çadırında yan gelip uzanmıştı, şu Vilad işini başardıktan sonra bir yolunu bulup Eflâk Voyvodalığına geçmek kuruntusuyla beynini sakinleştiriyordu.

Yaksiç'in oraya gelir gelmez ayağının tozuyla kurduğu sofra, ger çekten ağız sulandıracak bir biçimdeydi. Ta Macaristan bahçelerin den devşirilmiş çeşit çeşit yemişler, Kıbrıs malı şaraplar, lezzetleri kokularında uçuşan yemekler, ilk bakışta en ölgün iştihaları sallandıracak bir özellik taşıyorlardı.

Çakırcı Hamza'yı obur ve çok obur bir duruma düşüren, sofranın pek nefis oluşundan ziyade sofracıların seçkinliği idi. ikinci Sultan Muratın şerbetçiliğinden yetişmiş olan Hamza Paşa, ne Edirne'de İstanbul sarayında bu biçimde sofracılar görmemişti. Vilad, gerçekten zevk ehli olduğunu yalnız bu genç hizmetçileri giydirişiyle belli etmiş oluyordu. Koca Voyvoda, Eflâk topraklarına adım atan! Vidin valisine hizmet için sofracı değil, Tuna kıyılarında bir gönül karışıldı yaratmak için sanki canlı bir ebem kuşağı yollamıştı.

Çakırcı Paşa'yı, her şeyden çok, artık işte bu ebemkuşağı oyalıyordu. Kuşağın çizgileri demek olan her uşak, bir başka biçimde giyinmişti. Kimisi Hint alacasından, kimi Mirza boğasından kapama taşıyor ve şal kuşak kuşanıyordu. Bir kısmı Kırım kesimi beyaz gömlek giymiş ve som sırma kuşak takmıştı. Süt mavisi bezden yelek, Venedik kadifesinden üstlük giyenler bu alaca kümeye başka bir renk veriyorlardı. Bunların hepsi çakşırsızdı, gömleklerinin yırtmaçları da hayli uzun olup altın kopça ile ilikli bulunuyordu. Fakat bu düğmeler, uşakların yürüyüşleri sırasında gümüş topukların pırıldamasına engel olmuyordu.

Bu manzaraya kıvrak ırlayışlarla kulaklarda tatlı bir sarhoşluk yaratan usta çalgıcıların hünerini de katarsak Çakırcı Paşa'nın durumunu biraz daha canlı olarak göstermiş oluruz.

Vidin valisi işte bu dekor içinde içti, yedi, içti, yedi, gece yarısına kadar sofra başında kaldı. Voyvodayı, Eflâk işlerini, Fatih Sultan Mehmet'i ve her şeyi hemen hemen unutmuştu. Kanmadan, kanamadan şarap içiyordu; doymadan, doyamadan çerez yiyordu; durmadan, duramadan gümüş topuk seyrediyordu.

Yunus Bey'in de ondan aşağı kalır yeri yoktu. Sinir pekliği, mide sağlamlığı bakımından Hamza Paşaya göre pek cılız olduğu için küngürdemesi de daha çabuk olmuştu. Gece yarısından biraz sonra Çakırcı Paşa'nın da çelik sinirleri yumuşadı, obur midesi şişti ve gözleri kapandı, Artık gümüş topukları düşte görüyordu ve yıkıldığı yer de bozuk düzen şarkılar sayıklıyordu. Canlı ebem kuşağını sihirbaz gibi ince ve sezilmez bir ustalıkla saatlerden beri fırıl fırıl çeviren, Çakırcı ile Yunus Beyi bir yığın salyalı et haline getiren Demitriyos Yaksiç, otağ dışında da aynı şeyi yaptırmış, Vidin'den kalafata geçen irili ufaklı bütün paşa takımını çadırlarında, ahır çergelerinde sızdırıp bırakmıştı.

Çakırcı ile Yunusun haykırmakla değil, kamçılanmakla da gözlerini açamayacak bir durumda olduklarını gören genç Macar, oraya geldi geleli takındığı finoluğu birden bıraktı, dört yana sert sert emirler vermeye koyuldu ve kısa bir zaman içinde Vidin valisini de, adamlarını da bağlattı, katırlara yükletti, ölü götürür gibi yola vurdu.

Uyuşturucu maddeler karıştırılmış keskin şarapların ona kazandırdığı bu zaferden yenilenlerin haberi bile yoktu, hepsi sımsıkı bağlandıkları katırlar üstünde horuldayıp duruyorlardı.

Yaksiç, şen bir atılımla kendi atına binip de oyun yerinden uzaklaşacağı sırada bir uşak geldi:

- Boyar dedi, burada ayık bir çocuk var kollarını göğsüne kavuşturarak bizi gözetliyor.

Bükreş'ten gelenlerden başka olarak orada sızmamış bir adam bulunabilmesi Yaksiç'in gözlerini dört açtı ve bağırdı:

- Ne duruyorsunuz eşekler, onu hemen yakalayın, ipe sarın, yanıma getirin!

Üç-beş dakika sonra on dört-on beş yaşlarında bir Türk çocuğu, ipler içinde. Yaksiç'in yanına sürüklenmişti. Bu aslan yavrusunu andıran bir genç irisi idi. Pençesi henüz olgunlaşmış, bir ırkın bütün güzelliği beliriyordu.

Yaksiç, bir-iki saniye bu insan güzelini süzdükten sonra sordu:

- Senin burada işin ne? Çocuk Romence cevap verdi:

Ben de Paçalıyım, ağamla birlikte Vidin'den geldim

- Ağan kim?

- Akıncı Kara Murat benim öz kardeşimdir, ağamdır.

- Nerede o şimdi?

- Kızıl cinli (şarap) içip kendinden geçti, ipe sarıldı, bir katıra atıldı, götürüldü.

Yaksiç, Romence konuşan adam yavrusunu derin bir dikkatle yeni baştan süzdü, kaşlarını çatarak bir bayii de düşündü, sonra hain bir gülüşle dudaklarını bezedi:

- Sen, dedi, niçin içmedin?

- Ben daha çocuğum. Ağamın yaşına gelmeden öyle şeyler yapmam.

- Peki, şimdi ne düşünüyorsun, bizim yaptığımız şu işe ne diyorsun?

- Hiç, ne diyeceğim. Kancıklık...

- Demek biz kancığız, öyle mi?

- Kancığın da kancığı çünkü pusunuzu sofra başında kuruyorsunuz. Konuklarınıza kıyıyorsunuz.

- Buna da peki. Yalnız bir şey soracağım. Doğru söyler misin?

- Biz yalan bilmeyiz, bilseydik pusunuza düşmezdik.

- Peki babayiğit, bana açık söyle. Bir gün eline fırsat geçse bizden öç almaya kalkışır mısın?

- Hay şunu bileydin. Hiç elime fırsat geçer de sizden bu kancıklığın hesabını sormaz mıyım?

- Öyleyse yürü, Bükreş'e gidelim. Orada göreceğin şeylerle hıncın biraz daha artsın!

Yaksiç'in adını sormaya lüzum görmediği bu genç irisi Türkü de bir katıra bindirildi, yola çıkıldı. Ancak gün doğduktan sonra gözlerini açabilen Çakırcı Hamza Paşa, kendini iple sarılı ve bir katıra bağlı bulunca ilkin düş görür olduğunu sandı, biraz sonra durumun açıklığını anladı, utancından gözlerini yumdu, ölümünü dilemeye koyuldu. Hiçbir şey bilmediği halde her şeyi anlamıştı ve alıklığının ağırlığından kurtulmak için ölüme özlem beslemeye başlamıştı.

Birer birer ve yavaş yavaş gözlerini açan bütün Paşalılarda aynı düşünceye bağlanmışlar ve aynı özleyişe kapılmışlardı. Yalnız Yunus Bey, bir çuval gibi üstüne atıldığı katırdan bile yardım umacak bir şaşkınlıkla bu durumdan kurtulmak ihtiyacı içinde çırpınıyordu, için için ağlıyordu.

Vilad, bir konak yeri uzakta bekliyordu. Yanında bin atlı vardı. Eğer Demitriyos'un uyuşturucu ve uyutucu şarapları, çıplak topuklu sofracıları, Bükreş'te kurulan plânın canlanmasına, verimli olmasına yetmezse Voyvoda, yanındaki atlılarla bir gece baskını yapacaktı, Çakırcı Hamza'yı yüz elli kişiyi geçmeyen adamları ile uyurken yaka lamaya savaşacaktı.

Demitriyos, Yaksiç'in yolladığı müjdeciler, kararlaştırılan için pek kolaylıkla yapıldığını haber verin ve Vilad'ın gözleri parladı, sevincinden göğsü kabardı ve yerinde duramayarak hemen atladı gelenleri karşılamaya koştu.

Yaksiç, şarap, saz ve beyaz kuvvetiyle yenip ipe bağladığı Vidin valisini, katıra konulduğu biçimde Voyvodaya haber etti:

- İşte Asaletmeab, dedi, sizi yakalayıp İstanbul'a götürmek isteyen adam. Şaşkınlıktan yolunu şaşırdı, Bükreş'e geliyor!

Vilad, şerefsiz bir zaferin yersiz gururu içinde boyunu yükseltmeye çalıştı, emir verdi:

- Bunları katırlardan indiriniz, bir sürü biçime koyunuz, Bükreş'e kadar yaya yürütünüz.

Onun dediği gibi yapıldı. Çakırcı tek, öbürleri çift olmak üzere uzun bir dizi kuruldu ve her sıra önündekiler arkadaki çiftlere iple bağlandı, Bükreşe doğru yürütülmeye başlandı. Uzun kamçılar ara sıra, vahşi bir kahkaha gibi bu dizinin sırtlarında çınlıyordu. Vilad'la Demitriyos'ta kulaklarına çarpan bu sesi duydukça neşeden kalıplarına sığamaz oluyorlardı.

Bükreş'e yaklaşılınca büyük bir kalabalık karşıya çıktı. Vijlad, şarap sofrasında ve dostluk maskesi altında kazanılan bu büyük zaferin yıllarca dillerde gezecek bir biçimde kutlanmasını istemişti, payitahtına o dileğini taşıyan sert emirler göndermişti. Genç, ihtiyar; dişi ve erkek herkes, eli kanlı

Voyvodanın zulmüne uğramamak için erkenden yollara dö-
külmüşlerdi, çarçabuk yapılan taklar altında ve etrafında bu
kahramanca gelişi alkışlamaya hazırlanıyorlardı.

Alay, şehrin dışındaki büyük meydana gelince Vilad, atını
ileri sürdü, uzun bir gevezelik yaptı, yirmi yıldan beri Türk-
lerle kendi arasında geçen işleri anlattı, bir zamanlar İkinci
Murat tarafından

Geliboluda nasıl zindana konulduğunu söyledi, oradan
kurtulur kurtulmaz Macarlarla elbirliği yapıp giriştiği savaş-
ları sayıp döktü, 1444'teki Varna Savaşı'nda ve Jan Hunyad'la
beraber bozguna uğradığı zaman Türklerden öç almaya nasıl
yemin ettiğini hikâye etti ve sonra haykırdı:

- İşte bu öç şimdi alınmaya başlanıyor. Yaşasın Vilad diye
beni alkışlayın ve neler yaptığımı görün!..

Her şey önceden düşünülmüş, hazırlanmıştı. Bir tarafta
sıra sıra kazıklar, bir tarafta kazanlar, tencereler, onların bi-
raz ötesinde bir sürü keçi, daha ileride küme küme odun yı-
ğını göze çarpıyordu.

Vilad, kendisi öç almak adını verdiği vahşi oyuna başlan-
mak üzere işaret vereceği sırada hatırına bir şey gelmiş gibi
birden duraladı, Demitriyos, Yaksiç'i yanına çağırdı:

- Benim, dedi, bu adamları nasıl öldüreceğimi biliyorsun
fakat istiyorum ki şu sayılı günde birkaç ta yenilik gösere-
lim. Seninle ilk tanıştığımız gün bana bir şeyler söylemiştin.
İşte şimdi parlak bir fırsat var. Adam öldürmekte usta oldu-
ğunu göster!

Yaksiç eğildi ve gülümseyerek cevap verdi:

- Ben de bir şeyler yapmak, sizi memnun etmek için kendi
kendime hazırlanıyordum. Şu emriniz şevkimi çoğalttı. İlk

işaretinizle beraber işe başlayacağım. Düşüncem şudur: Sizin alıştığınız zevki gene size tattırmak ve bu arada biraz yenilik göstermek!

- Öyleyse kollarını sıva, işe başla!....

Yaksiç, Çakırcı Hamza Paşa ile Yunus Beyi, vali kâhyasını, ağalarından ileri gelenleri bir yana ayırdı, geri kalanları da birkaç kümeye böldü. Bu işler bitince kalafatta ayık olarak yakalanan çocuğu getirtti:

- Senin, dedi, adın neydi babayiğit?

- Mustafa!

- Ağanın ki?

- Kara Murat.

- Nerede bu Kara Murat?

Genç irisi yavru Türk, küme küme ayrılan tutsakları şöyle bir gözden geçirdi ve bir kümeye parmağını uzatarak gösterdi:

- İşte ağam orada!

- Yaksiç, iki asker gönderdi, Kara Muratı arkadaşları arasından çıkarttırdı, küçük Mustafa'nın yanına getirtti. Sonra, kafasında tasarladığı işleri sırasıyla görmeye ve gördürmeye koyuldu.

Onun ilk yaptırdığı iş, elli Türkün ayak altlarındaki deriyi yüzdürmek oldu. Bu vahşi operasyonu yapmak için seçilen adamlar, Yaksiç'in işaretine göre, keskin usturalarla adamcağızların ayak derilerini kesip çıkarıyorlardı. Bu acıklı işkenceye uğrayan Türklerden hiçbiri en küçük bir inilti çıkarmıyordu, ayaklarından deri değil de, sanki çorap çıkarılıyormuş gibi kayıtsız görünüyorlardı. Yalnız, Kara Murat, bütün gözlerin o mazlum ayaklara dikili olmasını fırsat sayarak yanı başında duran kardeşi Mustafa'ya doğru eğilmişti, fısıldamıştı:

- Görüyorsun ya, Türk'e neler yapıyorlar?

- Görüyorum ağa.

- Ecelimiz gelmemişse bu çukurdan da kurtuluruz fakat gördüklerimizi unutmayalım!

- Ölsek unutmayız ağa!

Bu sırada Yaksiç, elli tane keçi getirtmişti ve bunların her birini o derileri yüzülmüş ayaklara yanaştırmıştı, akan kanları yalatıyordu.

Vilad, bu manzaranın tadıyla geviş getirmekle beraber ortada bir eksiklik olduğunu da sezdi, bağırdı:

- Heriflerin tabanlarına tuz sürmeyi unuttunuz. Kan tuzludur ama keçiyi iştahlandırmaz!

Yaksiç "haklısınız Asaletmeab" dedikten sonra tuz getirtti, kanayan yaralara bol bol sürdürdü. Aç ve susuz bırakılmış olan keçiler, şimdi büsbütün şevke gelmişlerdi, harıl harıl o kanlı ayakları yalıyorlardı. Fakat Türkler, yaralarına tuz ekilen o elli kişi gene sessizliklerini bozmuyorlardı, bu alçakça oyunu kendileri ile değilmiş gibi seyrediyorlardı.

Yaksiç, beş on dakika bu kümenin başında durdu, sonra ikinci kümeye geçti, oradaki Türkleri birer et tahtası önüne sürükletti, kafalarını o tahta üstünde kestirdi ve ardından cesetleri doğratmaya başladı. İki düzine Türk, Bükreş'in en usta kasapları tarafından kıymalanıyordu.

Bu iş bitince yığılan etler, kemikler kucak kucak taşındı, büyücek tencerelere kondu, pişirilmeye girişildi. Yaksiç, hem bu vahşi aşçılığı yaptırıyordu, hem Voyvodaya sebebini anlatıyordu.

- Vidin valisi dostunuz acıkmıştır. Henüz sağ kalan şu adamlarında mideleri boştur, kendilerini doyurmak istiyorum.

Çakırcı Hamza Paşa bu sahneye dayanamadı, yanındaki Yunus Bey'in dilmaçlığıyla Voyvoda'ya bir hakikat haykırdı:

- Boşuna yoruluyorsunuz. Şu pişirdiğiniz aştan tek bir lokma ne bana, ne yoldaşlarıma yediremezsiniz. Ölürüz, bu zehri yutmayız.

Ne Vilad, ne Yaksiç bu haykırışa cevap vermedi. Onların durumlarında: "Görürüz" diyen güvenli bir anlam vardı. Türk'e Türk eti yedirmek kuruntusuyla dirilen bir zevk geçiliyorlardı.

Bir aralık Vilad dayanamadı:

- Etler, dedi, pişmiştir. Biraz çiy de olsa zararı yok. Tencereleri indirt de herifleri doyur!

Fakat bu iş, ayakların derisini yüzdürmek kadar kolay olmadı. Hiçbir tutsak, ağzına sokulmak istenen et parçasını almıyordu. Sille, yumruk değil kamçı ve topuz da gösterilen inadı kıramıyordu. Zevkinin sarsıldığını gören Vilad, tutsakları korkutarak bu etleri yedirmek için birkaç tanesinin bütün dişlerinin sökülmesine emir verdi ve gelişigüzel seçilen birkaç Türk'ün ağızları zorla açılarak inci gibi düzgün, taş kıracak kadar sağlam dişleri kerpetenle söküldü. Lâkin bu vahşilik de fayda vermedi. Ne onlar ne de dişleri sökülmeyenler, erce davranmaktan vazgeçmediler, ağızlarına tek bir lokma sokturmadılar.

Bunun üzerine Voyvoda o perdeyi kapattı, yarı pişirilmiş etleri köpeklere dağıttırdı, dişleri sökülen Türkleri de aç domuzlarla dolu bir ağıla attırdı, parçalattı.

Şimdi sıra gene Yaksiç'teydi. O, başka bir kümedeki tutsakların bütün oynak yerlerini ayrı ayrı kırdırtmaya başlamıştı. Parmaklardan başlayan bu operasyon bel kemiklerindeki her halkanın ayrıca kırılmasıyla bitiyordu ve bu işkenceye uğrayanlar birer yığın haline geliyordu.

Yaksiç, oyuna biraz da komedi çeşnisi vermek için kımıldanmalarına imkân olmayan o zavallılara yürümelerini, Çakırcı Hamza'nın önünde eğilmelerini emrediyordu. Yerlerinden kalkamayan kurbanlar, zorla ve kollarına girilerek ayağa dikiliyorlar ve bırakılır bırakılmaz gene düştükleri için kahkahalarla alkışlanıyorlardı.

Onlardan bir takımı bu kaldırılıp bırakılma sırasında ölmüşlerdi. Cellâtlar, gene koltuklayıp bırakmaktan geri kalmıyorlardı. Vilad, bir hayli zaman bu manzarayı seyrettikten sonra yeni bir oyuna başlanılmasını istedi, Yaksiç'te: "En canlı sahne başlıyor" diyerek Kara Murat'ı ortaya getirtti.

Saatlerden beri çeşit çeşit kanlı sahneler seyreden iki kardeş küçük bir sendeleyiş göstermeden sürüklendikleri yere gelmişlerdi. Yüzlerinde ne solukluk vardı, ne bozukluk. Yalnız kaşları çatıktı ve bu çatıklık onların gözlerinde yanan kıvılcımlara daha başka bir canlılık getiriyordu.

Demitriyos, Yaksiç, üst üste yığılıp bu yapılan korkunç işleri tireye titreye seyretmekte olan halkın işiteceği bir sesle ilkin bir söylev verdi:

- Şu adam, dedi, bir akıncıdır. Birdenbire içiniz titredi, değil mi? Hayır. Korkmayınız, titremeyiniz. Akıncılar atlarına, palalarına güvenip hepimizi korkutmaya alışmışlarsa da önünüzde duran adam yayadır, belinden silâhı alınmıştır. Artık Dalila'nın elinde kalan Samsundan ayırt edilir yeri yoktur. Ne kımıldanabilir, ne saldırabilir. Burada ölmeye, sizi güldüre güldüre ölmeye mahkûmdur. Onun için korkmadan boyuna boşuna, gözüne kaşına bakabilirsiniz. Fakat benim onu size göstermekten asıl maksadım bir akıncının bile muhterem Voyvodamız gibi keskin zekâlı bir kahramana mağlûp olabileceğini söylemek, aynı zamanda akıncıların en büyük zevk tanıdıkları tatlı bir ölümden şu adamı mahrum etmekten duyduğum bahtiyarlığı anlamaktır. Akıncılar kendilerinin at sırtında doğup gene at sırtın da öleceklerine inanırlar. Bu ne demektir, bilir misiniz? Bütün yer yüzünü kendilerinin beşiği ve mezarı saymaktır. Rüzgârların nasıl sınırı yoksa ve diledikleri gibi sağda solda esip dururlarsa akıncılar da sınır filân tanımazlar, bugün batıda iseler yarın doğuda dolan makta kendilerini özgür tanırlar. Her akıncı, kendinin sönmez bir şimşek olduğuna inan taşır. Şimşeğin şanı ele avuca sığmamaktadır. Akıncı da ne ağa, ne de tuzağa düşmeyeceğini sanır. Biz, şu akıncıyı ele geçirmekle bir rüzgârı yakalamış, bir şimşeği iple bağlamış oluyoruz. Siz de şimdi muhterem Voyvodamızın rüzgârları nasıl kamçıladığını, şimşekleri nasıl ateşe attığını göreceksiniz. Ne dedeleriniz, ne komşu milletlerin ataları böyle bir sahne görmedi. Onun için siz sonsuz bir kıvanç duyabilirsiniz ve bu hakkınızdır. Şu akıncıya gelin: O, belki at sırtında doğdu fakat at üstünde ölmeyecektir, kendisine her şeyden ziyade bu ummadığı ölüm acı verecektir. Bununla beraber biz ona başka acılar da tattıracağız.

İpe bağlı bir akıncı, orada toplanan halka gerçekten inanılmaz bir şey gibi görünüyordu. Bütün Avrupa için akıncı, rüyalarda görünen korkunç ejderhaların, insan kılığına bürünmüş devlerin atlı, palalı ve Türk Börkü giyen canlı bir örneğinden başka bir şey değildi. Onların Türkçe konuşmalarına, Türk olduklarının söylene gelmesine rağmen Türk'ten başka bir mahlûk oldukları zannolunurdu.

Çünkü alışveriş yapan Türk, hak yerlerinde veya başka kurumlarda görünen Türk, hatta harp alanlarında rastlanan Türk çelebi kişi idi. Sert fakat dürüst olan bu Türklerle akıncılar arasında büyük bir ayrılık vardı. Türk gönül almayı, okşamayı, düşmüşlere el uzatmayı, ezileni korumak için ezilmeyi göze almayı bilen bir centilmen milletti. Akıncının yüzü kalkan, dili kılıç, eli mızraktı. Yalnız boyun eğdirmek ister ve eğilmeyen boyunları koparıp geçerdi.

Böyle tanınan ve adlarından bile korkulan akıncılardan birinin yakalanmış olmasını duymak, hele onun cezalandırılacağını işitmek herkesin kulağında bir masal tesiri yapmıştı, bütün gözlerde bir inanmazlık gölgesi belirmişti. İpe sarılmış bir kayaya benzeyen şu adamın bir akıncı olmasını mümkün görüyorlardı.

Çünkü yapısında ancak akıncılara yakışan bir başkalık vardı. İp içinde bile zincire sardı büyük bir parça çelik gibi incinmez, hırpalanmaz görünüyordu. Lâkin onun yok edilebileceğine inanan yoktu. Bu koca kütle çeliği hangi ateşte eritebilirlerdi ki?..

Halk böyle düşünürken ve bir akıncının nasıl yok edileceği üze rinde kulaktan kulağa münakaşalar yapılırken Yaksiç de, Voyvoda'nın yanına yaklaşmıştı, bir şeyler fısıldıyordu. O sırada Küçük Mustafa kardeşine doğru eğildi:

- Ağa, dedi, bunlar bizi kesecekler.

- Öyle görünüyor.

- Biz de öbür zavallılar gibi hiç tınmadan ölecek miyiz?

- Ben de; düşünüyorum ama ne yapacağımı henüz kestiremedim.

- Erce ölelim!

- Evet kardeş, öyle ölelim. Hatta yol bulursak seninle sarmaş dolaş olalım, kanlarımızı birbirimize karıştırarak can verelim!

Şimdi iki kardeş bekliyorlardı, yaptıkları anlaşmadan içlerine bir ferahlık gelmişe benziyordu, enikonu sevinçli görünüyorlardı. Yalnız Kara Muratın Küçük Mustafa'ya bakışında gizli bir acıyış vardı. Onunla birlikte ve kararlaştırdıkları gibi erce ölmekten sevinç duymakla beraber kardeşinin şu yaşta mezara düşmesine yanmaktan da geri kalmıyordu. Mustafa onun gözüne alev olmadan sönmeye mahkûm kalan bir kıvılcım gibi görünüyordu ve bu sönecek kıvılcımı kurtaramamaktan yüreğine ateş dökülüyordu.

Bu sırada Yaksiç de sözünü bitirmiş, düşüncelerini Voyvoda'ya onaylatmış ve iki kardeşin yanına gelmişti. Ardında korucuların en iri boylularından yarım düzüne adam bulunuyordu. İlkin Kara Muratın önünde durdu:

- Voyvoda, dedi, senin şişte kebap olman için emir verdi. Ancak burada iyi çevirme bilen bir usta yok. Siz akıncılar kuzu çevirmesini çok seversiniz, kardeşin de elbette o işin nasıl yapıldığını öğrenmiştir. Onun için seni şişe kardeşin geçirecek, çevirmeyi de o yapacak.

Kara Murat da, Küçük Mustafa da bu biçim ölümü hatırlarına getirmemişlerdi, kazıklanmak, kıymalanmak, kazana atılmak aç do muzlara yem olmak ve her şey onların zihninden geçmişti, kendilerini bütün bu ölümlere hazırlamışlardı. Lâkin kardeş eliyle ölmek Kara Muratın, kardeşini şişe geçirip ateşte kebap etmek küçük Mustafa'nın hatırına gelmemişti. Bundan ötürü birdenbire sarardılar, sarsıldılar, birbirlerine baktılar: İkisinin de gözünde ıslak birer kıvılcım yanıyordu, dudaklarında o güne kadar tatmadıkları bir acı titriyordu.

Yaksiç kötü kötü gülüyordu. Eti değil ruhu acıtmanın bu parlak sınavını bulup ortaya attığından dolayı kıvanç duyuyor gibiydi. İki kardeşin ölüme karşı takındıkları kayıtsızlıktan birdenbire ayrılarak tasalanmaları ayrıca hoşuna gidiyordu, cehennemlik bir hazla kurbanlarını süzüyordu.

Kara Murat tasalanmaktan bir şey çıkmayacağını çarçabuk hatırladı, eski sert durumunu takındı:

- ...Oğlu, dedi, beni kardeşime çevirme yaptıracaksın, anladık, Ya bu çocuğu ne yapacaksın?

Yaksiç kaşlarını çattı, şu cevabı verdi:

- Onu diri bırakacağım. Ölünceye kadar yaptığı işi hatırlasın, dövünüp dursun. Seni şişe geçirişi, ateşe koyuşu, uzun çevirişi, etinden çıkacak kokuyu yutuşu, inleyişlerini dinleyişi yüzyıl yaşasa onun içinden silinmeyecektir. Bu küçük çapkına da bu ceza yetişir.

- Onu diri koyacağına ant içer misin?

- Ant içmeye ne lüzum var? Kardeşine acıdığımdan dolayı böyle bir iyilik yapmıyorum. Onu ölünceye kadar kıvrandırmak için sağ bırakmak istiyorum. Böyle bir şey yapmaya başka bir sebeple de mecburuz.

- O sebebi anlayabilir miyiz?

Bir ölüye her sır söylenebilir: Kardeşini İstanbul'a elçi yollayacağız. Efendiniz olan Sultana neler yaptığımızı bildireceğiz. Kendi adamlarımızdan birini göndersek senin, arkadaşlarının, şu Çakırcı Paşanın öcünü almak isterler, belki öldürürler. Onun için kardeşini yollamayı düşündük.

- Demek kardeşim yaşayacak. Öyleyse kanım ona helâl olsun. İşte ben kendine izin veriyorum, beni şişe geçirip çevirsin. Fakat bir Akıncı elinden geleni yapmadıkça ölmez.

Bu, bizim töremizde çirkin sayılır. Sen de benim yapacağımı hoş gör delikanlı ilkin yavaş konuşan Kara Murat, sözünün sonuna doğru sesini yükseltmişti, iri ve diri söylemeye başlamıştı. Aynı zamanda kollarını, bacaklarını geriyor, iplerin içinden sıyrılmaya savaşıyordu. Demitriyos, Yaksiç, sıkı ve pek sıkı bağlanan Akıncının böyle bir harekete girişeceğini ummadığı için önce pek aldırış etmedi, hatta gülümser gibi göründü fakat Kara Muratın kara bir bulut gibi birden şiştiğini, iplerin çatırdamaya başladığını görünce şaşırdı, korucular haykırdı.

- Aman, atılın, yakalayın, bırakmayın!

Fakat oynar ve eğilip bükülür bir bulutu andıran Kara Murat, inanılmaz bir hızla iplerini kırmıştı, korucular kımıldanmadan sıçramıştı, yaman bir sille ile Yaksiç'i devirdikten sonra Voyvodanın yanına süzülmüştü, "al bre kodoş, beş parmağımın izi yüzünde, kalsın," diyerek hükümdar bozuntusu cellâdın yüzüne bir tokat savurmuştu.

Neye uğradığını anlamayarak bir paçavra gibi yere yuvarlanan Vilad'ın ağzından burnundan kan geliyordu, korku ve acı içinde anlaşılmaz bir şeyler homurdanıyordu. Kara Murat onunla ilgili olmadı, sağına soluna yumruk sallamaya koyuldu. Artık boyar, subay, korucu, seyirci kime rasgelirse yıkıyordu, deviriyordu, ortalığı altüst ediyordu.

Panik başlamıştı, seyirciler birbirini çiğneyerek kaçışıyorlardı. Bu gidişle Kara Murat'ın oradan savuşması bile mümkün görünüyordu. Fakat yediği sillenin sersemliğinden kendini kurtaran Yaksiç'in yerinden kalkması, "kaçan kazıklanacaktır," diye bağırması üzerine durum değişti, yarın ölmemek için bugün akıncı yumruğu yemeyi göze alan korucalara bir yürek pekliği geldi, silâhsız Kara Murat'ın üzerine birkaç düzüne kılıç çekildi, bir sürü kement atıldı ye uzun süren bir boğuşmadan sonra yiğit adam yakalandı, zincire vuruldu.

Voyvodanın yüzünü silen, kırılmış dişlerinden akan kanı dindiren yine Yaksiç'ti. Yediği sillenin izi ta yüreğine işlemiş olan Vilad'ın gözü artık dünyayı görmüyordu, bar bar bağırıyordu:

- Şu hınzırı parçalayın, yalan, yok edin! Yaksiç yalvarıyordu:

- Herifi sevindireceksiniz Asaletmeab. Müsaade edin de onu önceden düşündüğümüz gibi ağlata ağlata, inlete inlete öldürelim.

Vilad, pek güçlükle bu dileği kabul etti ve bütün yeryüzü tarihin de eşi az görünen facia başladı. Kara Murat, upuzun yere yatırılmıştı, ayakları bağlı bırakılıp yalnız elleri çözülen Mustafa da yanına getirilmişti, eline sivri uçlu ve on santimetre kalınlığında uzun bir şiş verilerek kardeşine geçirmesi emrediliyordu.

Kara Muratın yakalanması üzerine geri dönüp eski yerlerini alan kalabalık kardeşi kardeşe şişleten vahşi düşünce önünde korku ile karışık bir meraka kapılmışlardı, dumanlı bir bakışla faciayı seyrediyorlardı.

Küçük Mustafa'nın başı üstünde dört yalın kılıç parlıyordu, arada sırada boş böğrüne tekmeler de vuruluyordu. Buna rağmen genç yavru, istenilen şeyi yapmaya yanaşmıyordu, yanaşamıyordu. Bir aralık Kara Murat başını kaldırdı:

- Mustafa, dedi, beni kepaze ettiriyorsun. Şu şişi sok, ne olacaksa olsun. Dört yanımızda toplanan gidilerden sıkılıyorum.

Küçük yine durumunu bozmadı, kılıçların boynuna sürülme sine ve boş böğründe birkaç tekmenin dolaşmasına dayandı, şişe el vurmadı, kardeşine de istenilen işi yapamayacağını söylemekten geri kalmadı, yanık yanık inledi:

- Beni de öldürsünler kardeş. Seninle birlikte gömülelim.

Kötü bir can için sana kıyamam, seni kendi elimle öldüremem. Kara Murat artık kızmıştı. Kardeşini azarlıyordu:

- Beni öldürmezsen canımı mı kurtarmış olacaksın çocuk. Alıklığı bırak da dediklerini yap. Çünkü bağlı yatmak, ateşte yanmaktan daha ağır.

Ve birden sesini yumuşatarak ilâve etti:

- Kendini de bana benzettirirsen hayatta rahat edemem.

- Sen sağ kal ki kanım yerde kalmasın. Benimle bile ölürsen öcümüzü kim alır?

Öç kelimesi küçük Mustafa'nın durumunu birden değiştirdi. Şu yapılan işlerin bir gün hesabını sormak; düzinelerce Türk'ü parçalatan, yiğit kardeşini kendine öldürten şu adamları er geç sorguya çekmek ümidi o dakikanın bütün ıstırabına kül serpti ve birden silkinerek bağırdı.

- Peki, kahpe oğulları, dediğinizi yapacağım.

Sonra bağlı ayaklan ile süründü, Kara Murat'ın yüzünü gözünü öptü, kendi yüzünü gözünü, onun ayaklarına sürdü.

- Seni öldüren, dedi ben değilim ağa. Fakat şu tende can kaldıkça seni unutmayacağım, senin öcünden başka bir şey düşünmeyeceğim.

Küçük Mustafa çıldırmış gibiydi, gözlerinde yaş bir perde vardı, yeri göğü görmüyordu, ne yaptığını bilmiyordu. Eline tutuşturulan sivri uçlu şişi, bir kuzuya sokar gibi kardeşinin apışı arasından dalıvermişti, gene o kör ve sağır durum içinde istenilen şeyleri yapıp duruyordu.

Yaksiç, o zalim rejisör, facianın aksaksız yürümesi için gerekli olan emirleri vermekten geri kalmıyordu. Kara Muratın şişlenmesi üzerine dört korucuya işaret etmiş, yiğit akıncıyı alevsiz fakat kuvvetli bir ateş kümesine götürterek iki demir çatal arasına koydurmuştu. Başı çatallardan birinin içindeydi, ayaklarının sokulduğu çatalın dibinde de küçük Mustafa oturmuştu, o kalın şişi yavaş yavaş çeviriyordu.

Kara Murat, iri ve ağır bir vücuttu. Onu şiş üstünde çevirmek pek güç bir işti. Mustafa da, şuursuz hareketine rağmen bu güçlüğün ağırlığı ile ter döküp duruyordu, bununla beraber kardeşini ateş üs tünde evirip çevirmekten geri kalmıyordu.

Yanandan ziyade yakanı eriten, bitiren, harabeden bu çevirme ve çevrilme sahnesi bütün seyircilerin tüylerini diken diken etmişti, bütün saçlar ürpermiş, bütün yürekler durmuş gibiydi. Yalnız Vilad, sarhoşluk veren bir haz içindeydi, vahşi bir heyecanla kıvrım kıvrım kavranıyordu. Çakırcı Hamza Paşa, bulundurulduğu yerde gözyaşı döküyordu, Yunus Bey afakanlar geçiriyordu, bayılıp ayılıyordu.

Ara sıra küçük Mustafa'nın eli yorulmuş gibi duruyordu o vakit Yaksiç'in sesi çınlıyordu.

- Durma, çevir, koyun yanmasın!

Ateşin elbiseleri yakması için pek az bir zaman yetmişti, don ve gömleğin yarattığı alevler geçtikten sonra yiğit akıncının eti kızarmaya, yağı erimeye başlamıştı. Şişin girdiği yerden sızan kanı, yanık etle eriyen yağdan peyda olan sızıntı ile karışıyordu, ateş üstünde fasılasız bir cızırtı vücuda getiriyordu. Bu ses, yapılan vahşi cinayete karşı o ateşin ağladığı hissini veriyordu, duyanları titretiyordu.

Kara Murat, ne şişlenirken, ne çevrilirken küçük bir inilti çıkarmamıştı. Ateş etini geçip de kemiklerini yakınca, ciğerlerini kavurunca demir çatal arasındaki başını beli belirsiz kaldırdı ölgün bir sesle mırıldandı:

- Öcümü unutma Mustafa, artık ölüyorum! Gerçekten ölmüştü de, Gözleri kapalı idi, dudakları kilitlenmişti fakat ateşten uzak kalan yüzünde yaptığı vasiyetin unutulmayacağına inanç taşıyan bir ölünün sevinci görünüyordu. Yiğit akıncı, gülerek ölmüş demektir.

Küçük Mustafa, kardeşinin mukaddes bir emir haykıran son mırıldanışı üzerine delilik buhranından sıyrıldı, o iki demir çatal arasında uzanıp yatan yanık ve dökük ölüye baktı ve birden elindeki şişi bıraktı, haykırdı:

- İşte kardeşim öldü. Onun ölüsünü bana çevirtemezsiniz. İsterseniz beni de ona benzetin, razıyım. Fakat elimi artık kımıldatmam.

Yaksiç de densizlik etmedi:

- Eh, dedi, yeter. Kardeşini şişe geçirdin, şişi ateş üstünde çevir din. Şu çevirme ölünceye kadar, senin gözünün önünden gitmez. Benim de istediğim budur: Kardeşi kardeşe öldürtmek ve öleni son nefesine kadar inim inim inletmek, dediğim oldu, yapılacak başka bir şey kalmadı.

Küçük Mustafa'nın ayaklarındaki ipleri çözdükten sonra Voyvodanın yanına gitti, sordu:

- Bir emriniz var mı Asaletmeab?

- Büyük büyük teşekkürler Yaksiç. Gerçekten sevinç duydum, kıvanç duydum. Bir adamın hem etini, hem ruhunu yakmak ince bir hüner. Fakat herifin hiç inlememesine ne dersin?

- Akıncılar gürlemeyi bilirler, inlemeyi bilmezler Asaletmeab.

- Herif gülemedi de!

- O at üstünde olur, Asaletmeab. Ateşe konan akıncı ancak susar!

- Dayanıklı şeyler!

- Öyle olmasaydılar, Türklerin arasında da parmakla gösterilmezlerdi. En yiğit Türk olmak kolay mıdır Asaletmeab...

- Onları pek yükseltiyorsun, Yaksiç!

- Öyle yapıyorsam, şu yaptığımız işin değerini çoğaltıyorum demektir.

- Bu da doğru yavrum. Şimdi yapılacak ne kaldı?

- Çakırcı Paşa ile Yunus Bey'in öldürülmeleri!

- Haydi, gel şu işi benim sistemime uygun biçimde bitirelim...

- Ne yapılmasını istiyorsunuz, Asaletmeab?

- Heriflerin kazıklanmasını! Yalnız, Çakırcı Hamza bir paşadır, şerefine saygı göstermek gerekir. Onu iki adam boyu bir kazığa vurdur. Öbürlerinin arasında yüksek görünsün!

- Güzel bir düşünce, Asaletmeab. Hemen yaptırayım. Biraz sonra Çakırcı Hamza ile Yunus Bey de kendileri için hazırlanan kazıkların yanına sürüklenmişlerdi. Hamza, bütün orada ölen Türkler gibi dimdikti. En küçük bir sendeleyiş göstermiyordu. Kazığın başına gelinceye kadar tek bir söz de söylemedi, kendi yurdunda ve işi başında bulunuyormuş gibi ağır davrandı. Yalnız sağma soluna selâm vermiyordu, bunu da yapsa bir sahnede, cellâtlar arasında, ölümün eşiğinde değil de, Vidin'de dolaştığına herkesi inandırmış olurdu.

Çakırcı, üç-beş kişi tarafından yakalanıp da kazığa oturtulacağı sırada şöyle bir silkindi, herifleri bir tarafa itti, kendinden beş on metre uzakta duran Voyvodaya doğru elini uzattı:

Bre kahpe oğlu, dedi, iyi yapıyorsun. Domuz yavrusunu besleyenlerin cezası işte böyle dişlemek, ısırılmaktır. Otuz yıl önce sen benim elimdeydin, bir an ürktün. Seni hoş tutup incitmedim, yedirip içirttim. Şimdi o alıklığımın karşılığını görüyorum. Kazığa değil, cehennem çatalına beni vursan haklısın. Lâkin unutma ki, Türkler öç almayı bilirler! Vilad bağırdı:

- Söyletmeyin kazıklayın!

Korucular, kürklü kaftanıyla, iri kavuğu ile Çakırcı'yı o uzun kazığa oturttular arkasından Yunus Beyi de kazıkladılar. Fakat bu işlerin olabilmesini sarsak düşüncesiyle mümkün kılmış olan Rum'dan dönme kâtibin ancak ölüsü kazığa vurulmuştu. Çünkü o, Çakırcı'nın öldürüldüğünü seyrederken korkudan can vermişti, korucuların kucağına yığılıp kalmıştı.

Bu iş de bittikten sonra Voyvoda emir verdi, halk dağıldı ve ölüler yerlerinde bırakılarak Bükreş'e dönüldü. Demitriyos ve Yaksiç afyonla karışık şarap sunarak, saz çaldırıp köçek oynatarak sızdırmak suretiyle yakaladığı Paşa alayından sağ kalan yalnız küçük Mustafa idi, o da Yaksiç'in yanı başında fakat yaya olarak şehre götürülüyordu.

KÜÇÜK AKINCI

Topkapı sarayı henüz yapılıyordu. Fatih Sultan Mehmet şimdiki üniversitenin bulunduğu yerde yapılmış olan eski sarayda oturuyordu. Sadrazam Mahmut Paşa saraya geldi. Eflâk işleri hakkında önemli haberler getirdiğini söyleyerek, Hünkâr'ın yanına girdi:

- Ulu Tanrı, dedi, ömrünü uzun etsin. Çakırcı Hamza öldü..

- Öldü mü? Nasıl öldü? Ve nasıl ölür? Dinç bir adamdı, taşı sıksa suyunu çıkarırdı. Yoksa inmeye mi uğradı?

- Ölmedi, şevketli Hünkâr, öldürüldü. Voyvoda Vilad, zavallı adamı kazığa vurdu!..

- Bu nice olur, Mahmut?... Çakırcı onunla savaş mı yaptı?

- Savaş yapmadı Hünkârım. Kâtip Yunusun sözüne aldandı, bir düzen kurup, Voyvoda'yı yakalamak istedi. Fakat evdeki hesap çarşıya uymadı, kazılan kuyuya kendi düşü, kazıklandı...

- Sen onun Yunus gibisine uyup düzen kurduğunu biliyor muydun?

- Bana yazmışlardı, şevketli Hünkâr biliyordum.

- Biliyordun ve susuyordun, öyle mi?

- Ben kulum ne yapabilirdim?

- Düzen kuranların düzene kapılacaklarını söyleyebilirdin. Sustun ve herifi öldürttün...

Mahmut Paşa, gözlerini yere eğdi, sessiz kaldı. Fakat Fatih susmuyordu, boyuna söylüyordu. Sadrazamın suçlu olduğunu dile dolayarak ağır kelimeler kullanıyordu. Bir aralık kızgınlığını yenemedi, ve yerinden fırladı:

- Beni en iyi bir adamdan ayırdın, Çakırcı'ya kıydın, herif!..

Diye bağırarak Mahmut Paşanın üzerine atıldı, sakalından tuttu, silkeledi, silkeledi, silkeledi.

Bizanslı tarihçi Kalkondil, Fatih'in attığı bu dayağı anlatırken, "çöplükten ipekli sedirlere yükselen köleler için padişahlardan tokat yemek utandırıcı bir şey değildir, belki şereftir," diyor. Halbuki Mahmut Paşanın, bu ağır hakarete dayanması hiç de "şereflenmek" duygusundan ileri gelmiyordu. Belki kendini suçlu saydığından dolayı dövülmeye tahammül ediyordu. Gerçekten de suçluydu. Çünkü Fatih'in, Çakırcı'ya vaktiyle verdiği emre karşı gelmemişti, göz yummuştu, kendi suçunu hatırlamayan Fatih, onun tahammülünü alabildiğine kullanmadı, kızgınlığı geçinceye kadar sille attıktan sonra yerine çekilip oturdu:

- Çakırcı öldü ya şimdi eline kına yak lâkin onun öcünü almaz san ben de elime senin kanınla kına yakarım.

Voyvoda Bulgar iline de leşker döküyormuş. Oralarda bol askerimiz yok. Korkarım ki bize ziyan verir.

- Vay, o melun bana silâh çekmeye bile yelteniyor, ha... Sen de bunu hiç sıkılmadan söylüyorsun.

- Duyduklarımı söylemek borcumdur Hünkârım. Voyvoda, Macar eline elçi yollayıp efendimin hâşâ sümme hâşâ amcası olduğunu söyleyen Davut'u kışkırtmak istiyormuş!

Bu amcaoğlu sözü, Fatih'in henüz düzelmemiş olan sinirlerini büsbütün titretti, altüst etti. Gözlerini kızıllaştırdı ve Mahmut Paşa yeni baştan dil ve el bombardımanına uğradı, tartaklandı, hırpalandı.

Fatih için Macaristan'daki bir amcaoğlu meselesi, Eflâk işlerin den de, Mora işlerinden de önemliydi. O, babasının ölümüyle beraber küçük ve biricik kardeşi Ahmed'i öldürterek, İstanbul'u alınca da Yıldırımın torunu ve kendini büyük amcası oğlu Prens Turnanın ölüsünü buldurarak tahtın tek vârisi olmak neşesine ermişti. Şimdi ta Macaristan'da bir amcaoğlu peyda olması, içine yaman bir üzüntü getiriyordu, bey inini kara düşüncelere boğuyordu.

Bununla beraber o günün ve gelecek günün inceliklerini kavra maktan da geri kalmıyordu. Sınırdan dışarıda bir amca oğlu varsa Eflâk Voyvodası gibi düşmanlar ondan kazanç elde etmek istiyorlarsa Fatihin ilk yapacağı iş sınır içinde kuvvetli bulunmaktı. Bunun için de başta sadrazam olmak üzere bütün vezirlerle, beylerle hoş geçinmek gerekti. Çünkü eski devirlerde tahtın elden ele geçmesinde onların büyük tesirleri olmuştu.

Fatih böyle düşündü ve birden yumuşadı:

- Bre Mahmut, dedi, bugün besmelesiz kalkmışsın. Hem beni üzdün, hem kendin incindin. Şu tatsız haberleri biraz sonra versen ve hepsini birden söylemeyip de yavaş yavaş bildirsen olmaz mıydı? Fakat olan oldu, ikimizin de kalbi kırıldı. Şimdi geçeni unutalım, açık yürekle konuşalım, Et tırnaktan ayrılmaz. Sövsem de, dövsem de senden geçemem. Çünkü değerin vardır, sadıksın.

Mahmut Paşa mırıldandı:

- Kul, yediği ekmeğin kıymetini bilir. Bilmezse o nimet gözüne, dizine durur. Ben senin kölenim. Kanım, canım senindir.

- Bilirim Mahmut, inanırım Mahmut. Şimdi sen bana anlat. Bu haberleri kimden aldın?

- Bir küçük akıncıdan!

- O da kim?..

- Mustafa adlı bir genç irisi, sizin de tanıdığınız Kara Murat'ın kardeşi.

- Şu bizim Turnanın Kara Murat'ı mı?

- Evet, şevketli Hünkâr, o Kara Murat. İstanbul savaşın da bizimle idi, çok yararlıklarını görmüştük. Zavallı, Çakırcı Hamza'ya yoldaşlık etmiş, tuzağa düşüp ölmüş...

Mahmut Paşa, bildiğimiz faciayı, küçük Mustafa'dan dinlediği gibi anlattı:

- İşte o Yaksiç hınzırı, Kara Muratı çevirme ettikten sonra çocuğu buraya yolluyordu. Küçük akıncı, dün gece ben uyurken geldi. Ulak olduğunu söyleyip dizdarlara kale kapısını açtırmış. Beni uyku dan uyandırdı, kaziyeyi bildirdi. Yaksiç, bizim küçüğü yola vururken bir köşeye çekmiş, bütün bu işleri Voyvoda ile şevketli Hünkâr'ın arasını açmak için yaptırdığını fısıldamış. Güya Vilad, dört yüz Macar delikanlısını ateşe vursaymış. Yaksiç de bundan hınçlanıp düzen kurmuş ve Vilad bir çıkmaza sokmuş imiş.

Fatih, Yaksiç denilen Macar delikanlısının karışık bir rol oynadığını çarçabuk sezdi:

- Anlıyorum, dedi, bu herif hem nalına, hem mıhına vuruyor. Vilad'dan öç alır gibi görünüp bizi onunla çarpıştırmaya çalışıyor. Öbür taraftan da öz yurdunu rahata erdiriyor.

Boş bir düşünce değil ama, bize yarar yeri yok. Biz, her şeyden önce bu Vilad işini temizlemeliyiz. Çakırcının ve onunla bile ölenlerin ruhunu sevindirmeliyiz. Bu işi yaparken, şu bizim amca oğlunu da boşlamamalıyız. Kim olduğunu öğrenip giderilmesine çare bulmalıyız. Sen, Eflâk seferi için hemen hazırlığa giriş, küçük akıncıyı da bana gönder. Onu gözümle görmek, kulağımla dinlemek isterim.

Bir saat sonra küçük Mustafa, Fatihin huzurundaydı. Vidin'den çıktıkları günden başlayarak kendisinin Bükreş'ten yola çıkarıldığı güne kadar olup biten işleri birer birer anlatıyordu. Onun ruhu, yüreği ağzına çıkmış, içindeki acı yas, kelime ve etimle olmuştu. Bundan ötürü sözünde yaman bir yanıklık vardı. Fatihin de içini yakıyordu.

Ruhuyla, yüreğiyle konuşan Mustafa'nın sözü bitince Hünkâr, alevli bir hava içinden sıyrılıyormuş gibi geniş bir nefes aldı:

- Ne kötü şeyler, dedi, iliğime kadar titredim. Fakat o yüreği karaları da yaptıklarına pişman etmezsem yazık bana. Mustafa'nın dudaklarında ağlayışa benzeyen bir gülümseyiş belirdi, gözlerinde kardeşini yakan alevin yalazı parladı, ağır ağır cevap verdi:

- Senin gücün yücedir, Voyvoda'nın mülkünü altüst edebilirsin. Lâkin onu kolay kolay tutamazsın. Eflâk olmazsa Buğdan, o olmazsa Macar eli var. Herif, sana karşı dayanamayınca kaçar, bir köşede Saklanır. Onun için Voyvoda'yı bana bırak...

Fatih, kendinin başaramayacağı bir işi omuzuna alan bu on beş yaşındaki delikanlının temiz yüzüne derin derin baktı ve sordu:

- Sen tek başına onu nice yakalarsın, çocuk? Herifin askeri var, leşkeri var.

- O Kara Murat gibi yiğidi avladıktan sonra, ben onu niçin tutamayayım?

- Kara Murat pusuya düştü?

- O da düşer!

- Kara Murat boş bulunup şarap içti, kendinden geçti.

- O da içer, kendinden geçer!

Ben Türklerin krallar avladığını bilirim. Rahmetli kardeşim, Alp Sevindik'in Bulgar Kralını nasıl kafese koyduğunu sık sık söyleyip dururdu. Ne ben Sevindik'ten aşağıyım, ne bu Voyvoda bir Bulgar Kralı'ndan üstündür.

Fatih, kahraman ruhlu gencin hatırlattığı hikâyeyi biliyordu bu yüzden yeni bir heyecan duydu, haykırır gibi konuşarak, Mustafa'yı alkışladı:

- Sen gerçekten yiğit imişsin, çocuk gözüme girdin, yüreğimde yer aldın. İstersen seni burada alıkoyayım, çarçabuk paşa yapayım. Bana çok şey kazandıracağını umuyorum.

Mustafa başını salladı:

- İstemem, ulu Hünkâr, paşalık istemem. Beni özgür bırak, yeter. Akıncı kanı sarayda su olur, durulur.

- Biz de savaş eriyiz; atımız eyerli, belimiz kılınçlı durur. Sarayımız çelebi ulu Hünkâr ama akıncı akmak ister. Onu saraya kapamak, bir çayı yatağından kaldırıp bir deliğe tıkmaya benzer, yapılamaz ki...

Fatih düşündü, hem uzun düşündü, sonra tatlı bir sesle yeniden konuşmaya koyuldu:

- Rüzgâra köstek vurulmaz, demek istiyorsun. Doğrudur deli kanlı. Bunu kimse yapamaz. Sende ataların gibi uçtaki yoldaşların, kardeşlerin gibi güle güle ve gürleye gürleye ese dur. Bahtın açık, yolun ışık olsun. Yalnız sana bir iyilik etmek isterim. Dünya hali bu. Bir gün öbür güne benzemez. Şimdi sağ olan yarın sakat olabilir, yardım aramak zorunda kalır. Bunun için sana bir kâğıt vereyim, koynunda taşı. Şayet bir sıkıntın olursa onu dost olsun, düşman olsun ilk gördüğün beye, paşaya, gospodine, Voyvoda'ya göster. Ne dilersen onu yaparlar çocuğum

Küçük Mustafa, karnı tok bir adamın, önüne konulan değersiz bir aşa karşı gösterebileceği isteksizlikle yüzünü ekşitti:

- Bir akıncı ne dosta, ne düşmana el açmaz Hünkârım.

- Vereceğiniz kâğıt, korkarım ki, işime yaramayacaktır. Koynumda buruşup kalacaktır.

Fatih kızmadı, düşüncesinden de dönmedi:

- Avuç içi kadar bir kâğıt, sana yük olacak değil, a be çocuk. Muska yapar, boynuna asarsın. Şayet bir zora uğrarsan, dediğimi yaparsın.

Küçük Mustafa bu zorlayış önünde yumuşadı, "peki" dedi.

Fatih de kendi kalemiyle açık bir buyrultu yazdı, mührünü bastı, imzasını attı, genç Türk'e uzattı. Buyrultu, yalnız Osmanlı işyarlarına, ilbaylarına, kumandanlarına hitap etmiyordu, komşu milletin kodamanlarını da muhatap tutuyordu. Kâğıtta Mustafa'nın adı yazılı değildi, "bu yarlığımızı görenler onu gösterene yardım etsinler dileklerini yapsınlar. Biz bu yardımın karşılığını öderiz" deniliyordu.

Fatih'in böyle bir şeyi yapmayı gerekli görüşü ve buyruğu çocuğa vermek için uzun uzun zorlayışı başka bir düşünceden ileri geliyordu. Nitekim kâğıdı Mustafa'ya sunduktan sonra yavaş yavaş düşüncesini açmaya girişti:

Çocuğum, dedi, seni tanıdığıma çok memnunum. Adını sık sık anacağına da inan. Zaten sen kendini bana da, bütün yurda da andıracak işler göreceksin. Bakışın, duruşun hep bulacaksın. Ben senin izini gözümden kaybetmeyeceğim, her vakit seni arayacağım. Büyük savaşlarımda da seni yanımda bulunduracağım. Şimdi git, yoldaşlarına karış, akınlar yap. Yalnız bana söyle: Kimin bayrağı altında akına çıkacaksın?

Mihaloğlu Ali Bey'in!

İyi başbuğ seçmişsin. Ali, yiğit bir Türk'tür. Gözünü budaktan esirgemez. Ben onu Eflâk üzerine saldırtacağım. Kendim de gelmek niyetindeyim. Bizim Çakırcıyı kazıklayan, senin de kardeşini yakan Vilad'ı yeryüzünden kaldırmak isterim. Orada yine görüşürüz inşallah...

Ve birden hatırlamış gibi davrandı:

- Şu Eflâk işi bitince seni Macar eline yollamak isterim. Gider misin, çocuğum?

- Tek başıma mı?

- Orasını sonra düşünürüz. Sen yalnız Budin'e kadar gitmeyi göze alır mısın, almaz mısın? Onu söyle.

- Vilad'dan kardeşimin öcünü almadan bir yere gidemem, ulu Hünkâr. O işi başardıktan sonra Kaf dağına da, Kızıl Elmaya da giderim. Elverir ki görülecek büyücek işler olsun.

Orada benim tahtıma göz diken soyu belirsiz bir adam var. Onu gidermek için sana güveniyorum.

- Kimmiş bu, ulu Hünkâr?

- Davut adlı bir düzme kişi. Benim soyumla sopumla ilgisi yok. Frenklerin elinde oyuncak oluyor, hiç yoktan külah kapmak istiyor. Sen onu bulup da giderirsen, Vidin Bey'i olursun. Nasıl, işine gelir mi?

Küçük Mustafa şöyle bir düşündü, derin derin hesaplar yaptı, sonunda yıllarca denemeler, sınavlar geçirmiş yaşlı bir adam ağırlığı takındı:

Vallahi ulu hünkâr, dedi, o adamın adını şimdi senin ağzından duydum. Nicedir, kimin nesidir bilmiyorum. Lâkin iyi ayakkabı değil demektir. Yine senin sözünden onun bize bir çorap örmek istediğini de anladım. Rahmetli kardeşim İstanbul savaşında bunu benzer birinin Türk'e o kattığını iğrene iğrene söyler dururdu. Bu da o çeşit biri olacak. Bundan ötürü dileğini yerine getireceğim. Fakat bir daha seninle karşılaşıp karşılaşmayacağımı bilmiyorum. Bugün buradayım ama, yarın kim bilir nerede olacağım. Onun için şu Davut işini bana bir iyi anlat ki, ilk fırsatta Budine gideyim, dileğini yerine getireyim...

- Bunu Eflâk'ta konuşsak olmaz mı?

- Ben akıncıyım, ulu Hünkâr. Akıncı buluta benzer, ağar geçer. Gemi değil ki dümene bağlı olsun, istenilen yere çevrilsin. Sen de beni ya bulursun, ya bulamazsın. İyisi şimdiden ne yapacağımı bana öğret. Yürekle konuşmasından haz aldı, Davut için düşündüklerini uzun uzun anlattı, ne yaptırmak istediğini en ince yollarına kadar söyledi. Bir vezirle konuşuyormuş gibi davranıyordu, hatta Mustafa'yı vezirlerden daha üstün tutarak, pek tatlı bir dil kullanıyordu. Fikrini böylece açtıktan sonra genç Türk'e sordu:

- Anladın, değil mi? Güç fakat seni yükseltecek bir iş.

- Budin'e nasıl gideceğini sen tasarlarsın. Ben yalnız o soyu! belir sizin kafasını isterim.

- Artık ayrılacaklardı. Fatih, öpülmek üzere elini uzatıyordu. Birden hatırladı:

- Sana, dedi, biraz para vereyim.

Mustafa başını salladı:

- İstemem ulu Hünkâr. Benim akçeyle alışverişim yok.

- Demek zenginsin. Kara Murat'tan epey şey mi kaldı?

- Bir yürek, bir bilek, Hünkâr. Onlar da bana yeter.

Fatih, onun bu tok gözlülüğünü de beğendi, kendisine para vermek fikrinden vazgeçti. Çünkü burada böyle davranan delikanlının herhangi bir durumda para canlılık göstermeyeceğini, para uğrunda söz dönekliği yapmayacağını anlamıştı. Kendine de bu ayarda bir adam gerekti.

***

1462 yılının ilkbaharında idi. Büyük bir Türk ordusu Tuna'yı geçiyordu. Yirmi beş kadırga ile yüz elli çektirmeden mürekkep bir donanma da Karadeniz yolu ile Tuna'ya girmişti, Vidin'e kadar çıkmıştı. Ordunun başında Sadrazam Mahmut Paşa ile Fatih Sultan Mehmet bulunuyordu. Bütün Eflâk, dinmeyen bir yer sarsıntısı geçirir gibi korku içindeydi. Kimse evinde kandı, Macar ordusu gelinceye kadar Türkleri çete harpler ile oyalamayı tasarladı. Birçok köyler boşaldığı, tarlalar yakılıp ağaçlar söküldüğü için Türk ordusunun ileri yürüyüşü de şimdiden güçleştirilmiş bulunuyordu.

Fakat Vilad akıncılara karşı ne yapılacağını bir türlü kestiremiyordu. Demitriyosla uzun uzun görüştükten sonra bir karar verebildi, dört yana gözcüler dağıtılmasını ve akıncıların yürüyüş kolları sezilince önlerinden kaçılarak onların mümkün olursa arkalarında yer alınmasını kararlaştırdı.

Lâkin günler geçtiği halde onlar, o bir yerde durmasına, durdurulmasına imkân olmayan akıncılar harekete geçmiyorlardı. Tuna kıyılarında duruyorlardı. Vilad, bu hareketsizliğin sebebini gece gündüz düşündüğü halde, bulamıyordu. Çete harbi yapmak için çizdiği plânlar ise tuhaf bir karışıklık içinde yürümez olmuştu. Sağa veya sola ayırdığı müfrezeler ordudan ayrılır ayrılmaz sır oluyorlardı, bir daha kendilerinden haber çıkmıyordu. Bunların, henüz Tuna'yı aşmamış olan, Türklerin eline düşüp toptan yok edildiklerini kabul etmek mümkün değildi. Fakat yok oldukları muhakkaktı.

Vilad, üçer-beşer yüz kişilik müfrezelerin iz bırakmadan kayboluşlarındaki sırrı nihayet anladı. Onlar, şurada, burada pusu kurmak veya gözcülük etmek vazifesi ile ordudan ayrılır ayrılmaz dağılıyorlardı, gerilere çekilip saklanıyorlardı. Bir kısmı da Moldavyayı boylamıştı. Vilad, ordunun sayı dolgunluğunu eriten bu hali anlar anlamaz çetecilikten vazgeçti, birkaç yüz Ulah'ı kazıklatarak kaçmak düşüncesini şöyle böyle kösteklendikten sonra bütün asker ile sağlam bir yer tuttu, Türkleri beklemeye koyuldu. Fakat bir gözü önde ise bir gözü arkadaydı. Durduğu yerde kalabilmesi, Macaristan'dan ordular gelebileceğini ummakla mümkün olabiliyordu.

Bununla beraber Türklerin hareketsiz duruşları, hele akıncıların Tuna'yı aşmayışları onun kafasında kargaşalık yaratmaktan geri kalmıyordu. On binlerce yıldırımın bir su kıyısında kümelenip duru şunda tabiata aykırı düşen bir biçim vardı. Yıldırımın şanı yürümek,

Türkün de şanı ileri atılmaktı. Halbuki Tuna kenarındaki ordu ve akıncı fırkaları günler geçtiği halde harekete geçmiyorlardı.

Vilad'ın hiçbir sebebe bağlayamadığı bu hareketsizlik Fatih Sultan Mehmet'in emrinden ileri gelme bir durumdu. O, Karadeniz yolu ile Tuna'ya girip Vidin'e kadar çıktıktan sonra birden bire bir fikre saplanıp kalmıştı: Küçük akıncıyı buldurmak! Onun Eflâk üzerine yapılacak akınlar sırasında delice davranacağına, hayatım daldan budaktan sakınmayacağına şüphe etmiyordu. Onun için hem küçük akıncıyı kızdırmayacak, hem de onu koruyacak bir yol aramıştı, bulmuştu. Bu, Kara Muratın kardeşini Eflâk'a yürüyüş günlerinde yanında bulundurmaktan ibaretti. Bu düşünce ile de akıncıların ayrıca yürüyüşe geçmelerine, ordu ile birlikte hareket etmelerine emir vermişti

İşte ordunun, akıncıların Tuna kıyısında beklemeleri bu emir yüzündendi. Küçük Mustafa'nın bir türlü bulunmaması da hareketi geciktiriyordu. Fatih bu genç akıncının mutlaka bulunmasını istiyordu. Halbuki Kara Muratın yiğit kardeşi ortada yoktu.

Ne Turhanoğlu Ömer'in, ne Evranosoğlu Ahmed'in, ne Mihaloğlu Ali'nin, ne Malkoçoğlu Bali'nin fırkaları içinde Mustafa bulunamamıştı. Onu zaten Bali Bey'in akıncıları tanıyorlardı, öbür akıncılar Kara Murat adını saygı ile anar olmakla beraber kardeşini görmüş değillerdi.

Koca bir ordu, koca bir akıncı kümesi, küçük bir adamın bulunmaması yüzünden günlerce hareketsiz kalamazdı. Bu, karşıdaki düşmanı kuvvetlendirecek bir tedbirsizlik demekti lâkin Fatih, açık veya kapalı yapıla gelen ihtarlara karşı da çocuğu aratmaktan, orduyu da hareketsiz bırakmaktan vazgeçmiyordu. Çünkü daha İstanbul'da iken Macaristan yolu ile Yaksiç'ten bir mektup almıştı, bu delikanlının tam yerinde Voyvoda Vilad'a ihanet edeceğini öğrenmişti. Bun dan dolayı da Eflâk topraklarında yapılacak korunma hazırlıklarına değer vermiyordu.

Bir hayli böyle geçti, küçük Mustafa bulunamadı, Fatih de bir perşembe günü gün doğar doğmaz bütün ordunun Tuna'yı aşmasına emir vermek zorunda kaldı. Akıncılar, gene birlikte hareket edeceklerdi, sağ ve sol yanlarda yürüyeceklerdi.

Bu emir, bir salı akşamı verilmişti, çarşamba günü silâhlar yeni baştan bilendi, atlar güzelce tımar edildi, Yeniçeri ve Sipahi çadırlarında başlayacak savaş şerefine eğlenceler yapıldı, akıncılar tarafın dan at ve mızrak oyunları gösterildi ve perşembe gecesi tatlı rüyalar içinde geçirildi.

O gün tanyeri ağarırken bütün ordu ayakta idi. Güneşle beraber Tuna kıyısında heyecanlı bir âlem doğuyordu. On binlerce akıncı at sırtında bu büyük suyu geçmeye hazırlanmıştı. Yüzme zevkini sezen hayvanlar şen şen kişniyorlardı. Kulaklarını dikerek ve kuyruklarını sallayarak Tuna'ya atılmak emrini bekliyorlardı. Büyük bir köprü, yaya askerle topların geçmesi için göğsünü açmıştı, suyun üzerinde neşeli bir yüzle uzanıp duruyordu.

Sadrazam Mahmut Paşa da, Hünkâr da erkenden otağlarından çıkmışlardı, at üstünde bu geçişi seyre gelmişlerdi. Çünkü sahne, pek seyrek görülen bir manzaraydı. On binlerce akıncının at sırtında büyük bir suyu aşması her gün veya her yıl görülebilen bir şey değildi. Bunda, bu geçişte dalgayı at ayağına çiğneten Türk gücünün göz kamaştırıcı ululuğu, yüceliği vardı. Bütün ordu gibi vezirle Hünkâr da bu ululuğun, büyük bir nehir üzerinden silâha bürünerek akışını görmek istiyorlardı.

Akıncıların o devirdeki başbuğları, o ünlü beyler at başı beraber Hünkâr'ın yanına gelerek fırkalarının suyu geçmeye hazır bulunduğunu söylemişler ve son emri alıp geri dönmüşlerdi. Artık orada, o iki yüz binden fazla askerin, binlerce atın, öküzün, koyunun toplanmış olduğu geniş mıntıkada derin bir sessizlik başlamıştı. Hayvanlar bile böğürlerini, melemelerini bırakmışlardı, büyük geçişi seyre hazırlanmışlardı. Yalnız akıncıların atları ön ayakları ile toprağı eşiyorlar, sabırsızlık gösteriyorlar ve bu hareketle o derin sessizliği taklit olunmaz bir ahenkle işliyorlardı. Güneş doğudaki beşiğinden fırlamıştı. Türk akıncılarının dalgalan nallara nasıl çiğnettiklerini görmek için uruktan boynunu uzatıyordu.

İşte bu sırada, bu heyecanlı anda karşı yakadan iki kişi belirdi. Bunlardan biri önde yürüyordu, arkadakini yedekliyordu. Su kıyısına gelir gelmez öndeki biraz durakladı, ardında bulunanı omuzladı ve yükle Tuna'ya atıldı, yüzmeye başladı. Şimdi akıncılar yürümekten geri kalmışlardı, ordunun gözü akıncılardan ayrılarak ağır bir yükle ırmağı aşmaya savaşan cesur yüzgece kaymıştı. Vezir'le Hünkâr dahi ister istemez bu gelişe, bu yüze yüze gelişe bakıyorlardı.

Suya atılışı uzaktan şöyle böyle seçilebilen yüklü yüzgeç, Tuna'nın köpüklü akışı arasında bozuk düzen bir tulum gibi görünüyordu ve güçlükle seçiliyordu. Ara sıra onun sularla örtüldüğü, akıştaki hızı yenemeyerek aşağıya doğru sürüklendiği seziliyordu. Fakat yüzgeç, sırtındaki yüke rağmen ne yapıp yapıyordu, yolundan geri kalmıyordu, beri yakaya doğru kulaç atıp geliyordu.

Akıncılar kendilerini yoldan alıkoyan bu kim olduğu belirsiz yüzgece karşı kızgınlık değil, sevgi duyuyorlardı, atlarının dinginlerini bırakarak ve elleri ile gözlerine siper alarak onun yüzüşünü beğene beğene seyrediyorlardı. Fatih Mehmet başta olmak üzere bütün orada bulunan ve manzarayı gören adamların içinde hem heyecan, hem merak vardı. Ağır bir yükle Tuna'yı aşmaya savaşan adamın nereli ve neci olduğunu anlamak ihtiyacı ile kıvranıyorlardı. Fakat her kes bunun bir Türk olduğuna inan taşıyordu. Tuna'yı, bir yük altında yüze yüze geçmeyi Türk'ten başkasının başarmasına imkân mı yardı?

İki yaka arasındaki açıklık bin metreye yakındı, suyun akışındaki hız bu açıklığı bir yüzgeç kolu için üç misline çıkarıyordu, dalgalı yolu aşılmaz bir biçime sokuyordu. Fakat yüklü yüzgeç, yaman bir inatla suyu yarıyor, köpükleri sağa sola atıyor ve ilerliyordu.

Nihayet galebe yüzgeçte kaldı, Tuna bu geçişe boyun eğdi ve bütün ordu, çocuk denilecek yaşta bir delikanlının pos bıyıklı bir herifi sırtında taşıyarak karaya ulaştığını gördü. Artık yerden göğe doğru bir alkış gürültüsüdür yükseliyordu, binlerce ağızdan çıkan "yasal"lar Tuna'nın homurtusunu susturuyordu.

Yüzgeç, Fatihle sadrazamın bulundukları yere yakın bir yerde karaya yaklaşmıştı. Yük ile birlikte ayağa kalkar kalkmaz şöyle bir silkindi, silâh pırıltısı içinde göz alıcı bir azamet gösteren kalabalıkla, ö coşkun alkışlarla ilgilenmedi, sırtındaki adamı yere indirdi ve onun boynuna sarılı ipin ucunu eline aldı, üzerinden şırıl şırıl su aktığı halde etrafına bakındı, Hünkârla veziri gördü, mırıldandı:

- İyi bir karşılaşma. Şu ağır kokan yükü Hünkâr'a götüreyim, dilini kerpetenle o açsın!

Ve yürüdü, taşıdığı yedeği de yürüttü. Ordunun gözü onu adım adım takip ediyordu. Artık herkes bu delikanlının Türk olduğunu ve bir tutsak getirdiğini anlamıştı, yalnız kendisini bilen ve tanıyan yok tu. Bu bilgisizlikten ilk önce kurtulan yine Fatih oldu ve genç yüzgecin kıyıdan beş on metre uzaklaşması ile beraber derin bir sevinçle haykırdı:

Gerçekten de oydu, Kara Murat'ın kardeşiydi ve şiş üstünde çevrile çevrile kebap edilirken küçük bir inilti bile çıkarmayan o yiğit adamın kardeşi olduğunu apaçık gösteren bir adım atışla ilerliyordu. Sanki ağır bir yükle engin ve coşkun bir suyu aşan o değilmiş gibi çevikti, dimdikti, damarlarındaki alevli kan, Tuna'dan üzerine bulaşan ıslaklığı kurutmuşa benziyordu, görünüşü o kadar tabiiydi.

Küçük akıncı, Fatih'in önüne kadar geldi, eğilmeden selâmladı:

- Ulu Hünkâr, dedi, sana bir tutsak getirdim. Voyvoda'nın kafasını getirecektim ama olmadı, herif mızraktan bir ormanın ta ortasında yatıyor. Bir türlü süzülüp yanına varamadım, kelleyi boş yere kaptırmamak için de o çelik ormanın kıyılarında çok kalamadım, şu pos bıyığı yakaladım, döndüm.

Fatih sordu:

- Voyvoda'nın bulunduğu yere kadar vardın mı?

- Varmaz olur muyum hiç? Aklım, fikrim zaten onda.

- Belki boş bulunur da yakasını bana kaptırır sandım ama umudum boşa çıktı.

- Peki, o teres nerede?

- Bükreş'e yakın bir yerde duruyor, başında hayli kalabalık var.

- O kalabalık kaç kişi ola?

- Belki yirmi bin, belki kırk bin baş. Fakat daha iyisini bu pos bıyık bilir.

- Fatih biraz düşündükten sonra Küçük Mustafa'ya şunları söyledi:

- Malkoçoğlu ile öbür beylerle görüştük, Eflâk topraklarında akın yapılmamasını doğru bulduk. Çünkü bu ülke benimdir, hırpalanmasını istemem. Onun için savaş yapacağız, akın yapmayacağız. Voyvoda teresini bu suretle belki daha kolay yakalarız. Sen de yanımda kal, savaş yoldaşı olalım. Bakalım hangimiz daha iyi at oynatıyoruz.

Bu söz, küçük akıncının gururunu okşadı, akıncıların düz savaş yapacaklarına göre de ayrılık kaygısına yer kalmıyordu. Bundan ötürü padişahın pek nazik bir dille yaptığı teklifi kabul etti.

Baş üstüne ulu Hünkâr, dedi, akın başlayıncaya kadar yanında kainim. Tanrı fırsat verirse birbirimizi deneriz de. Ve sırtında taşıyarak koca Tuna'dan geçirdiği tutsak adamı gösterip sordu:

Bu posbıyık ne olacak?

- Onu Mahmut Paşa sorguya çeksin, bir bildiği varsa öğrenip bana söylesin. Sen hele beri geçte yoldaşların suyu geçişine bak!

Görünmesi geciken sahne şimdi bütün ululuğu ile yüceliği ile açılıyordu. Verilen işaret üzerine akıncılar kol kol Tuna'ya atılmışlardı, atla suyu aşmaya başlamışlardı. Ordu akıncıların akışına bakıyordu.

Türkler "at süvarisini tanır" derler. Eğer "at Türk'ü tanır" deselerdi daha doğru söylemiş olurlardı. Çünkü ata birçok okur yazar insanlardan daha ince seziş aşılayan Türklerdir. Hele bir akıncı altında at, tepeden tırnağa kadar duygu olmuştur. Bu Tuna geçişinde de o hakikat canlanıp duruyordu. Her at, tabiatı yenmek hırsı ile hare ket eder gibi görünerek Tuna'yı göğüslüyordu. Su ile at arasındaki bu mücadelede akıncıların rolü ancak düzeni, sırayı bozmamaktan ibaretti. Onar kişilik birer dizi halinde ve fakat yan yana on iki ayrı dizi olarak suya giren akıncıların arada teşkil ettikleri sıralar düzineleri geçiyordu. Öyle iken ne yan yana; ne de art arda sıralanan diziler de küçük bir düzensizlik göze çarpmıyordu. Yan yana yürüyenlerin arasındaki açık azalıp çoğalmadığı gibi arkadaki atların başlan öndekilerin kuyruğunu bir santim geçmiyordu. Su içinde ve yüzen hayvanlar üstünde çizilen bu hendesi nizam, bu pergelleri imrendirecek tenasüp Tuna'nın sırtında, yürüyen bir tablo güzelliği yaratıyordu. Almanların yaya ve atlı askerlerine temin ettikleri yürüyüş birliği bütün dünyaya örnek olmaktadır. Asker yaratılmamış milletlerin de onları taklit ederken ne kadar gülünç olduklarını ara sıra sinemalarda görüyoruz. Eğer onu beşinci asırda fotoğrafla resim veya film alınabilseydi akıncıların atla su geçişlerindeki nefis ve estetik nizam, Alman ordu yürüyüşünü de belki bize gülünç gösterirdi.

Bu geçişin zevkini iliklerine kadar tadanlar gene Türklerdi. Geri de kalan ordu, düz bir çimenlik üzerinde ağır ağır yürür gibi sırayı ve sıra aralıklarını bozmadan suyu aşan akıncıların ne yaman bir hüner gösterdiklerini pekiyi anlıyordu ve kardeş ruhunda, kardeşçiliğin de beliren bu hüneri seyrederken yüksek bir kıvanç duyuyordu. Suyu böyle geçen bu kahramanların dağları da aynı biçimde aşacaklarını düşünürken o kıvancı yükselttikçe yükseltiyordu. Akıncılarımı karşı yakada karaya çıkışları da seyrine doyulmaz bir sahne teşkil ediyordu. Boyunlarına kadar suya gömülü atların toprağı görür görmez gerdanlarını uzatışları, boylarını yükselterek karaya adım atışları, yenip geçtikleri suya "geçmiş olsun" der gibi bakışlarını döndürüp bakışları, neşeli neşeli kişneyişleri ayrı ayrı birer güzellikti. Venüs'ün denizden doğuşunu heykel ile canlandıran ve o efsaneyi gerçekleştiren sanatkâr eğer şu akıncıların sudan karaya çıkışlarını görseydi mutlaka yaptığı heykeli kırardı, bu hakikati mermerleştirmeye savaşırdı.

Saatlerce süren bu nefis manzara nihayet kapandı ve ordunun ağırlıkları, topları da aynı zamanda köprüden beri tarafa geçirildi, çadırların, otakların kurulmasına başlandı ve sıra Yeniçerilere geldi. Hünkâr, artık çekiliyordu, bir sayvan altında dinlenmeye gidiyordu. Bir aralık gözü, saray adamları arasında ve yaya yürüyen Mustafa'ya ilişti, gülerek sordu:

- Bu nasıl akıncılık babayiğit. Ne atın var, ne ipin. Yoldaşların uçarken sen taban çalarak mı onlara erişeceksin?

- İpimi bizim posbıyığa doladım, palam işte belimde.

- Atım da Vidin de. Düşmanın tek başına böğrüne sokulup dil (esir) alan adam yaya yürür. Fakat akma başlarsak Allah kerim.

- Elbet ben de sırtına bir küheylân bulurum.

Ve sonra Hünkârdan izin istedi:

- Devletli vezir benim tutsağı aldı, götürdü. Onu söyletirken bende bile bulunmak isterim. Belki işime yarar haberler verir. Onun için beni biraz bırak. Olmaz mı ulu Hünkâr?

Kendisi ile bir arkadaş gibi konuşan bu küçük adam, gittikçe Fatihin gözüne giriyordu. Eski Türk töresinden, âdetinden yavaş yavaş uzaklaşan, Bizans törelerini benimsemeye başlayan Hünkâr, Türk dili kesecek ve Türk boynunda kılıç bileyecek kadar almış yürümüş değildi. O güne kadar yalnız küçük kardeşini bir de Sadrazam Halil Paşa'yı öldürtmüştü. Henüz gelişi güzel Türk kanı dökmüyordu, hele Akıncı, Sipahi, Yeniçeri gibi kellelerini koltuklarında taşıyan savaş erlerini incitmekten büsbütün çekiniyordu. Bundan ötürü küçük Mustafa'nın kendisine ulu orta söz söyleyişini hoş görüyordu, hatta bundan zevk alıyordu. Onu büyük ve çok büyük bir işte kullanmak isteyişi de bu hoş görüşü ayrıca gerçekleştiriyordu. O sebeple yiğit delikanlının dileğini gülerek kabul etti:

- Hay hay, küçük, dedi, Mahmut'un yanına git, sorguda bulun, ne duyarsan gel, bana anlat.

Biraz sonra Mustafa, Sadrazam'ın sayvanında idi, yere bağdaş kurup, ta Bükreş önlerinden yakaladığı ve yedeğinde buraya kadar getirdiği tutsağa yapılan sorguyu dinliyordu. Ulahlı esir, gerçekten ağıl kokan bir adamdı. Ömründe gömlek değiştirmemişe, su yüzü görmemişe benziyordu. Fakat yaman bir inadı da vardı. Adının Mihal olduğunu, Praşova köylülerinden olup son günlerde Voyvoda tarafından silâhaltına sürüklendiğini ve Birçok çocuğu ile yirmi do muzu, elli koyunu bulunduğunu söyledikten sonra dilini kilitleyivermişti. Sadrazam'ın ne tatlı ve ekşi sözleri, ne gösterdiği falaka, topuz ve satır, herifin diline vurduğu kilidi gevşetemiyordu, ağzından tek bir kelime çıkmıyordu.

Ondan öğrenilmek istenilen Voyvodanın nerede bulunduğu, yanındaki askerin sayısı, topu filân varsa nerelerde bulundurulduğu gibi şeylerdi. Praşovah Mihal, bütün bu meselelere karşı derin bir kayıtsızlık ve sessizlik muhafaza ediyordu, bilmem filân demeye lüzum görmeyerek sağır ve dilsiz gibi davranıyordu. Bir aralık Mahmut Paşa kızdı, herifi işkenceye sokmak istedi. Fakat küçük Mustafa araya girdi:

- Etme devletlû vezir dedi, bir de ben sorayım.

Ve Sadrazam'ın cevabını beklemeden sorguya girişti:

- Be herif, dilini niye yuttun? Bildiğini söylesene. Bak ulu paşa kızıyor. Olur ki derini yüzdürür. Yazık değil mi sana?

Mihal kendini savaş gürültüsünden, Türklerle silâh silâha çarpışmak felâketinden kurtarmış olan küçük akıncıya şükran dolu bir bakış attı, içini çekti:

- Söyleyemem ağa, dedi, hiçbir şey söyleyemem. Ne anlamak istediğinizi anlıyorum, sorulan şeyleri de biliyorum. Fakat söylemek elimden gelmez.

- Niçin?

- Çünkü yerin kulağı vardır. Bir gün olur da bana yaptırmak istediğiniz gevezelik Voyvodanın kulağına giderse beni kazıklar.

- Biz de kazıklarız. Bunu düşünmüyor musun? Mihal güldü:

- Siz, dedi, eli kolu bağlı bir adamı öldürmezsiniz, öldüremezsiniz. Çünkü Türk'sünüz. Fakat Voyvoda'nın ne dini vardır ne de imanı. Beni söyletmeden kazığa vurur, yahut ateşte çevirte çevirte öldürür.

Küçük Mustafa bu karşılık üzerine Sadrazam'a döndü, yalvardı:

- Bunu artık sıkıştırmayalım, bırakalım. Çünkü bizim kendini incitemeyeceğimizi biliyor, kafa tutuyor. Zaten ne öğreneceğiz ki? İşte Voyvoda Bükreş'e yalan bir yerde duruyor. Gözümle gördüm. Yanında yirmi otuz bin adamı var. Bunu da gördüm. Yarın yürüyüş başlarsa ya kaçacak, ya bizimle boy ölçüşecek. Mihal'in vereceği haberlerle bizim bileğimiz mi sağlamlaşacak, atımız mı yüğrükleşecek? Son sözü kılıç söyler devletlû. Bırak şu miskinin yakasını.

Ve birden kaşlarını çattı:

- Hem dedi, bu benim tutsağımdır. Onu dil diye getirdim ama incitilmesini istemem, kendini at uşağı yapacağım, yanımda gezdireceğim.

Mahmut Paşa, Hünkâr'ın "bizim küçük" dediği, günlerden i beri arattığı ve karşılaşınca candan sevinç gösterdiği yiğit bir delikanlıyı kolay kolay kıramazdı. Aynı zamanda Mihal'in sözleri onun da içine bir acıyış getirmişti. Bu sebeple sorguyu bıraktı, Mihal'i alıp götürebileceğini Mustafa'ya söyledi, kendi de ordu işleriyle uğraşmaya koyuldu.

Küçük akıncı, at uşağı yapacağını söylediği posbıyık tutsakla Hünkâr'ın bulunduğu yana yönelince, orada da göçün başladığını gördü, Fatih de artık karşı yakaya geçiyordu. Mustafa, büyük bir kalabalık arasında Hünkârın atlanıp yürüyüşünü seyre daldı ve mırıldandı:

- Hem beni konuk yapmak ister, hem başını alır, savuşur. Bin bir ayağın bir topuk üstünde döndüğü bir yerde ben kendimi nasıl hatırlatırım?

Fakat Fatih onu unutmamıştı. En yakın adamlarından birine ısmarlamıştı. Nitekim küçüğün kendi kendine söylenmesi henüz bitmeden o saraylı boy gösterdi:

- Mustafa Bey, dedi, öbür yakada çadırın hazırlanıyor. Ulu Hünkâr'ın misafirisin, orada kalacaksın.

O, bir saat sonra kendi çadırındaydı. Hünkâr'ın yolladığı güzel bir palayı gözden geçiriyordu. Mihal de karşısında el pençe divan duruyordu. Pala, ne altınla bezenmişti, ne elmasla süslenmişti. Bir akıncıya yarar biçimde olup bütün güzelliği demirine iyi su verilmiş olmasında ve keskinliğindeydi. Mustafa, öpen bir gözle bu nefis armağanı evirip çeviriyordu. Hünkâr ona bir de at yollamıştı. Genç, dinç ve kıvrak bir at. O da çadır kapısında bağlı duruyordu. Mustafa bir akıncı için cihan değer şeyler olan bu armağanlardan dolayı büyük bir sevinç içindeydi, Hünkâr'ın kendine yaptırmak istediği işi artık benimsemeye başlamıştı.

- Evet, diyordu, bu adam yüreğimi çeldi. Kardeşimin öcünü aldıktan sonra onun dediğini yapmalıyım. Çünkü beni borç altına düşürdü.

Bir aralık palasıyla atı hakkında Mihal'in de düşüncesini öğrenmek istedi. Böyle şeylerden zevk almadığına inan beslediği şu tutsağın göstereceği bilgisizlikle ve savuracağı sakat mülâhazalarla eğlenecekti. Çünkü Mihal'in kendine dikilen gözlerinde acıyan bir bakış sezmişti.

Acınmaya lâyık görülmek bir Türk'ü çıldırtır. O anlamı taşıyan bir bakış ise herhangi bir akıncının ciğerini deler. Zira kendince başkalarını açındıran adam, acze düşmüş demektir. Halbuki Türk, acze düşmemek kudretini taşıyarak yeryüzüne inmiştir ve akıncılar ancak bu kudrete dayanarak yeryüzüne yayılmışlardı.

Küçük Mustafa da anadan doğma bir akıncı idi, kendine acıyarak bakılmasına dayanamazdı. Bundan ötürü sert sert sordu:

- Bre ağıl kokan, ne diye bana böyle bakıyorsun?

Herif, biraz düşünür gibi davrandı, sonra içten gelen yanık bir sesle karşılık verdi:

- Sana acıyorum, delikanlı, ölüme doğru körü körüne gidiyorsun...

Gözün yapmaya çalıştığı hakareti dilin apaçık haykırması Mustafa'nın sinirlerini oynattı ve genç akıncı, posbıyık tutsağın yakasına yapışarak onu köksüz bir ağaç gibi salladı, ürkütücü bir ses le haykırdı:

- Bre ağıl çocuğu... Sen kim oluyorsun ki bana acıyasın.

- Üstelik önüme ölüm kovasın?

Herif, böbreklerini yerinden koparıp ağzına getirecek kadar sert olan bu tartaklamanın acısı ile inlerken fikrini de kekeliyordu:

- Voyvoda size pusu kuruyor, siz ayağınızla o pusuya doğru gidiyorsunuz. Ben bunu söylemek istedim.

Voyvoda ve pusu sözü küçük akıncının pençesini gevşetti. Mihal de böbreklerini kusmaktan kurtuldu. Fakat Mustafa onun yakasını henüz koyuvermemişti, soruyordu:

- Demin Mahmut Paşa'nın önünde ağız açmıyordun, şimdi gevezeliğe kalkışıyorsun. Voyvoda korkusunu beni korkutmak için mi unuttun?

- Hayır yiğit Türk, hayır. Voyvoda korkusu içimden çıkmadı. Fakat onun sana kıymasını istemediğim için bildiğimi söylemeye kalkıştım.

- Demek onun bize pusu kuracağını biliyorsun?

- Ben orta çorbacısı gibi bir şeyim. Eğer yakalanmasaydım, üç beş yüz kişiye başbuğluk yapacaktım.

- Bu kılıkla mı?

- Sen kılığa bakma, çıplaklar içinde don giyen bey sayılır. Körler arasında şaşıların Hünkâr tanıması gibi. Sonra ben bir

Boyar'ım. Sen beni pek kolay yakaladın. Kim olduğumu anlamadın. Eğer beni işkenceden, belki de ölümden kurtarmasaydın, kendimi gene belli etmezdim. Yaptığın iyilik içime bir değişiklik getirdi. Kurulan pusuda senin de ölüvereceğini düşünüp acıdım, bildiklerimi ortaya döktüm.

- Nedir bu aksaklık yiğidim?

- Bizi pusudan korkar sanırsın! Voyvoda pusu değil, adım başına ağ kursa bize vız gelir. Bunu sen bilmiyorsun galiba.

- Öyle deme yiğidim. Pusu, yaman şeydir. Daha dün Vidin Paşası pusuya düşürülüp kazıklanmadı mı?

- Küçük akıncının gözbebeklerinde sevgili kardeşinin yanık dökük ölüsü belirdi, içine taze bir yanış yayıldı, dudakları titredi.

- O, dedi, pusu değil, büyü idi. Kızıl cinli (şarap) yutturdular, saz çalıp köçeklere göbek attırdılar, dost görünüp kancıklık yaptılar, Vidin Paşası'na da, ağama da kıydılar. Voyvoda bizim Hünkâra da, boğazda, ormanda, uçurumda pusu kurar. Biz böyle pusuları kolay kırarız, posbıyık.

- Anlamadın yiğidim, anlamak da istemiyorsun. Kurulacak pusu, bildiğin tuzaklardan değil, Voyvoda sizi uyurken bastırmak istiyor.

- Şuna baskın desene be herif. Sen daha tasarladığınız işini adını bilmiyorsun.

- Baskın ama pusulu.

- Voyvoda düş görüp sayıklamış ama, sen bildiğini söyle: Bizi nasıl basacaktınız?

- Tuna'yı geçip de yürüyüşe başladığınızın üçüncü günü geçe yarısında...

- Biz alık alık yatacaktık, siz de üstümüze çullanacaktınız öyle mi?

- Biz bir ormanda saklanacaktık, oyuklar, kovuklar içinde gizlenip izimizi belli etmeyecektik. Siz de önünüzde, yanınızda ne in, ne cin görmediğiniz için gelişigüzel yayılacaktınız. O vakit pusudan çıkıp baskın yapacaktık. Voyvoda böyle düşündü ve öyle davranacak.

- Bunu niçin Mahmut Paşa'ya söylemedin?

- Dedim, Voyvoda'dan korktum lâkin senden gördüğüm iyilik o korkudan üstün çıkıp yüreğimi değiştirdi.

- Demek sen, iyilik kadri biliyorsun?

- Biz de insanız, yiğidim, bizim de yüreğimiz var.

- Hoşuma gitti posbıyık. Böyle davranırsan seninle kolay anlaşırız.

- Ben de öyle istiyorum. Sana dost olmak, senin dostluğunu kazanmak diliyorum.

- Bu gidişle dileğin yerine gelecek posbıyık. İşte sana ilk dostluğu gösteriyorum, seni at uşağı yapmaktan vazgeçiyorum.

- Artık yoldaşız, bile gezeceğiz. Şu Voyvoda işi biter bitmez seni çoluğuna, çocuğuna kavuştururum, yolum düşünce evine konuk ge lirim. Şimdi şurada otur. Ben Hünkâr'ı göreyim.

İşte her tarih kitabında yazılı olan "Voyvoda baskını" hâdisesini Türk ordusu vukuundan önce bu suretle haber almış oldu. Ölürken adından bile ürken ve bütün ümidini Macar ellerinden gelecek yardıma bağlayan Vilad, nasıl olur da böyle bir baskını düşünebilirdi? Bunun sırrı gene Demitriyos Yaksiç'in içindedir ve onun öz benliğini anlatmak sırası da gelmiştir:

Küçük Mustafa'nın Fatihle ilk görüştüğü gün kısaca söylediği, Hünkârın da daha önce sezinlediği üzere Demitriyos, Yaksiç yaman roller oynuyordu. Dört yüz hemşerisinin ateşe atıldığı gün bir zekâ hamlesiyle kendini kurtaran Yaksiç, Voyvoda Vilad'dan öç almaktan başka bir şey düşünmüyordu. Bu uğurda namusunu da feda etmişti, Vilad'ın odalığı olmaktan çekinmemişti. Fakat ülküsünden bir an vazgeçmiyordu. Onun çizdiği plân çok genişti. Bir taraftan Voyvo dayı sık sık cinayet işlemeye sürüklüyordu, hemen her gün beş on adam öldürüyordu. Bundan maksadı, Ulahlar arasında nefret, kin uyandırmaktı. Sonra onu Macar Kralıyla dost yapmaya çalışır görünerek boyuna Budapeşte'ye mektuplar, adamlar yolluyordu. Bunun sebebi de Voyvoda'yı Türklere karşı kışkırtırken, elde bir tutamak bulundurmaktı. Çünkü Vilad tek başına Türklerle savaş yapamazdı. Macarların yardımı ona yürek pekliği verebilirdi.

Yaksiç, Macar Kralı'na yazdığı gizli mektuplarda ise başka başka bir dil kullanıyordu, Vilad'ın Türkler tarafından ezilmesine göz yumulmasını telkin ediyordu. Onun Matyas Korvene gösterdiği kazanç şuydu: Vilad'ın ezilmesi bir iştir, bu iş başarılıncaya kadar yıllar geçecektir. Macaristan bu arada kendine çekidüzen verebilir, müttefikler ve yardımcılar bulur, Türklerin Belgrad yoluyla yapacakları ileri hareketini karşılamak imkânını elde eder, aynı zamanda Vilad'ın yıkılmasıyla Eflâk'ta başlayacak yeni bir anarşi o ülkenin de Macarlar tarafından alınmasını kolaylaştırır. Ulahlar da, Voyvoda adı; taşıyan şerirlerine şirretiyle Türklerin onları gidermeyi bahane tutacak yaptıkları saldırışlardan bıkıp usandıkları için Macarlara kucak saçmak tan çekinmeyeceklerdir.

İşte Yaksiç, Eflâk Voyvodasını Türklere karşı amansız bir pusman gibi davranmaya zorlarken ve onu Macaristan'dan yardım gedeceğine inandırırken, Matyas Korvene de böyle bir yol gösteriyordu. Sözün kısası bu delikanlı, bir yandan Viladı Türklere ezdirerek kendinin ve ateşe atılan hemşerilerinin öcünü almak, bir yandan da Macaristan'a kazanç temin etmek istiyordu.

Viladı bir baskın yapmaya zorlayan da yine oydu. Macar ordu su gelmeden önce bir zafer ve bir şeref kazanmaya çalışmasını ileri sürerek Voyvodayı kandırmıştı. Böyle bir davranışın tatsız bir son vermesi halinde gerilere çekilmek, Macar sınırına yakın bir yerde Matyas Korven ordusuyla birleşmek öğüdünü vererek de Vilad cenaplarını her türlü tereddütten uzaklaştırmaya muvaffak olmuştu. Yaksiç, şu baskın işinde Vilad'ı ya Türklere yakalatmayı yahut Macarlara teslim etmeyi amaç edinmişti. Onun bir düşüncesi daha vardı: Fatihin gözüne girmek ve Çakırcı Paşa işindeki rollerini unutturmak. Çünkü Balkanların, Macaristan'ın, Lehistan'ın, Eflâkle Buğda'nın siyasî durumunu çok karışık buluyordu ve Osmanlı hükümdarının gözüne girerek bu karışık durumdan kendine büyük kazançlar çıkarmak kuruntusunu güdüyor. Yalnız bir şeyi unutuyordu: Küçük Mustafa'nın hıncı!.. Eğer bu genç Türkün kendini ele geçirmeye ant içtiğini bilse ve daha doğrusu onun yaşayan bir tehlike olduğunu sezse belki plânlarında hayli değişiklik yapardı. Bunu sezmediği içini Fatihle uyuşmayı kâfi buluyordu, kâfi bulu yordu, ara sıra jurnallar gönderiyordu.

Yaksiç'in içini dışını aydınlattık. Şimdi baskına geçelim:

Mihal'in dediği gibi Tuna kıyılarında ileriye doğru yürüyüşe girişildikten üç gün sonra başlayan gece, bütün Türk ordusu çadırlarına çekilmişti. Yalnız akıncılar, kendi kanunlarına göre davranarak atlarının yanı başlarında uzanmışlardı, açıkta uyuyorlardı. Fakat ordunun mola tertibi o gece için değiştirilmişe benziyordu. Ağırlıkların gerilerde bulundurulması âdetken bu gece onlar öne geçirilmişti, develer, öküzler, mandalar da ağırlıklarla beraberdi, ordudan hayli ileride bulunuyorlardı.

Fatihin, gün battıktan sonra verdiği bir emir üzerine bütün ateşler söndürülmüştü. Çadırlarda ne mum, ne çıra yanıyordu. Mehtap da olmadığı için o büyük ordu, ovanın üstünde hemen hemen belirsizleşmişti. Uzaktan bakılınca toprağın yer yer kabarmış, düzlüğünü kaybetmiş olduğuna inanılırdı. Bu engin kabarıklıktan, karmakarışık girintiler, çıkıntılardan başka göze bir şey çarpmıyordu.

Vilad, işte bu derin sessizlik içinde hırsızlama bir şeref elde etmek, uykuda yakalayacağı Türk ordusunun dalgınlığından istifade ederek bir zafer çalmak istiyordu. Fatih'in askerlerini konaklattığı yerden iki saat kadar uzakta ve baha değmemiş bir orman içinde pusu kurmuştu, bekliyordu, baskın için seçtiği gecenin basmasıyla beraber o da subaylarını, boyarlarını topladı. Vidin Valisi'ni ne kadar kolaylıkla ele geçirdiğini anlatarak Osmanlı Sultanı'nın da o biçimde avlanacağını söyledi, bu zaferden Hıristiyanlık âleminin nasıl kıvanç duyacağını uzun uzun hikâye etti ve gece yarısından iki saat önce yürüyüş emrini verdi.

Arkada, gene orman önünde bir alay asker bırakmıştı ve bunlar, baskına girmekten kaçınarak geriye dönecekleri yakalayıp kazıkla maya memur edilmişlerdi.

Yaksiç, Vilad'ın yanındaydı, en önde ve at başı beraber yürüyorlardı. İkisi de neşeli görünüyorlardı, yakalanacak Türklerin, hele Fatihin ne biçim öldürülmesi kendi şereflerine uygun düşebileceği hakkında münakaşalar yapıyorlardı.

Fakat orman uzaklaşıp Türk karargâhı yakınlaştıkça onların ve hele Vilad'ın neşesi azalmaya yüz tuttu, yüzü ekşidi, ağzı kapandı, ilk safta saldıracak süvarilerin, önceden kararlaştığı üzere, Türklerin sezilmeye başladığı bir yerde durarak atlarının ayaklarına -ses çıkarmasın diye- keçe sarmalarından ve saldırıya hazırlanmalarından sonra ise Voyvoda'da yaman bir telâş yüz gösterdi, atını yürütmez bir hale geldi. Yaksiç, tehlike yaklaştıkça sıfırı tüketmek alâmetleri gösteren Voyvoda ile için için eğleniyordu. Artık plânının en nazik safhası başlıyordu ve ateşte yakılan dört yüz Macar delikanlısının öcü alınmak üzere bulunuyordu. O ümitle derin bir heyecana! kapılan Yaksiç, Felâkete mahkûm ettiği adamı, şu son demde elden kaçırmamak kaygısıyla da kıvranıyordu. Onun telâşını görünce ileriye gitmekten vazgeçmesinden korktu, böyle bir ihtimalin önünü almak için ortaya bir fikir attı:

Bakın, dedi, başlamak üzere Asaletmeap... İsterseniz siz burada durun, askerinizi ileri saldırın!

Türklerden oldukça uzakta kalmayı hatırlatan bu sözün tadı, Vilad'ın kulağına değil, ruhuna yayıldı. "Çok doğru söyledin yavrum" diyerek hemen atın başını çekti, kendi özel bölüğünden başka bütün askerlerini ileri geçirdi, "hücum" emrini verdi. O ve Yaksiç, bulundukları yerde "zafer" müjdesini bekleyecekler ve bu gecikirse geriye atılacaklardı.

Genç Macar, yapılan baskının Eflâklılar için ölüm olacağını kestiriyordu ve bozgun başlayıp da kendileri de kaçmaya yüz tutunca bir sıra düşürerek Voyvoda'nın atını, sözgelimi, bir kılıç darbesiyle, hareketten alıkoymayı ve herifi arkadan gelecek Türklere tutturmayı tasarlıyordu. Bunu beceremezse, eskiden düşündüğü gibi hareket edecekti, cellât Vilad'ı Macaristan'da kafese sokacaktı.

Bununla beraber heyecan içindeydi, üç bin metre ileride başla yan boğuşmanın sonunu merak ediyordu. Arkalarında hazırlanan kazıklardan kurtulmak için Türk yatağanına boyun uzatmayı göze alan büyük bir fırka Ulah, nihayet Türk karargâhına ulaşmışlardı, gözlerini saran kara ve derin bir ıssızlıktan şevke gelerek dalkılıç ileri atılmışlardı. Karşılarında ne kılıç, ne mızrak vardı. Bu onların yürek pekliğini arttırıyordu, bileklerini biraz daha kuvvetlendiriyordu ve keskin kılıçlara kolay bir işleyiş veriyordu.

Fakat karanlıkta durmadan işleyen kılıçların yarattığı ses, bir böğürme ve kişnemeden ibaretti. Ortada kolu düşen, budu parçalanan, yüreği delinen insanların çıkardığı inilti yoktu. Göz kızgınlığı ile ilkin bu tuhaflığın farkında olmayan baskıncılar biraz sonra atlardan yuvarlanmaya, boynuz veya çifte yemeye başlayınca Türk askerine değil, develere ve öküzlere baskın yaptıklarını anladılar, dört yana dönerek rasgelen baskıncıyı ısırıyorlardı, boynuzluyorlardı, çifteliyorlardı.

Bu kargaşalık sırasında Türk çadırları birden aydınlanmıştı, binlerce meşale gecenin karanlığını yırtarak iki tarafı birbirine göstermişi. Uykuda sanılan Türklerin ayakta ve hücuma hazır vaziyette görünmeleri baskıncıları büsbütün şaşırttığından hemen hepsi selâmeti kaçmakta arıyordu. Göz önündeki kılıç, uzaktaki kazıktan daha korkunçtu. Bundan ötürü de kaçmak, hiç durmadan kaçmak isteniliyordu.

Fakat bir akıncı fırkası, Mihaloğlu Ali'nin kumanda ettiği fırka, küreyi sessiz, gürültüsüz sarıveren bir gece gibi o karanlıkta baskıncıları çevirmişti. Yeniçeriler de yatağanları ve palaları sıyırarak, ağırlıkları aşarak ilerliyorlardı, kurtuluş güçtü, belki de mümkün değildi.

Durumunun böyle bir biçim aldığını, kapana tutulan Eflâklıların çok gerilere yetişen vaveylalarından anlayan Vilad, saçını başını yol maya başlamıştı. Gözyaşları içinde Yaksiç'e yalvarıyordu:

- Kaçalım, durmadan kaçalım.

Aynı zamanda bir elinde pala, bir elinde meşale olduğu halde Eflâklılar arasında dört yana at koşturan bir genç, bizim küçük Mustafa her Yeniçeri'ye, her akıncıya şu dileği haykırıyordu:

- Voyvoda'yı bulan öldürmesin, Allah aşkına öldürmesin. Çünkü onunla görülecek hesabım var!

Küçük akıncı, eli kolu bağlı adamları ateşe atan, şişte çeviren, kazığa vuran Vilad'ın, kendi ordusu başında bulunacak kadar cesur olduğunu sanıyordu ve bu sanışla fırıl fırıl dönerek düşmanını arı yordu. Halbuki atı alan Üsküdar'ı geçmek üzere bulunuyordu,

Gün doğarken baskıncıların işi bitmişti, ortada küme küme cesetten başka bir şey kalmamıştı. Fakat ne Hünkâr, ne de küçük Mustafa, bu gece savaşının sonucundan memnun değillerdi, Çünkü Vilad ele geçmemişti ve onun baskına iştirak etmeyerek geride kaldığı anlaşılmıştı. Bu durumda yapılacak tek bir iş vardı: Kovalamak. Hünkâr hemen emir verdi, bir akıncı fırkası ileriye atıldı, tozul dumana katarak, mesafeleri nal gürültüsü içinde silik ve sezinmez bir biçime sokarak Eflâk topraklarına yayıldı. Dağları aştı, ovaları dolaştı, Moldavya sınırına kadar ulaştı, Vilad'ı bulamadı. Çünkü o, at üstün de at değiştirerek Macar toprağına can atmıştı, bir köye sığınıp Kral Matyas Korvene kâğıt yollamıştı, yana yakıla başına geleni anlatarak yine yardım dileniyordu.

Fatih, Bükreş'in ilerisine kadar ordusuyla yürüdükten sonra akıncıların dönüşünü bekledi ve Vilad'ın kaçıp kurtulduğu haberini alarak son derece üzüldü.

Hele küçük Mustafa'nın öncü akıncılar arasında bulunmaması büsbütün canını sıktı, geriye dönme emrini verdi. Cellât Voyvodanın şurada burada kurduğu kazık ormanlarını ordusuna seyrettiriyor ve yapılan seferin kime karşı olduğunu bu suretle askerin zihnine daha kuvvetli surette yerleştiriyordu. Ordu Tuna'yı aşmak üzere bulunurken bir Macar atlısı yetişti, Fatihe bir kâğıt sundu. Bu, Demitriyos Yaksiç'tendi ve Voyvoda Vilad'ın, Macar Kralı haşmetlû Matyas Korven hazretleri tarafından Belgrad zindanına yollandığını müjdeli yordu.

Fatih bu haberin Bükreş'te Voyvodalık tahtına oturtturulmuş olan Radol'a bildirilmesine emir verirken Mahmut Paşaya şunları söylemekten geri kalmadı:

- İşte biri tahta çıkan, biri zindana giren iki kardeş ki karşılaştıkları gün birbirini öldürmekte tereddüt etmeyeceklerdir.

Hocaların cife dedikleri dünya, hakikatte cife değil, vicdanları körleten, yürekleri karartan bir sihirbaz. Onun bizi de baştan çıkar mamasına dua edelim.

Ve sonra dalgınlaşarak mırıldandı:

- Bizim küçük akıncı Allah vere de bir kazaya uğramasa.

- Yoksa şu amcaoğlu zırıltısı büyüyüp can sıkan bir gürültü olacak!

Laybah'ın bütün kilise çanları, korkulu ve ortaklaşa bir düş görmüşler gibi birden titremeye, birden haykırmaya başlamışlardır. Gece yarısından biraz sonra herkes uyurken bu haykırış Laybah halkını yataklarından sıçratmış, sokaklara fırlatmıştı. Herkes, İsa'nın o şehirdeki yirmi ağzını birden açarak bağırmaya koyulmasındaki sebebi araştırıyor ve gözlerini ovuştura ovuştura köşeden köşeye koşanların yüzlerinde tatlı uykularını saklayan bu gürültülü haykırışa karşı bir kızgınlık dolaşıyordu.

Bununla beraber halkın yüreği de titremiyor değildi, gece yarısı bağıran çan, ne İsa'nın gökten inmek üzere olduğunu müjdeleyen bir ağızdır, ne de Meryem'in kendi tebessümünden bir demet çiçek yayıp ümmetine armağan ettiğini söyleyen bir dildir. Böyle titreye titreye haykıran çanlar ancak felaketi haber verir. Laybahlılar bunu bildikleri için korkuyorlardı, kelimesiz bir haykırıştaki anlamsızlıktan ötürü de ister istemez kızıyorlardı.

Yatak kılığı ile sokağa fırlayan kadınlar gecenin kara tülleri arasında uzun müddet kalmaktan utanç duyarak bir ayak önce kapalı bir köşe bulmak istiyorlar ve kilisele doğru koşuyorlardı. Çıplak topuklar üzerinde beliren bu beyaz telâş, erkeklere de gidilecek yolu gösteren bir ışık oldu ve bütün halk, biraz sonra kilise avlularına doldu.

Çanlar yine haykırıyor ve bir kelime duymak ihtiyacı ile üst üste yığılan dişili erkekli yüzlerce Laybahlıya iç zelzelesi dağıtıp duruyordu. Papazlar ortada yoktu, kiliseler koyu bir karanlık içindeydi. İsa'nın, Meryem'in resimleri, Laybah kiliselerinde belki ilk defa olarak gece görüyorlardı, ışıksız kalıyorlardı. Hayat, hareket yalnız çanlarda idi ve onları böyle delice haykırtan eller de o karanlık içinde görünmüyordu.

Artık halkın sabırsızlığı, taşınılan korkudan da üstün çıkmak ve bu bir şey anlatmayan haykırışa karşı küfürler savrulmak üzere idi. İşte bu sırada bütün Laybah, alevden bir kucak içine alınmış gibi bir den ışık içinde kaldı, her yer ve her taraf kızılla karışık bir beyazlıkla beliriverdi.

Bir saatten beri yalnız sesleri duyulup kendileri görünmeyen çanlar şimdi asılı oldukları yerde şişkin birer dil gibi göze çarpıyordu; kiliseler, evler ve ağaçlar kendilerini saran karanlıktan sıyrılarak uzun veya kısa boyları ile pırıldayıp duruyorlardı. Sanki gece birden bire silinmişti ve güneşsiz bir gündüz doğmuştu.

Halk, gözleri önünde beliren bu yarı kırmızı, yarı beyaz gün düzün bir mucize olduğuna inanmışlardı. Yere kapanmaya, Laybah şehrini kucaklayan şu ilâhi ışığı, sevinç yaşları döke döke kutlamaya hazırlanıyorlardı. Fakat ellerinde haç, gözlerinde korku, birer birer meydana çıkan papazların titreye titreye haykırdıkları hakikat, secde için kıvrılan bütün dizlere bir dermansızlık getirdi, sevinçten ağla maya hazırlanan gözlerin yaşı kurudu ve bütün ağızlarda aynı inilti dolaştı.

- Kurtlar geliyor!

Papazlar bu kelimeleri söylemişlerdi. Halk da o kelimeleri tekrar ediyordu. Güzel bir yaz gecesinde Laybah şehrine geldiği söylenilen ve gelişleri kiliseleri haykırtan, binlerce adamı korkuya boğan kurtlar, akıncı Türklerdi. On dördüncü asırdan beri bütün Balkanlar, bütün Orta Avrupa, akıncıları kurt diye anıyorlardı. Fakat bu kurtlar, herhangi bir şehre yaklaştıklarını işte böyle ışıklı ve göz kamaştıracak kadar pırıltılı bir işaretle harfi veriyorlardı. Onların seslerinde önce ışıkları geliyordu ve önlerinde geceler devrilerek gündüzler peyda oluyordu.

Laybahlılar ilk şaşkınlıklarını giderdikten, dermanı tükenmiş dizleri üzerinde durabilecek bir iç kudreti bulduktan sonra kiliselerin içine koşmuşlardı, aziz resimleri önünde alınlarını yerlere sürerek nuru kılavuz yapıp gelmekte olan Türklere karşı kendilerini korumaları için yalvarmaya koyulmuşlardı.

Bir pulluk mumların ışığı ile aydınlanan bu aziz resimleri ovalan, dağları ve şehirleri yekpare bir meşale gibi nur içinde bırakan Türklerin önünde ağız açacak, kımıldanacak şeyler miydi?.. Halk bunu düşünmüyordu, düşünemiyordu kâğıt putlardan çelik bileklerini bükecek bir hareket bekliyordu.

Şehri saran o kızıllı beyazlı ışık şimdi esmer bir tül içine giriyordu. Gece, yine Türklerin yarattığı gündüzün içinde erimiş gibiydi. Bütün Laybah yine pırıltılı bir görünüşün kucağında yaşıyordu. Lâkin o kızıllı beyazlı ışık belli belirsiz bir esmerliğe sarılıyordu.

Kilisedekiler, kendilerinin sırtında kümelenen, aziz resimlerini de saran o iki renkli ışık gibi bu esmer örtünün de yürüdüğünü, üzerlerine aktığını seziyorlardı. Elle tutulmayan şu yürüyen örtünün kokusu da vardı ve bu koku Laybahlıların ciğerlerine kadar iniyordu.

Akıncıların kendilerini selâmlamayan veya istenilen şeyleri su, yem veya haber vermeyen köyleri ateşe vermelerinden doğduğu nu söylemeye lüzum görmediğimiz o ışık ve duman Laybahların yüreklerini ağızlarına getirmekle beraber beyinlerini de felce uğratmıştı. Kimse, ovaları ve dağları tutuşturarak gelmekte olan akıncılara karşı ne yapacağını düşünmüyordu, düşünemiyordu.

Yalnız aziz resimlerine yalvarmakla vakit geçiriliyordu. Halk bütün kiliselere dağıtıldığı için toplu düşünmek ve el, dil birliği yapmak da o durumda mümkün değildi. Her kilise ayrı bir Laybah demekti ve "İllyrie'nin bu ünlü merkezi, Türk korkusu ile kendi kendine par çalanmış gibiydi.

Leybahlıları, içine düştükleri korku yüzünden gülünç görmek doğru olamaz. Çünkü papazların geldiklerini haber verdikleri kurtların, kendi şehirlerine ayak basacaklarını onlar, bütün ömürlerinde hatırlarına bile getirmemişlerdi. Böyle bir gelişe nasıl ihtimal vere bilirlerdi ki, şu akın sırasında Türkler henüz Bosna'yı almamışlardı. Belgrat'ı da ele geçirmemişlerdi. Laybahla Türk sınırı arasında en aşağı beş yüz kilometrelik bir yol vardı ve bu yolun aşılması için Hırvatistan'ı, Dalmaçya'yı geçmek, Birçok suları ve dağları zorlamak gerekti. Alp dağlarının kazık adı verilen kolları bu beş yüz kilometrelik yol üzerindedir. Gayl nehri Drava'ya yardım için sağa sola koşup durur. Türklerin işte o koca ülkeleri, o dağları, o suları aşıp da Laybah'a ulaşmaları imkânsız bir şey sanılıyordu. Kimsenin hatırına gelmiyordu.

Şimdi o yapılamaz denilen şeyin yapıldığını görmek, hem de an sızın ve gece uykusu içinde görmek Laybahlıları akılsız edip bırakmıştı. Korku ile şaşkınlık el ele vererek zavallıların beynini işlemez bir biçime sokuyordu. Fakat kurt dedikleri aslanların gelip çatmaları da gittikçe yakınlaşıyordu. Onlara karşı nasıl bir durum alınacaksa vakit geçmeden kararlaştırmak lâzımdı.

Bunu, yine büyük kilisenin baş papazı hatırlayabildi, kendi mabedine toplanan halka şöyle bir söylev verdi:

- Felâket hiç ummadığımız bir dakikada kapımızı çaldı.

- Bizden çok uzakta olduklarını sandığımız Türkler işte karşınıza ve evimizin eşiğine geldi. Bu geliş ne sel gelişine benzer, ne de kasırgaya. Hatta tufana da benzemez. Peygamber Nuh, Allah'tan yardım görüp bir gemi yaptı, yeryüzünü kaplayan yağmur akınından kurtuldu. Eğer o Peygamberi saran Türk akını olsaydı kurtuluşa imkân bulunamazdı. Çünkü

Türkler, denizden yüzen gemileri de atla kovalamaktan çekinmezler. Onların elinden kurtulmak için ne mağara kovuğu para eder, ne orman ovuğu.

- Türk'ün gözü her yeri görür ve eli her yere uzanır.

- Dinleyenlerden biri bağırdı:

- Peki, ne yapacağız? Elimizi kolumuzu bağlayıp duracak mıyız? Başpapaz acı acı gülümsedi:

- Bizim elimizi kolumuzu bağlamamıza ne hacet. Bu işi Türkler yaparlar, hepimizi ipe geçirirler, önlerine katıp götürürler. Onun için tasalanmaya hacet yok. Ben bir kilise hizmetkârı sıfatıyla İsa evinin yıkılmamasını isterim. Halk, kilisenin koyun sürüsünden başka bir şeyi değildir. O sürü bugün azalırsa yarın çoğalır. Elverir ki kilise yıkılmasın. Bundan ötürü hepinizin bayramlık kostümlerinizi giymenizi benimle bile Türkleri karşılamaya çıkmanızı doğru buluyorum. Türk, eyerine uzanan elleri kesmez. Eğer dediği mi yaparsanız, Laybah yanmaktan, şu düzinelerle kilise yakılmaktan, halk da boğazlanmaktan kurtulur.

Bir genç kadın yerinden fırladı; ağlayan bir sesle sordu: Biz de mi kurtları karşılamaya gideceğiz?

- Tabii değil mi ya? Sizin en önde bulunmanız lâzım. Çünkü Türkler, kadını hiç incitmezler.

Ya bizi alıp götürürlerse?..

Bunu bir nimet sayıp iftihar edersiniz. Zira sizlerin götürülmesiyle Laybah yerinde kalacak ve kiliseler kurulacak. Görüyorsunuz ya; siz, yurdun ve birkaç düzine kilisenin selâmetini temin eden mahlûklar durumuna yükseliyorsunuz. Bu, kolay kolay tekmelenir bir nimet midir?.. Hele Türk akıncılarının nezakette biraz daha ileri gidip de içinizden beş on kadına analık zevkini tattırmalarım düşünün. Böyle bir bahtiyarlığa karşı hepiniz, bütün Leybah kadınları yüreğinizi açmaz mısınız?

Kiliselere ziyan gelmemesi için bütün bir halkı köleliğe, halayıklığa doğru sürüklemek isteyen papazın son sözleri kadınlar arasın da gürültülü bir fiskos uyandırdı, kulaktan kulağa birçok kelimeler dolup boşalmaya başladı. Başpapaz'ın Laybah güzellerine sezdirdiği Türk'ten analık hazzı almak meselesi bütün kadınların taşıdığı kor kuyu gidermiş ve yerine karmakarışık duygular getirmişti. Şimdi her kadın, dağ ve su tanımayarak, en geniş yerleri yorulmaz bir kuş kolaylığı ile aşı veren şu kurtlardan birer yavru peydahlamak hissiyle kıvranıyor gibiydi, böyle bir saadete ermek kudreti, kendilerinden sıyrılmış olan ihtiyar kadınlar da kızlarının gelinlerinin o bahtiyar lığa ermesini, için için diliyorlardı. Çünkü şu kilisede diz çöküp aziz resimlerinden yardım uman erkeklere simsiyah gecelerin böğründe güneşsiz gündüzleri yaratan Türkler arasındaki engin farkı, her kadın, anlıyor ve görüyordu.

Erkekler, başpapazın sözlerinden bir iki cümleye mim koymuşlardı, kendi kafalarında onların anlamını süzgece vuruyorlardı. Akıncıların tufanlardan üstün bir hengâme yarattıklarını söyleyen başpapaz, kilisedeki erkeklerin içine dalga dalga kabaran bir ölüm korkusu aşılamıştı. Her erkek o korkunun zoru ile akın tufanından ömrünü kurtaracak bir bucak arıyordu. Bundan ötürü, onlar da papazın düşüncesini doğru bulmuşlardı. Türkleri, karşılamaya can atıyorlardı. Kadınlar için söylenen sözlerini ise o ruh buhranı, o korku buhranı arasında kulaklarında izi bile! kalmamış gibiydi. Tek bir erkek, Türk akıncıları elinden analık! hazzı almak hırsıyla kıvranan kadınların şu düşüncesine ilgi göstermiyordu.

İşte Türk'ü tarihten önce ve sonra kürenin efendisi yapan sebeplerden biri de budur. Türk, ölümü tabiî bulurdu, korkmazdı ve bu korkusuzluktan dolayı da yeryüzünde aslanlar gibi dolaşırdı. Birçok milletler bu pervasızlığı göstermediler ve ölüm] den korka korka ölüme sürüklendiler.

Başpapazın kendi düşüncesinin kabul edildiğini gözü önündeki uysal sessizlikten sezerek hemen teşkilâta girişti, öbür kiliselere adamlar göndererek milletçe alınmış bir karar aldım verdiği düşüncelerini oradakilere de bildirdi, heyetler seçerek! Türklerin karşılanması; için çarçabuk programlar çizdirdi, bütün Laybah halkının büyük kilise önünde toplanması üzerine en öne geçti, savaşa ordu götüren but kur mandan heyecanıyla yürüdü, halkı da yürüttü, şehir haricine çıktı henüz gün doğarken alayını sıraya koydu ve beklemeye koyuldu.

İlk safta kadınlar bulunuyordu. Manzaraya acındırıcı bir biçim vermek isteyen papaz, erkeklerin temiz elbise giymelerini istediği halde kadınların çan sesini duyarak sokağa fırladıkları sıradaki kılıklarıyla Türklere görünmesini istemişti. O, yarı çıplak bir kadının en katı yüreklerde acı ve acıyış uyandıracağını ileri sürüyordu çelik bilekli Türklerin ise pek yufka yürekli olduklarını iddia ediyordu. Halbuki asıl maksadı, akıncılara cemile göstermek ve kendisiyle öbür papazlar için bağış kazanmaktı. Türklerin herhangi bir yolla, gözleri ne girerse, kilise hazinelerinin yerinde bırakılacağını umuyordu.

Bununla beraber erkekler de kılıklarının değiştirmiş değillerdi. Onlar da yarı çıplaktı ve hemen hepsi don gömlekle alaya girmişlerdi. Bundan ötürü de Laybah dışında yer alan, Türkleri karşılamaya hazırlanan bu dişili erkekli kalabalık gerçekten bir dilenci sürüsünü andırıyordu. Onların başında bulunup büyük üniformasını, sırmalı cübbesini sırtına geçirmiş

91

olan başpapaz da, açlara yol gösteren tok bir adam gibi orada yakışıksız kalıyordu.

Herkesin gözü ileride, alevleri görünmez olup yalnız dumanları uçuşan geceki ışığın belirdiği yollardaydı. Bir yarım geceyi gündüze çeviren o ışığın doğduğu yerlerden şimdi Türkler doğacaktı. Onlar kendilerine yakışan bir tanyeri yaratmışlar ve doğmak üzere bulunduklarını saatlerce önce müjdelemişlerdi. Artık bu müjde gerçekleşmek üzere bulunuyordu.

Fakat nasıl?.. İşte dişili erkekli bütün Laybahların düşüncesi buydu. Hırvatistan'ı, Dalmaçya'yı, Alp dağlarının yalçın kollarını, Dravaları, Gaylaları umulmaz bir hızla aşarak, gelişlerini ileriye hay kıracak sesleri de geçerek buralara ulaşan Türkler ne biçim adamlardı?... Onlara bütün Avrupa kurtlar diyorlardı. Fakat bu kurtların milyonlarca insanı küçük düşüren, küçüklere alıştıran yaman mahlûklar olduğunu da yine o Avrupa pek iyi biliyordu. Laybahlılar aynı bilgiyi taşımakta ve işte o kurtlar önünde her küçüklüğü kabul etmeye hazırlanmış bulunmakla beraber, gene merak etmekten kurtulamıyorlardı. Çünkü Türklere kafalarından bir yüz, bir boy, bir kılık veremiyorlardı.

Ortaçağın henüz kapandığı, kapalı ruhların henüz açılamadığı, Avrupa'nın koyu ve kara bir bilgisizlik içinde kıvranıp durduğu bir devirde Laybah halkının Türkleri insandan üstün bir mahlûk gibi tanımalarını ve onlara kendilerinden başka bir yüz ve endam çizmeye çalışmalarını tabiî görmek lâzım gelir. O günün Fransası Roland şarkılarını ırlamakla yiğitliğe özlemini açığa vurup duruyordu. Hâlbuki tek bir Türkün yüz Roland'dan üstün olduğuna yine Fransa inan getirerek yavaş yavaş Türklerden himaye aramak yollarına dökülüyordu. Laybahlıların Türk akıncılarını karşılamaya çıktıkları günden seksen yıl sonra Fransızların Kanuni Süleyman'a sığınmaları işte o inandan doğma bir harekettir. Yine o günlerde bütün Almanya Minezenger, Mister Zenger adı verilen şarkılardan başka ruha yiğitlik aşılayacak bir söz duymuyordu. O şarkılarda canlandırılmak istenilen bahadırların, şövalyelerin değeri ise Türklerin Laybah önüne kadar gelişleriyle belli olmuş bulunuyordu.

Demek ki onların Türk'ü başka bir biçimde zannetmekte hakları vardı. Çünkü Türk'ü görmemişlerdi ve Türk'ün yaptıklarını yapan insanlara tesadüf olunduğunu da duymamışlardı. O halde kuruntuya kapılmaları tabiî idi.

Beklenen Türkler, güneş pek yükselmeden, sağlı sollu teperler le makaslanan ovanın bir köşesinden göründüler. Belki ufak tefek taşları da göğsünde taşıyan direk direk tozlar, atların dörtnala yürüyüşünden ileri geliyordu ve toprağın yüreğinden kopan bir terleyişi andırıyordu.

Evet, toprak buram buram terliyor gibiydi, sarı ve uzun bir bulut gibi göğe yükselen bu ter kümesinin ardından da akıncılar geliyordu. Laybahlıların gözü dört açılmıştı. Merak, korkuyu yenmişti. Hele! kadınlar yere değil göğe göz dikerek bekleşiyorlardı. Türklerin oradan belireceklerini umuyorlardı. Hepsi, o zavallıların hepsi, gözlerinin önünde biraz sonra beş on bin güneşin birden sıralanıvereceğini sanıyorlardı ve adları Türk olan bu canlı kanlı güneşlerden kendi içlerine dökülecek ışığın sıcaklığı ile şimdiden baygınlaşıyorlardı.

Nihayet ilk atlı ve onun ardından bin atlı meydana çıktı, inanılmaz bir hızla süzülerek şehrin bir yanına aktı ikinci bin atlı aynı süzülüşle beri tarafa geçti, üçüncü müfreze Laybalılara doğru geldi ve birden atlara çark yaptırarak düz bir sıra haline girdi. Halk, kendilerine yan gözle bile bakmayarak şehrin sağma ve soluna ağan atlıların bu biçim davranışlarından şaşırmışlardı, toprağın göğsünden doğar gibi beliren bu aslan sürüsünün kendileriyle ilgilenmeyeceğini sanmışlardı. Kadınlar eni konu tasalanmışlardı. Çünkü umdukları ıslıktı içlerinin yıkanmayacağını zannediyorlardı. Fakat üçüncü müfrezenin önlerinde yer alması üzerine bu tasa dağıldı, heyecanlı bir düş arayan gözler yeni baştan açıldı.

Lâybah ve Lâybahlılar ilk defa olarak Türk görüyorlardı. Gerçi beş yüz kilometrelik dağlı ırmaklı ve sarp geçitli bir yolu ileriye ses duyurtmadan aşmış olan şu atlılar, onların umduğu biçimde çıkmamıştı. Türk de, bilinen ve tanılan insanlar gibiydi. Ortaçağ masallarında yaşatılan şövalyeler kadar bile insanlıktan dışarı bir şekil taşımıyorlardı. Hele korkunç denecek hiçbir tarafları yoktu.

Fakat bu tabiilik içinde yine bir başkalık vardı. Söz gelimi at üs tünde oturuşları göz almaktan geri kalmıyordu. Bu, ne bir oturuş, ne bir duruştu. At sırtında bir yarım ehramın yer alması gibi bir şeydi. Ondan ötürü de bin atlı bin yarım ehramın sıralanmasını andırarak göz kamaştırıyordu. Sonra bir yay gibi kıvrılarak kasıklara dayanan kollarda bir erkek belini iki kere saracak kadar genişlik seziliyordu. Kadınların bakışını yakan da işte bu çelik yaylardı. Hemen her kadın, kendi bellerini belki üç kere sarabileceğine inanıverdikleri bu kolların asılı durduğu vücutlarda dolaşan kanın coşkunluğunu düşünüyor ve garip bir sersemliğe düşüyordu.

İşte bu durumda akıncılar arasından biri ilerledi, Almanca haykırdı:

- Burada niçin toplandınız?

- Başpapaz cübbesinin önünü kavuşturarak koştu, yeri öpecek kadar eğildi.

- Sizi karşılamaya geldik. Laybah, candan bir dost gibi size kucak açıyor.

- İyi davranıyorsunuz keşiş efendi. Çünkü biz, bize açılmayan kolları koparmayı bilen adamlarız. "Rodofsvert," Nöstatadel, İğ, Hoflayn bunu sınadılar, yanıp kül oldular. Senin gibi düşünmeyen keşişler de haçın kılıca dayanamayacağını Sitiç manastırında denediler, yok olup gittiler. Lâybah, akıllı çıktı, yanmaktan kurtulmak yolunu buldu.

- Teşekkür ederim asilzadem. Bize canımızı bağışlamakla yüreğimizi kazanıyorsunuz.

- Fakat biz, yorgunluğumuzun boşa gitmesini de istemeyiz. Kılıfında kalan akıncı palası pas tutar. O pası silmek için bizi isteklendirmelisiniz.

- Ne yapmamızı istiyorsunuz, asilzadem? işte bütün Lâybahlılar önünüzde. Dilerseniz hepsini götürün, dilerseniz bırakın. Biz, emrinize bağlıyız.

- Biz, boyunlarına kefen sarıp ayağımıza düşenleri tutsak yapmayız. Lâybahlıların mallarına da ilişmeyiz. Yalnız kimsenin olmayan veya şunun bunun elinden kalan malları alacağız...

Başpapaz, kendi kadar düzgün Almanca konuşan bu heybetli Türkün ne dediğini anlamadı, sormaya da girişemedi, bön bön bakınmaya ve yutkunmaya koyuldu. Akıncı, karşısındaki adamın ne den alıklaştığını sezdi, fikrini açtı:

- Lâybahta madem ki keşiş var, kilise de var demektir.

- Kilise taştan veya ağaçtan bir sülüktür. Onun dili çan, hortumu da keşiştir. Bu dil durmadan homurdanır, o hortum doymadan emer. Biz, zavallı halktan emilen kanı bu sülüklere kusturmak isteriz.

Başpapaz, iliğine kadar işleyen mal acısıyla ne dediğini bilmeyerek kekeledi:

- Halka ilişmeyip kiliseleri mi soyacaksınız?

O kekelemesini henüz bitirmişti ki, akıncının yüzü bir buluta döndü ve dudaklarında bir gürleme belirdi:

- Soymak mı dedin, soysuz, soymak mı dedin?

Ve papazı yakalayarak göğsünün hizasına kadar kaldırdı, boş bir çuval silker gibi hızlı hızlı salladı, sonra yere fırlatıp attı:

- Elindeki haç, dedi, ya kılıç, ya bıçak olmalıydı. O vakit dilini keserdim, parça parça sana yuttururdum. Sen de, soymak nedir, soygun nedir, soyucu kimdir, anlamış olurdun.

Baş Papazın dili tutulmuştu, dizleri tutmaz olmuştu. Birkaç kemiği de belki kırıktı. Düştüğü yerde kıvranıp duruyordu. Almanca konuşan akıncı onunla ilgili görünmedi, atını biraz daha ileri sürdü, bütün Lâybahlıların işiteceği bir sesle şunları söyledi:

- Bizi buralara getiren Kropa kontlarıdır. Biz Türklerde kont, dük, baron filân yoktur. Her Türk kendi evinin Hünkârıdır ve birbirinin hizmetkârıdır. Lâkin sizin bir sürü efendileriniz var.

Kropa Kontları da onlardan. Bu efendileriniz yine kendileri gibi halkın sırtından geçinen Frankipan Kontları ile geçinemiyorlarmış, boğazlaşıp duruyorlarmış. Bize kâğıt ve adam yolladılar, buraları altüst etmemizi dilediler. Çiftlik sahibi kendi korularında kuş, kendi sularında balık avlamaya izin verdikten sonra bunu fırsat saymamak alıklık olur, değil mi? Biz de alık sayılmamak için atlandık, Lâybah'a kadar geldik.

Türkleri, baronları, kontları anarken uşakları, seyisleri dile alı yormuş gibi davranan, her Türkün bir hükümdar olduğunu söyleyen bu akıncı, başpapazı sırmalı cübbesi içinde tavşan ölüsüne çeviren bu adam, bütün Lâybahlıların gözünde bir din ululuğu alıvermişti. Çünkü bir dük, bir baron, bir kont, Allah'la insan arasında bir şeydi. Ortaçağ Avrupa'sında söz onlarındı, hüküm onlarındı, keyif onlarındı.

Dük, baron, ve şövalye olmayan bir Avrupalı nihayet bir köle olup, doğduğu günden ölüp kurtulduğu güne kadar sırtından asilzade kamçısı eksik olmazdı, bütün ömrü bir şatoyu şenlendirmek için didinmekle geçerdi. Yine bir Ortaçağ Avrupalısının yeryüzünde hiçbir hakkı hatta sevmek hakkı yoktu. Onlar gerçi evlenirlerdi. Lâkin aldıkları kadınların yalnız nikâhı kendi boyunlarında kalıp kolları asilzadelerin omuzlarında halkalanırdı. Fakat aç ve çıplak yaşattığı o yurttaşa birkaç piç tedarik etmekte çok cömert hareket ederdi.

Şu akıncı işte bu asilzadeleri anarken tükürür gibi kelime kullanıyordu. Yalnız bu kadarla da kalmıyordu, asaleti kutsileştiren, asilzadeyi yücelten kiliseyi de yumruklayabiliyordu. Papaz asilin Allaha yakınlığını söyler, asilzade de papazın göbek yapmasına, ense şişirmesine yardım ederdi. Haçla kılıcın el ele vermesinden kilisenin egemenliği, asaletin efendiliği doğmuştu ve halk bu sosyal piçlenmeyi kutlamak için iki kapıya bağlı köle durumuna girmişti. Şimdi bir akıncı, bütün Avrupa'da kölelik yaşatan kiliseyi sülük olarak tarif ediyordu. Bu, Allah namına çan çalan kiliseden daha kudretli olmak demektir.

Halk, almanca konuşan Türk'ü dinlerken böyle düşünüyordu ve çanları susturan bu sesteki ululuğa karşı içten gelen bir saygı ile diz çökmeye hazırlanıyordu. Akıncının kısa bir ara verdikten sonra gene söze başlaması, hazırlanan secdeyi yarım bıraktırdı ve kulaklar, gene o cesur ağıza dikildi:

- Evet, Lâybahlılar! Biz buraya çağırıldığımız için geldik. $ir kez yola çıkmış bulununca atlarımızın dizginini bırakıvermemek elimiz den gelmezdi. Onun için buralara kadar ulaştık. Eğer kapılarınızı kapalı bulsaydık, yuvalarınızı başınıza yıkardık. Bizi selamlamaya çıktığınız için canınıza, malınıza ilişmeyeceğiz. Yalnız kiliselerinizde ne varsa alıp götüreceğiz. Çünkü papazların topladığı altınlar, gümüşler, uğralanmış mallardır. Onları Tanrı adına alıyorlar. Halbuki Tanrı ne yer, ne içer. Bizim bildiğimize göre altın, gümüş de kullanmaz.

Demek ki keşişler yalan söylüyorlar, sizi dolandırıyorlar. Biz akıncılar haramilik, yol kesenlik, dolandırıcılık, uğruluk edenleri de uslandırmayı, şundan bundan çalınanları onların ellerinden almaya borç biliriz. Böyle yapmakla o gibilerin bir daha bu işi işlemesinin önüne geçmiş olacağımızı umuyoruz. Ve halka parmak ısırtan bir felsefe yürüttü:

- Kilise çıplak kaldıkça insanların sırtı açık kalmaktan kurtulur. Keşisin açlığı halkın doyumudur.

Lâybahlıların bir kısmı Slav'dır, çoğu Almandır. Fakat hepsi al manca bilir. Böyle de olmasa, akıncının sözleri, her kafada anlaşılacaktı. Çünkü onun durumu, bütün o halkın benliğinde bir değişiklik yapmıştı, idraklerini açmıştı. Hepsi, istisnasız hepsi, kilisede Latince okunan İncil'den ziyade bu Türkün dilini anlayacaklardı. Halbuki o, sözünün anlaşılmasını isteyen bir Tanrı gibi davranıp halka kendi dilleriyle söz söylüyordu.

Mallarına, canlarına ilişilmeyeceğine birkaç kere söz verilmesi, asilzadeler elinde canları yanmış, ellerinde avuçlarında bir şey kalmamış olan bu halka büyük bir ikram sayılmazdı. Onlar, ölmemek şartıyla, her eziyete katlanabilirlerdi. Fakat kendilerini soyan kiliseye ders verileceğinin söylenmesi onların yüreğine sevinç doldurmuştu. Her biri Tanrı heybeti taşıyan akıncıların, yüzü görünmeyen bir Tanrı adına doyup kanmadan soygun yapan papazları nasıl kusturacakları da halkın ayrıca merakını kımıldatıyordu.

Akıncı biraz düşündükten sonra halka şu emri verdi:

- Haydi yürüyün, güle güle evlerinize çekilin. Lâybah'ı kuşattığımızda, hırpalamayacağız. Yalnız keşiş evlerini dolaşıp döneceğiz.

Kadınlar, umdukları şeyin olmayışına, bir belki de üç kere saracak kadar uzun görünen şu çelik kolların kendi bellerine dolanmayışına hayıflanıyorlardı. Başlarım arkaya çevire çevire yürüyorlardı. Yine yerinde kalan akıncı, şimdi başpapazla konuşuyordu:

- Ey, yattığın yeter. Kalk da bize kılavuzluk et, sizin canlı sarayları görelim...

Ve yüzünü, küçük bir kımıldanış göstermeden, sıra sıra durup sahneyi seyretmekte olan akıncılara şöyle bir dolaşıp çıkacağız. İleri fakat çok yavaş!

Şimdi atların yürüyüşü, başpapazın adımına uydurulmuş gibiydi. Uçmaya alışkın hayvanların, yürümesini şaşıran şu sarsak keşişi çiğnemek şöyle dursun, geçmeyecek kadar dikkatle ilerleyişleri ger çekten görülecek bir manzaraydı.

Lâybahlılardan evlerine girebilenler pencerelere asılarak, henüz evlerine erişemeyenler de kaldırımlara sıralanarak bu geçişe bakıyorlardı. Akıncılara kılavuzluk eden başpapaz, kuvvete yol gösteren acze benziyordu ve pek gülünç görünüyordu.

Nihayet büyük kiliseye varıldı. Altın ve gümüş ne varsa hepsi ortaya çıkarıldı, öbür kiliselerde bulunan bu gibi şeyler de çuvallara doldurularak ve papazların sırtına vurularak oraya getirildi. Avluda hayli yüksek ve çok pırıltılı bir yığın peyda olmuştu. Kiliselerin koyunundan boşaltılan bu kıymetli şeyler, yine orada atlarından inip küme küme ayrılan akıncılar arasında bir fiskos uyandırıyordu.

Atlılara kumanda eden ve almanca konuşan Türk ortaya çıkacak altın filân kalmadığını anladıktan sonra başpapazdan kilise elinde ki mülklerin defterini istedi ve onun getirdiği defteri yine kendine okuttu. Bu kalın hacimli belgede neler yoktu neler? En başta bütün gelirleri Roma'ya gönderilen düzinelerle değirmen, bir sürü çiftlik yazılıydı. Ardından başpapazların "geçinebilmesi" için ayrılan dükkânlar, tarlalar, otlaklar, korular geliyordu. Her biri bir aileyi bol bol geçindirecek kertede olan bu mülkler yetişmiyormuş gibi baş papaza, halkın vereceği sadakalardan ayda yüz altın da cep harçlığı ayrılmıştı.

Akıncılar kumandanı bütün bunları okutup dinledikten sonra yüzünü ekşitti:

- Bre keşiş, dedi, ne doymaz gözünüz var sizin... Koca bir memleketi midenize geçiriyorsunuz, gene kanmıyorsunuz. Şu topladıklarınızı bari biz götürelim de, aklınız başınıza gelsin!

İşte bu sırada sokakta bir nal sesi peyda oldu ve arkasından doludizgin at koşturan bir akıncı belirdi. Kilise avlusunda iş gören başbuğ o ses ve bu beliriş üzerine vereceği emri ağzında tutmuştu, gelen atlıya bakıyordu. O, avluya girer girmez hayvandan atladı, dizginleri koluna alarak yürüdü, başbuğun önüne kadar geldi:

- İskender Bey, dedi, sürüyü getirdik, az ötede kümeledik, ne emrin var?

- Onları bu gece burada alıkoyup yarın yurda doğru sürmeli!

- Azıkları yok, İskender Bey, yolda açlıktan kırılırlar.

Mihal oğullarının en genci, akıncıların pek sevgili başbuğların-
dan biri olan İskender Bey biraz düşündü.

- Bre Mustafa, dedi, koyunları ne diye önce yolladın. Birer
birer kestirirdin, şu sürüyü doyururdun. Şimdi nidelim biz?...

Mustafa, bizim küçük akıncı idi. İskender Beyin şu sözü
üzerine elini avludaki pırıltılı yığma uzattı:

- Burada bu kadar para var. Emredersen bu şehir halkın-
dan tahıl (buğday) filân satın alalım.

- Ben bu yığını yoldaşlara pay edecektim.

- Kiliseden alınmışa benziyor bunlar, İskender Bey. Öy-
leyse haram akçedir, yoldaş kursağına girmesin. Yine bizim
sürüye harcayalım...

- Çok gelir, Onda biri bile senin dediğin işe yeter. Üst ta-
rafını yine pay ederiz.

- Beni dinlersen, Bey, bu paraları ya azık satın almakta
kullanalım yahut dullara, öksüzlere, yoksullara dağıtalım. Yol-
daşların bu güne dek kazandıkları kendilerine yeter.

Mustafa, enikonu meraka düşmüştü. Kendini ve çoluğunu,
çocuğunu hapseden, Lâybah'ta Türk akıncıları dolaşırken ve
onlardan dört-beş tanesi kapısı önüne gelmişken küçük bir
hayat eseri göstermeyen şu ihtiyar şövalyeyi görmek, onunla
görüşmek istiyordu. Bu merakla öğrendiklerini genişletmek
istedi, komşulara sordu:

- Ravb Ritter nedir ki?

Şövalyelerin en azgınları. Bunlar komşu evlerinden tut ta
baron şatolarına kadar her yeri soyarlardı. Yol keserlerdi, köy

baharlardı. Sonra da kollarını sallaya sallaya şehirlerde dolaşırlardı. Krallar, imparatorlar, uzun yıllar bunları tepelemeye çalıştılar, güçlükle köklerini kesebildiler. Baron Linden, onların arta kalanlarından biridir.

- Babası, dedesi gibi yağmacılık yapamadığı için beş-on yıldan beri dünyaya küsmüştür.

Mustafa, bu sözleri söyleyen Lâybahlılara bir soru daha sordu:

- Bu herif ne yer, ne içer? Evin içinde tarla olamaz ki, ekmeğine ağıl bulunmaz ki sütünü, yağını çıkarsın; ona kim yiyecek götürür?

- Kendi gibi suratsız bir uşağı vardır, ayda bir sokağa çıkartır yüzünü kukuletasıyla örter, kimseyle konuşmaz, ne alacaksa alıp eve götürür. Otuz gün yine mahpus kalır.

Mustafa: "Ben bu adamı mutlak görmeliyim," dedi ve kapıyı bir daha çaldı. Fakat açılmak şöyle dursun, bir ses bile duyulmadı. Bunun üzerine kapıya omuzunu dayadı, zorlamaya koyuldu. Sağda solda Revb Ritter'in kapısı önünde kümelenenler bu zorlayışı seyre koyulmuşlardı.

Bütün Laybah, Baron Lindenin adını haç çıkararak anabilirdi. Onun mensup olduğu şövalye sınıfı değerini kaybetmiş olmakla beraber, Baron Linden, dillerde dolaşan işleriyle korkunç bir adam olmak şöhretini muhafaza ediyordu. O gece bütün şehri çırılçıplak sokaklara düşüren çan seslerine kulağını tıkayan, Türk akıncılarının gelişi gibi bir olaya karşı kayıtsız kalan bu adam, acaba kapısının zorlanması karşısında ne yapacaktı? O, birçok evlerin damını çökertmişti. Şimdi kendi kapısı omuzlanıyordu.

Orada toplananlar, biraz sonra belirecek olayın heyecanını taşımakla beraber yirmi yaşında bile görünmeyen şu iri boy Türkün omuz verdiği kapıyı koparıp koparamayacağını da alevli bir merak içinde düşünmekten geri kalamıyordu. Kapı, çok eski olmasına rağmen sağlam görünüyordu ve Baron Linde'nin evini örttüğü için Lâybahlara biraz da tılsımlı geliyordu.

Mustafa, kendinin omuzları üzerinde kümelenen gözlerin heyecanını sezmeden ve o heyecana değer vermeden, yapmak istediği işi başarmaya savaşıyordu. Yanındaki akıncılar onun zevkini bozmamak istiyorlarmış gibi yardıma koşmuyorlardı. Kollarını kavuşturarak uğraşmasını seyrediyorlardı. Yalnız onların bakışlarıyla, kaldırımlarda kümelenen Lâybahlıların bakışı arasında açık bir fark vardı. Akıncılar, beğenen ve haz alan bir bakış taşıyorlardı; berikiler merakla bakmıyorlardı.

Mustafa düşüncesiz bir saldırışla omuzladığı kapının sertliğini sezer sezmez irkildi, belli belirsiz kızardı ve sonra bütün gücünü sağ omuzunda toplayarak kapıyı zorlamaya girişti. Onun bu halinde, kalın bir ağacı devirmeye çalışan bir fil yavrusunun didinişini andıran şen bir inat vardı. Öyle bir inat ki amaca eriş geciktikçe çoğalıyor fakat şenliğinden bir zerre kaybetmiyordu.

Gerilen boyun, şişen damarlar, sertleşen çehre, kuvvetin her biçiminde beliren güzelliklerden birer parça taşıyordu. Lâybahlar bu güzellikleri seziyorlar ve imrene imrene bakışıyorlardı. Bir aralık gözleri Mustafa'nın ağrılı bir durum alan ayaklarına kaydı ve toprağın bu ayaklar altında enikonu çukurlaştığı görüldü.

Evet, toprak bu genç ayakları daha sağlam bir noktaya dayandırmak için açılıyor ve derinleşiyor gibiydi. Seyirciler, yerin bir çeşit yardımı andıran bu çöküşünü görünce, kolun ağacı yenmek üzere bulunduğuna şüphe etmez olmuşlardı ve bir kat daha heyecanlanmışlardı.

Bu seziş, biraz sonra doğru çıktı, İlkin cılız bir çatırtıyı andırarak başlayan ahenksiz sesler hışla çoğaldı ve çok geçmeden ağır çatırtılar belirdi, sonunda kapı sallanmaya başladı. Baron Linde'nin efsunlu bir mağara şöhretini taşıyan evine girmek artık bir dakika meselesiydi. Durumunu değiştirerek kapıyı sol omuzuyla telâşsızca zorla maya girişen Mustafa bu dakika işini de kökünden kesip artı, balkın alkışlan arasında iki kanadı birden açılıveren kapıdan içeriye girdi.

Halk hem akıncılardan, hem Baron Linden'den korkarak bulundukları yerde kalmışlardı, boyunlarını uzatarak evin içerisini görme ye savaşıyorlardı. Mustafa, dört yoldaşıyla, küçük bir taşlığı geçmişti, önüne gelen merdiveni tırmanıyordu. Fakat aşağıda kimseler yoktu, yukarıdan da bir ses geliniyorlardı.

Mustafa, salonu geçti, karşına gelen sağlı sollu kapıları birer birer açıp içeri baktı. Yataklardan, dolaplardan, masalardan başka bir şey göremedi. Evin boşluğa terk olunduğuna inanmak üzere bulunuyordu, en dipteki kapıyı da açtıktan sonra geri dönmeyi tasarlıyordu. Bu düşünce ile arkadaşlarına döndü ve tabiatıyla Türkçe konuşarak şu sözleri söyledi:

- Burada Baron maron yok. Boş yere kapı omuzlamışız... Hele şu son odaya da bakalım da dönelim.

Yüksek sesle fikrini yoldaşlarına anlatmıştı, elini de kapının tok mağına koymuştu. Fakat tuttuğu tunç topuzunu henüz çevirmeden kapı kendiliğinden açıldı ve uzun boyu bir kadın göründü.

Boş bulunacağı umulan odanın eşiğinde birdenbire beliren bu kadın, yüksek endamıyla ve o endama uygun düşen güzelliğiyle genç akıncıyı şaşırtmıştı, bir adım geri atmıştı. O billur yüz, koca evi saran boşluğu, ıssızlığı bir saniye içinde gidermiş gibiydi. Artık orada bir ışık, bir hayat vardı ve ansızın yüz gösteren bu berrak canlılık Mustafa'yı da, arkadaşlarını da ürkütmüştü.

Kadın, beş erkeği şaşırtan şeyin orada görünüşü değil, belki taşıdığı yüksek güzellik olduğunu anladığından, belli belirsiz gülümsüyordu, aynı zamanda derin ve çok derin bir bakışla karşısında kümelenen yiğitleri süzüyordu. Kendinin aşıladığı tatlı şaşkınlık sanki geri veriliyormuş gibi o da içinde, ta yüreğinin içinde bir sarsıntı sezmeye başlamıştı. Erkekleri ve hele Mustafa'yı pek güzel buluyordu, beğeniyordu, aç bir gözle ısıra ısıra seyrediyordu.

Bununla beraber ağırlığını, o eve yakışan esrarlı vekarını kaybetmişti. Hatta akıncılardan önce kendini toplamaktan da geri kalmadı, küçük bir reverans yaptı:

- Buyurun muhterem şövalyeler, dedi, Baron cenapları sizi bekliyor!

Bu kelimeler onun ağzından kırık fakat tatlı bir Türkçe ile çıkmıştı. Mustafa ile arkadaşları hoşlarına giden şu minimini ağzın kendi dillerini konuştuğunu görünce yeni baştan ve adamakıllı şaşırmışlardı, birbirlerine bakışmaya koyulmuşlardı. Lâybah'ta Türkçe konuşan bir kadın onlara bir akıncı atının fil doğurması kadar aykırı geliyordu. Lâkin bu aykırılıktan iliklerine kadar da zevk alıyorlardı, ellerinden gelse gözlerini kapayıp kadının bir daha ve bir daha konuşması için yalvaracaklardı. Aldıkları haz o kadar büyük, o kadar derindi.

Kadın, onların neden sustuklarını ve bakıştıklarını da sezdi, sözünü tazeledi:

- Buyurun muhterem şövalyeler, Baron cenapları sizi bekliyor!

Bunu söylerken yarı yan çekilmişti, çağrısız gelen misafirlere yol veriyor gibi bir durum almıştı. Kendini toplayan Mustafa onlu bekletmedi, hemen ilerledi. Odaya girdi. Arkadaşları ardından geliyordu ve hepsinin adımlarından önce yürüyen gözleri orada yaşayan sırrı kucaklamaya çalışıyordu.

Oda hayli büyüktü, iyi döşenmişe benziyordu. Fakat pencereler sımsıkı kapalı olduğundan, ne döşeme, ne insan, birdenbire seçilemiyordu. Akıncılar da, biraz geceyi andıran bu karanlık içinde, ilkin bir şey görememişlerdi. Gözleri muhite alışınca yaldızlı tavan boyalı duvarları, yere serili halılar ve bir köşede kurulu karyolaya benzer sediri gördüler, gözleriyle kısaca bir konuşma yaptıktan sonra hep birden o sedire doğru yürüdüler. Çünkü Türkçe konuşan kadının Baron cenapları dediği adam oradaydı, upuzun yatıyordu.

Mustafa, bembeyaz sakallı, bir havlu gibi göğsünü örteni o adamın başucuna dikildi, ne diyeceğini ve hangi dille konuşacağını kestiremeyerek düşünmeye daldı. Yaşı sekseni aşmış görünen ihtiyarın gözleri kapalıydı, nefes alıp almadığı belli olmayacak kadar sessiz ve dermansız görünüyordu. Bu da Mustafa'yı ayrıca tereddüde düşüren bir durumdu. Genç akıncı bir ölüye veya ölmek üzere bulunan bir hastaya söz atmaktan çekiniyor gibiydi.

Kadın, o güzel kadın üç beş adım geride duruyordu kollarım kavuşturarak düşünüyordu. Bu gibi sahneler seyrine alışkın olmayan, hareketsizliği ise iğrenç bulan öbür akıncılar Mustafa'nın susmasından, kadının düşünmeye dalmasından, ihtiyar adamın da sakalına sarılıp yata durmasından yavaş yavaş sinirlenmeye başlamışlardı. İçine girdikleri şu sır yuvasının iliğini bir ayak önce boşaltmak, ne yapılacaksa onu hemen hemen yapmak ve yaptırmak için sabırsızlanıyorlardı.

İşte bu sırada o uzun sakal, yel vurmuş bir pamuk yığını gibi birden oynadı, kımıldadı, o kapalı gözler oynadı, mühürlü gibi duran dudaklar yarı açıldı, Almanca bir mırıltı duyuldu:

- Sizi bekliyordum efendiler, hoş geldiniz fakat geç kaldınız!

Arkada duran kadın koşar gibi davrandı, sedirin önüne geldi, bu sözleri Türkçe'ye çevirmek istedi. Mustafa gülümseyerek onun tercümesini yarıda bıraktırdı:

- Zahmet etmeyin, dedi, biz Almanca da biliriz! Ve ihtiyara dönerek sordu:

- Bizi mi bekliyordunuz, sebep?

- Çünkü ben Prens Davut'un dostuydum, uzun yıllar onunla gezip tozdum. Türklerin Macar elinde, Almanya'da, İtalyan topraklarında gezip dolaşan öyle bir adamı boş bırakmayacaklarını biliyordum. Onu yakalamak için er geç gelecektiniz.

- Umduğum doğru çıktı. İşte Lâybah'a kadar geldiniz. Ne kadar yazık ki geç kaldınız. Eğer üç beş yıl önce geleydiniz, size yoldaşlık ederdim. Ocağıma incir diken o kara yürekli Prensi yakalamanız için size kılavuzluk yapardım. Şimdi...

Almanca bilmeyen bir-iki akıncı, ihtiyarın ne dediğini anlamadıkları için titizleniyorlardı. Almanca bilenler ise onun sayıkladığını zannederek gülümsüyorlardı. Yalnız Mustafa dikkatle ve heyecanla ihtiyarı dinliyordu. Herifin sustuğunu görünce telâşa düştü:

- Susma yahu, dedi, bildiğini söyle. Şu Davut dediğin adam nerede şimdi?

İhtiyar büyük bir gayret sarf ederek, kesik kesik inleyerek doğrul maya çalışıyordu. Mustafa hemen yardıma koştu, adamcağızı yatağın içinde doğrulttu, arkasına bir-iki yastık, koydu ve sesine elinden geldiği kadar yumuşaklık vererek yalvardı:

- Haydi söyle, ne biliyorsan söyle. Çünkü ben bu işi üstüme almışımdır, belki bana yardımın dokunur.

Baron dö Linden, bir zerre et taşımayan kuru kolunu uzaktı, güzel kadını gösterdi.

Bu kızı, dedi, benim karım doğurdu. Babası Prens Davut'tur, Mustafa homurdandı:

Şevketli Hünkâr'ın gözü aydın. Bir de amca kızı kazanıyor!... Ve ihtiyarın omuzuna elini koydu:

- Anlaşıldı. Prens dostun sana kötü bir oyun oynamış.

- Bu, olağan şeydir ve bize gerekmez. Sen bana Davutim nerede olduğunu söyle...

İhtiyar, dermansız başını yavaşça salladı:

- Hayır şövalye, hikâyemi söylemeden dileğini yerine getiremem. Çünkü benim de alınacak öcüm var.

Ve kadından su isteyerek birkaç yudum içti, mırıldanır gibi bir sesle anlatmaya koyuldu:

- Ben Davut'u otuz yıl önce Viyana'da tanıdım, babasıyla ora ya gelmişti. Çocuk denilecek bir yaşta idi. Ben de o sırada çok ünlü bir şövalye idim. Davut'un babası Murat, gözlerinden hastalıklı idi, yarım kördü. Oğlunun iyi bir binici, iyi bir atıcı olmasını istiyordu. Bundan ötürü genç Prensi benimle kardeşleştirdi. Daha doğru su Murat'ın parası yoktu, saray saray dolaşıp dileniyordu. Oğlu da kendine bir yük oluyordu. Onun için çocuğu başından savmak istedi, benim yanıma verdi. Eh, biz bir şövalyeyiz. Prens kanı taşıyan adamlara saygı gösteririz. Davut'u da evlât gibi bağrıma bastım, benim hükümdarım imiş gibi kendisine bağlı kaldım. Yıllarca beraber gezdik, bir aralık Bizans'a bile gittik. Maksadımız üç beş bin kişilik bir ordu düzüp Davut'u tahta çıkarmaktı. Beceremedik çünkü hiçbir yerden yardım göremedik fakat ümidimizi kesmedik, gene, el ele verip diyar diyar dolaştık. Yaşım altmışa gelince yorgunluk duymaya başladım, bir yuva kurmak istedim, evlendim, genç ve güzel bir kız aldım. Lâybahlı olduğum halde Budapeşte'de oturuyordum. Karım nedense orasını seviyordu. Davut'ta Türk sınırına yakın bulunmak için Budapeşte'den pek ayrılmak istemiyordu, hem karımı, hem dostumu memnun etmek kaygısıyla ben de orada kaldım.

Fakat benim geçimim gezginlik yüzündendi. "Ravb Ritter"lerin sonu idim, vurup kırarak yaşıyordum. Bundan dolayı da sık sık evimden ayrılıyordum. İşte bu ayrılıklar esnasında asil dostum, karımı baştan çıkarmış. Benim, yıllarca bu ihanetten haberim olmadı. Namusumu ısıran dudaklar yine bana sevgi haykırıyordu.

Sustu, birkaç yudum su daha içti, kemik kolunun tersiyle alnını sildi, sözüne devam etti:

- Birkaç yıl çocuğum olmamıştı. Dostum, hain dostum bana bu zevki de tattırdı, şu kızı karıma doğurttu. Ben altmış beş yaşından sonra erdiğim babalık zevkiyle karıma daha fazla bağlandım. Davut da çocuğu benim kadar ve hatta benden fazla seviyordu, gece gündüz evimizden ayrılmıyordu. Ben bunu bir kardeş sevgisi sayıp kıvanç duyuyordum. Dostum kızıma Türkçe de öğretiyordu. Bir gün Osmanlılara padişah olması mümkün görünen dostumun bu dil hocalığı hoşuma gidiyordu ve bana tabiî geliyordu.

Ben, beni deyyus yapan dostumun, namusumu çamura atarak başkasından kazandığı çocuğu kalbime yatıran kadının ihanetlerini sezmeden, onları başımda taşıyordum, dolaştığım yerlerde Davut'un propagandasını yapıyordum. Tanıdığım prenslerden ona yardım dileniyordum, halkın hırsızlık saydığı bir yolda yürüyerek kazandıklarımı ona yediriyordum. Fakat kendimi bahtiyar sanıyordum. Çünkü bilmiyordum, şüphelenmiyordum...

İşte bu gaflet günleri içinde karım hastalandı, ağır bir soğuk algınlığından yatağa düştü, ölüyordu, bana da ölüm acısı tattırıyordu. Davut, iyi günlerde olduğu gibi bu yaslı günlerimde de evimdeydi, karımın başucundan ayrılmıyordu. Bir gece, uğursuz bir gece karım ateşler içinde başını kaldırdı, Davut'a oda kapısını gösterdi:

- Çık, dedi, buradan çık. Çünkü Allah'ı görüyorum. Onu görürken seni de görmek istemem. Kocamla ve Allahımla baş başa kalacağım, günahlarımı ortaya dökeceğim.

Davut'tan ziyade ben şaşırmıştım. Karımın sayıkladığını sanıyordum. Fakat o, barbar bağırıyordu:

- Çık, durma çık. Yoksa her şeyi yüzüne karşı söylerim. Şimdi içime kurt düşmüştü. Günahtan bahseden karım acaba neler söyleyecekti? Bunu merak ediyordum. Sapsarı kesilen Davut'tan henüz şüphe etmemekle beraber onun odadan çıkmasını istiyordum. Yalvardım, yüzünü okşaya okşaya kendisini sofaya çıkardım.

Karım başucuma dönerek beraber elimi tuttu:

- Marya, dedi, senin kızın değildir. Benden doğan bir piçtir, babası Davut'tur!

Üst tarafını dinleyemedim, ölmek üzere bulunan kadının yüzüne bir tükürük savurdum, eteğime yapışan kızı tekmeledim, sofaya fırladım, ömrümün son düellosunu yapacaktım, hain dostumla çarpışacaktım. Fakat onu bulamadım, evde değil, Budapeşte'de bulamadım. Çirkin, iğrenç ve murdar hakikatin ortaya çıkacağını sezer sezmez savuşmuştu, bulunamayacak bir yere saklanmıştı.

Akıncı Mustafa, şen şen mırıldandı:

- Gözün aydın ulu Hünkâr. Amcan oğlu çıktı!

İhtiyar Türkçe söylenen bu özleri anlayamadı, sordu:

- Ne diyorsun, delikanlı, beni mi kınıyorsun, Davut'u mu?

- Hayır ihtiyar, ne onu yapıyorum, ne bunu... Bizim Hünkâr'ı kutluyorum...

- Neden?

- Davut'un Türk olmadığını anladım da ondan!

- Vay, Davut Türk değil miydi, prens değil miydi?

- Türk olsaydı, kardeş dediği adamın ırzına göz koymazdı. Hele böyle saklanmazdı.

- Yanılıyorsun, delikanlı. Türkler içinden -tek tükte olsa- kötüler çıkar.

- Kötü belki çıkar, ihtiyar. Fakat korkak çıkmaz. Arslan postu içinde tavşan yüreği çarpmaz ki. Türkler arasında da ödlekler bulunsun...

Türklerin yaptıkları büyük işlere bakılırsa hakkın var, demek gerekleşiyor, delikanlı... Lâkin Davut'un benden kaçtığı da muhakkak. Belki bu kaçış utandığındandı.

- Utanan kaçmaz, özür diler.

- Her neyse delikanlı. Sözü uzatmayalım, takatim yok. Neredeyse nefesim kesilecek, izin ver de hikâyeyi bitireyim.

- Söyle ihtiyar, kulağım sende.

- Davut'u bulamadım, karımın da suçunu bağışlayamadım. Biri kaçıp, öbürü de ölüp elimden kurtuldu. Gel gelelim ki bu kız, canlı bir günah gibi elimde ve önümde kaldı. Onu atamazdım, suçsuz bir zavallıydı. Sevemezdim, çünkü benimle hiçbir alâkası yoktu. Üstelik alıklığımı, yıllarca aldatılmış bir koca olduğumu haykıran bir mahlûk demekti, ona baktıkça Prens Davut'un namusuma fırlattığı tükürüğü köpürmüş gibi görüyorum, çıldırıyorum. Öyle iken on yıldır kendisini besledim, o da beni şu ihtiyar günlerimde kırmadı, incitmedi, candan bakıp korudu. Şimdi ben ölmek üzereyim Davut'un kızını korumak size düşüyor. Madem ki kardeşsiniz, onu alıp götürmelisiniz. Davut'u bulup da kafasını kestiğiniz vakit kulağına benim de öcümü aldığınızı lütfen söylerseniz, ruhumu sevindirmiş olursunuz.

Sen bizim Davut'u aradığımızı nereden biliyorsun?

Üç dört ay önce bana bir mektup yollamıştı, aramızda bir şey olmamış gibi davranıyordu, Macar Kralı ile uyuştuğunu ve onun yardımıyla Türkiye'ye gireceğini yazıyordu. Böyle bir fikrin veya kararın gizli kalması mümkün değildir. Türklerin kulağı ise pek delik tir. Onun için kendi kendime düşündüm. Davut'un orduların başına geçerek Türkiye'ye doğru yola çıkmasından önce Türklerin harekete geçip onu yakalayacaklarını umdum. Bu gece çanlar ötüp de Türkler geliyor gürültüsü sokaklara dökülünce hesabımda yanılmadığım meydana çıktı. Ben sizin beni bile aradığınıza inanıyorum. Bunu şu kıza söylemiştim ve saatlerden beri sizi bekliyordum.

Mustafa, ihtiyarın bir tesadüf yüzünden doğru çıkan şu inanışı ile ilgilenmedi. Kendine yarar bilgiyi elde etmek istedi:

- Davut, dedi, şimdi Budapeşte'de mi?

- Hayır, Silly'de!

- Silly neresi?

- Buraya yalandır. Bize göre on, size göre bir saatlik yerdedir...

- Saat dediğin şey sizin için ayrı, bizim için ayrı mı işler?

- Eh, siz akıncınız, delikanlı. Yollar, sizin bindiğiniz atların ayağı altında çok kısalıyor.

- İyi görüş, ihtiyar, hoşuma gitti. Hele verdiğin haber gerçekten makbule geçti. Sillyye gidip Davut dediğin adamı görmek isterim. İzin verdiğin için şu kızı da birlikte götüreceğim.

- Fakat içim de sızılıyor: Sen yalnız ne yapacaksın?

- Ben yalnız değilim, uşağım var.

- Nerede bu uşak?

- İşte köşede oturuyor!

Mustafa ve arkadaşları başlarını çevirdiler, ihtiyarın gösterdiği köşeye baktılar. Orada siyah bir tümsekten başka bir şey görmediler. Bu tümsek kara bir örtüye gelişigüzel sarılmış büyücek bir mangalı, yahut bir çamaşır sepetini andırıyordu. Biçimsiz ve hareketsizdi.

Mustafa, adamdan başka her şeye benzeyen o kara tümseğin yanına kadar gitti, örtü gibi görünen bezi çekti. Bu, kara bir paltoydu ve altında ihtiyar baronla yaşıt sanılacak çağda bir adam çömelmişti, boyuna dua ediyordu. Genç akıncı, herifi kolundan tutarak ayağa kaldırdı, hastanın yanına kadar getirdi:

- Bu ne çeşit adam, dedi, dudağı oynuyor, sesi çıkmıyor! Baron cevap verdi:

Türklerden çok korkar. Lâybah'ın basıldığını ve benim sizleri beklediğimi anladığından beri İsa ile konuşuyor. Hoş görün ve kendini incitmeyin.

- Peki, uşağın senin olsun, ihtiyar. Biz, şu kızı alıp çekileceğiz...

- Sillyye gideceksiniz, değil mi?

- Elbette...

- Davut'u bulursanız öldüreceksiniz ve öldürürken benim vasiyetimi yerine getireceksiniz, değil mi?

- Vallahi, buna söz veremem. Çünkü Davut'u yakalarsak! İstanbul'a götürmek isteriz. Onun hakkından Hünkâr gelecektir.

- Fakat ben o düzme şehzadenin ölümü sırasında hazır bulunur sam dediğini yaparım, kulağına eğilip "Lâybahlı Baronun selâmı var" derim.

- Söz mü?

- Söz!..

- Teşekkür ederim. Artık öcümün alındığına inanarak öleceğim. Haydi yiğitler, size uğurlar olsun!

Akıncılar çıkıyorlardı, o güzel kızın da yola çıkması kararlaştırılmıştı. Mustafa, prens olduğu söylenen Davut'un yavrusunu umulmaz bir tesadüfle ele geçirdiğinden dolayı enikonu seviniyordu. Fa kat şu kızı, baba gibi tanıyıp yıllarca beraberinde yaşadığı ihtiyarın yanından alıp götüreceği için de biraz acı duyuyordu. Hele kızın ağlayıp sızlamaya başlayacağını düşününce üzülmekten geri kalmıyordu. Bu sebeple nazik davranmak, kıza güler yüz göstererek ayrılış sahnesini gürültüsüz kapamak istedi.

- Bacı, dedi, sakın gözyaşı dökmeye kalkışma, sinirlenirim. Görüyorsun ki seni bize veren babalığındır. Türküm diyen bir adamın kızı olduğunu öğrendikten sonra seni burada bırakamayız da. Onun için boş yere dövünme, Babalığının elini öp, helâlleş, ardımıza takıl!

Bu sözleri söylerken kızın yasa ve tasaya büründüğünü sandığı güzel yüzünü görmemek için önüne bakıyordu. Fakat umduğu ve beklediği çığlıkları duymayınca gözlerini kıza çevirdi ve... Şaşırdı: Prens Davut'un piçi sessiz bir kahkaha ile gülüyordu!

Mustafa, çapkın gözlerde fıkırdayan bu kahkahadan gene insanca bir anlam çıkardı şaşkınlığını gidererek üzülmeye koyuldu. Çünkü onun yoksulluktan, babası olmadığı halde baba tanımak zorunda kaldığı yatalak bir ihtiyara hasta bakıcılığı yapmaktan kurtulduğu için sevindiğine hükmetmişti. Bu hüküm kendisini açındırıyordu. Bununla beraber orada o evde hayli oyalanmış olduklarını düşünerek duygularını yendi, sözlerini tazeledi:

- Haydi bacı, öp babalığının elini de yürü!

Ve güzel kızla ihtiyarın kucaklaşmalarını beklemeye lüzum görmedi, çıktı. Eğer biraz daha dursaydı çok ağır başlı görünen bu nefis mahlûkun çılgın bir sevinç içinde Baron Lindeni öptükten sonra ihtiyar uşakla sarılıp kucaklaştığını görür ve uzun uzun bir şeyler mırıldandığını işitti.

Hele kızın, tek bir mendil dahi almayarak üstündeki sade bir kostümle, ayağındaki eski pabuçla yanlarına gelmesi üzerine geri dönseydi ve çarçabuk kapanmış olan kapıya kulağını verseydi, içeri de Baronla uşağın şu biçimde konuştuklarını duyardı:

- Eh prens. İşte kelleyi kurtardık. Bunadığımı sandığım bir yaşta şu adamları kafese sokuşumu ben de beğendim. Hele Maryayı başımızdan savuşumuz çok iyi oldu. Sen, bu gidişle İstanbul sarayına girip tahta oturamayacaksın. Bari bu küçük oraya yerleşsin, güzel günler geçirsin.

Bunları söyleyen Baron Linden'e, uşak rolü yapan adam şu karşılığı veriyordu:

- İyi ama Baron, kızın ne olacağı belli değil. Ya öldürülürse?

Öldürülmez, yaşatılır. Çünkü onu Prens Davut'un kızı diye tanıttık. Akıncılar bundan ötürü kendisini incitmeyeceklerdir. Hoş tutarak ve el üstünde gezdirerek İstanbul'a götüreceklerdir. Senin amcaoğlu da, kadın olduğu için Marya'nın hayatına ilişmeyecektir. Sarayda tutmasa bile çeyizleyip, birine nikâhlayacaktır. Bizim yanımızda yarı aç yaşayan, ölümümüzden sonra ne olacağı belli olmayan Marya için bu, ne büyük saadettir?

- Ya bizim çekeceğimiz hasret?

Baron Linden, üstündeki örtüyü fırlatıp attı, mezardan kalkan bir iskelet gibi yatağı içinde doğruldu.

- Ne hasreti be herif, dedi. Marya ortaklaşa yarattığımız bir piç. Annesi gecelerinin yarısını senin, yarısını benim yanımda geçiren bir hizmetçi kadındı. Çocuğu kime mal edeceğini ölünceye kadar kestiremedi. Böylesi evlât için babalık mı taslayacaksın? Yükten kurtulduğuna, hele kafanın yerinde kaldığına şükret te sus.

Ve birden kötü kötü güldü:

- Ne olduysa Syllilere oldu. Şimdi bu kurtlar seni bulacağız diye oraya saldıracaklar ve kim bilir neler yapacaklardır.

Mustafa'nın kulağına çarpmayan konuşma böyle bitti. Baron Linden gene yatağına uzandı, derin bir düşünceye daldı. O, doğru söylüyordu. Yanındaki adam, orta Avrupa'da uzun yıllardan beri serseri bir hayat geçiren ve Osman oğullarından olduğunu söyle yen Murat'ın oğlu Davut'tu. Budaeşte'de, Viyana'da, Belgrat'ta kendisini Osmanlı tahtına götürecek ordular hazırlanmasını boş yere bekle dikten ve gün geçtikçe yüzüne kapanmaya başlayan kapılar önünde dolaşmaktan yorulduktan sonra eski Rav Ritterle bağdaşmıştı, ona uşaklık edip geçiniyordu. Ancak prens adını taşıması onu efendisiyle dost da yapmıştı.

Beraber yerler, beraber yatarlardı. Bu yakınlık yüzünden bir hizmetçi kadını ortaklaşa metres yapmışlardı. Marya'da onun yavrusu idi!

Mustafa, büyük kilise avlusuna döndüğü vakit, öbür bölükleri kendinden önce dönmüş, avlunun da dişili erkekli bir halk kümesi tarafından doldurulmuş olduğunu gördü. Kasabayı dolaşan akıncılar, üç beş avuç buğdaş veya bulgur bulamadıkları halde yardım isteyen, yoksul veya dul olduklarını söyleyen yüzlerce insanla karşılaşmışlardı. Avluda toplananlar bunlardı, kurtların dağıtacağı yemi almaya gelmişlerdi.

Mustafa, öbür akıncılardan "geç kaldık, değil mi?" sözleriyle bağış diledikten sonra, para yığınının başına geçti, halkın da çarçabuk sıraya koydurdu, paylaştırmaya koyuldu.

Kadınlara ikişer, erkeklere birer avuç para dağıtıyordu. Ölçüsü, önüne gelip te el açan Lâybahlının dişi veya erkek olmasına dikkat etmekten ibaretti. Onların ihtiyar oluşlarına göre bu ölçü biraz daha genişliyordu, verilen para sezilir derecede çoğalıyordu.

Halk, kendilerinden -Tanrı korkusu ileri sürülerek- yıllardan beri alman paraların böyle geri verilişinden derin bir haz alıyorlardı. Avuçlarını doldurduktan sonra Mustafa'nın ellerine sarılmak istiyorlardı. İlkin bu şükran hareketine uysallık gösteren genç akıncı, ellerine ıslak dudaklardan hayli tükürük bulaştığını görünce bir emir haykırmak zorunda kaldı.

- Bana bakın, Lâybahlılar, kısmetini alan tıpış tıpış yürüsün. Eli mi öpmek isteyenin dudaklarını bükerim. Çünkü bu iş sinirime dokunuyor. Dağıttığım para benim değil, sizin. Onu sizden çalmışlardı. Ben, bizim başbuğun emriyle, uğralanan paraları size veriyorum. Ne el öpülmesini isterim, ne etek!!

Bu emir, kadınlar arasında gizli bir hoşnutsuzluk doğurmuştu. Erkekler, Mustafa'nın elini öperken dudaklarının kiliseyi kusturan kudrete değdiğini sezerek haz alıyorlarsa, kadınlar o elde yaman bir gençliğin tadını bularak derin bir sevinçten uzak kalmış oluyorlardı; bundan dolayı da üzülüyorlardı. Çoğu gerçekten yoksul olan o kadınların belki yüzde sekseni, avuçlarına konulan paraları geri yerip karşılığında genç akıncının ellerini yalamaya razı bulunuyorlardı. Meryem'in ilâhî bir nefesle ana oluverdiğine inanan bu kısır idraklı kadınlar, şu güzel ve güzelliği kadar da heybetli Türkün ellerini dudaklarını yaptırmakla Meryemleşeceklerini umuyorlardı. Fakat genç Türk, o saadeti bir haykırışla kendilerinden uzaklaştırmıştı, avuçlarını doldurup yüreklerini boş bırakıyordu.

Paraları dağıtma işi bu biçimde ve hızla bitti. Mustafa, gümüş şamdanları, yemek takımlarını, sürahileri, bardakları henüz para alamayanlara birer ikişer pay etti ve sona kalanlara da halıları, sırmalı keşiş cübbelerini, gümüş ve altın haçları dağıttı ve eşya tükenince ellerini silkti:

- Parmaklarımdan başka, dedi, önümde ve elimde bir şey kalmadı. Onlar da bana lâzım. Haydi uğurlar olsun!

Avluda Türklerle bir iki düzüne papaz kalmıştı, halk gülerek dua ederek, alkışlar yaparak dağılmıştı. Mustafa, büzüldükleri yerde içlerini çeke çeke, kendilerini yiye yiye bu yapılan işleri seyreden palazlara uzaktan elini salladı:

- İşte, dedi, gidiyoruz. Olmaya ki şu halkı gene soymaya kalkışasınız. Çünkü yolu öğrendik, sık sık buraya geliriz. Eğer Tanrı adını tutamak yapıp yeni baştan soygunculuk yaptığınızı görürsek hepinizi çan kulesine asarız, çaldıklarınızı bu sefer başka türlü kusturunuz.

Şimdi atlanmışlardı, yola düzülüyorlardı. Marya, Müstafimin terkisinde idi, dört nala kasabadan çıkarken kesik kesik mırıldanmıyor ve korku gösteren bu zayıf söylenişler arasında sıkı sıkıya genç akıncının beline sarılıyordu. Mustafa, ilkin bu pamuk çemberi sezmedi, kendi düşüncelerine dalarak atını yürüttü. Fakat biraz sonra ensesinde alışmadığı bir sıcaklığın dolaştığını, belini de incitmeden sıkan ve yakmadan ısıtan bir alevin sarıldığını sezince, birden irkildi, başını

arkaya çevirerek Maryaya baktı. Maksadı bir şeyler söylemekti, onun kendine böyle kuşak gibi sarılmamasını ihtar etmekti. Lâkin gözleri, güzel kadının gözleriyle karşılaşınca yutkunmaktan başka bir şey beceremedi ve başını çarçabuk öne döndürdü. Çünkü Maryanın göz-bebeklerinde bir ateş, kıvılcımlarla dolu bir çift yangın görmüştü. O güne kadar hiçbir kadın nefesinin boynuna düştüğünü görmeyen, bu kadın kolunda dolaşan ateşin ölçüsünü sınamayan genç, akıncı, Hünkârın amcası oğlu ile ilgili düşüncelerinden sıyrılmıştı. Belinde yapışık pamuk çemberden tutam tutam sızıp da ta iliğine işleyen sıcaklığı ölçüyordu. İçinde ne olduğunu anlayamadığı bir karışıklık, dumanlı bir altüst oluş vardı. Sersemleşmeye benzeyen bir beyin dönüş ile gözleri perdeleniyor ve bu yarım körlükten tuhaf bir tat alıyordu.

Bununla beraber kızmaktan da geri kalmıyordu. Bir kadının böyle iliğine kadar bayıltıcı bir ılıklık püskürmesi, beline sessizce alevden bir zincir dolması canını sıkıyordu. Ara sıra elini beline atıp o yumuşak zinciri çözmek ve ondan doğan sıcaklıktan kurtulmak istiyordu. Fakat elini her kaldırışta dileği içinde ve belindeki kemer yine yerinde kalıyordu.

Bir aralık başındaki dönme ve gözlerindeki perdelenme arttı, sinirlerine bir sarhoşluk yayıldı, sağını, solunu göremiyordu, atın kulaklarını bile seçemiyordu. Bir el, göze görünmeyen bir el, sanki kafasını büküyor, dudaklarını çekiyor ve kendisini Maryanın gözle rinde yanan bir çift yangının içine doğru sürüklemeye savaşıyordu. O, hem bu zorlayışı seziyordu, hem de fırıl fırıl dönen kafasını o çifte yangının kucağına düşürmemek için olanca kuvvetini toplamaya savaşıyordu.

Olgun bir gençliğin ansızın kadın kokusu alarak kendini kaybetmesinden, o koku içinde bayılmak ihtiyacını sezmesinden başka bir şey olmayan bu karışık duyguların sonu, tabiatın galebesinden ibaret olacaktı. Fakat İskender Beyin üç bin akma ve yirmi bin tutsakla beklemekte olduğu yere varılması üzerine o mukadder yeniş ve yeniliş geri kaldı. At kişnemeleri, silâh şakırtıları, tutsak gürültüsü gençliğinin ilk zaferini ve ilk çöküşünü bir arada görmek üzere bulunan Mustafa'nın yüzündeki perdeyi yırttı, beynindeki dumanı giderdi, içindeki karışıklığı dindirdi ve genç alana, kendi benliğini buldu.

O sırada belindeki pamuk kemer de gevşemişti ve bu gevşeyişle delikanlının etini saran alevler azalmıştı. Mustafa, sürekli bir sarhoşluktan kurtuluyormuş gibi kırgınlıkla karışık bir uyanış içindeydi, atın üstünde derin derin nefes alıyor, geniş geniş geriniyordu. İsken der Beyin üstünde Türk bayrağı dalgalanan yelken bezinden yapılma sayvanı uzaktan görününce bu uyanıldık kuvvetlendi, delikanlının neşesi büsbütün yerine geldi ve bir mahmuz darbesi ile atını hızlandırarak sayvanın önüne kadar süzüktü.

İskender Bey, suya kanarak kuru peksimet yiyordu. Mustafa'nın, terkisinde güzel bir kızla gelip çattığını görünce, lokmasını yatı bıraktı:

Yolsuzluğun, dedi, iki oldu delikanlı. Eflâk'ta kardeşimin alayın da savuştun, bizi Hünkâra karşı utandırdın. Neden sonra boy gösterdin. Kazıklı Voyvoda'nın ardında gezdiğini söyledin.

Doğru söylemiştim İskender Bey, Kara Murat gibi bir yiğidi çevirme yapan o kara kâfiri yakalamak istiyordum,

- Biz de inanmıştık. Lâkin izinsiz alaydan ayrılan, suç işlemiş olur. Başkasına örnek olmasın diye seni cezalandırıyormuşuz gibi davrandık, alayını değiştirdik. Bugün de ikinci bir yolsuzluk yaptın, bir saatte başarılacak işi üç saat sürdürdün.

- Bari bir şeyler bulabildin mi? Şu sürüye yedirilecek un falan getirdin mi?

- Bir avuç darı bulamadık İskender Bey. Lâybahlılar galiba oruç tutup geçiniyorlar. Köşelerinde bir tutam un yok.

- Ya şimdiye dek orada niçin oyalandın?

- Kilisedeki parayı dağıttım.

- Bunu düşünüşünü beğenmiştim. Halk, kiliselerde toplanan paraların Papaya yollandığını, onun da bu paralarla bizim üzerimize yürüyecek ordular hazırladığını bilmedikleri için papazların ellerin de, avuçlarında bulunan şeyleri alışımızın içyüzünü anlayamazlar, kiliseleri soyduğumuzu sanırlar. Sen yapılacak işin en doğrusunu buldun, gözüme girdin. Fakat geç kaldın.

- Syllide epeyce un filân varmış. Emredersen beş on yoldaşla orayı basayım, ne bulursam getireyim!

- Sylli dediğin buraya uzak mı?

- Lâybahlı yürüyüşüne göre on saat!

- Demek ki en çok iki saatlik bir yerde imiş. O halde sana yedi saat izin. Orayı bas, ne bulursan al, getir. Ben sürüyü yürütürüm, dün geçirdiğimiz dere boyuna seni beklerim.

Ve gülümseyerek Marya'yı gösterip sordu:

- Bu hatun kişiyi de bile mi götüreceksin?

Osman oğullarından olduğu söylenen Davut'un adını o sırada ağzına almak istemeyen genç akıncı, Maryanın da kim olduğunu söylemekten çekindi. Kendisiyle birlikte Baron Linde'nin evine giren akıncılar, karargâha gelince kendi bölüklerinin bulunduğu yerlere dağılmışlardı. Görüp duydukları şeyleri çoktan unutmuşlardı. On günlük hâdiselerin hâtıralarını taşımaya tenezzül etmezlerdi, akıncılıkla ilgili olmayan şeylere ve işlere değer vermezlerdi. Hünkârın Frenk elinde bir amcası oğlu bulunduğuna, hikâyeyi dinleyen dört akıncı, zaten inanmamışlardı. Tıpkı Mustafa gibi onlar da frenk illerinde ve frenk ekmeği yiyerek dolaşan, hele Baron Lindemlerin önünden kaçan bir ödleğin böyle bir dâvada bulunuşun düpedüz yalan saymışlardı. Ondan ötürü hikâyeyi arkadaşlarına bile anlamayı düşünmüyorlardı.

Fakat Mustafa, Hünkârın bu işe candan ilgi göstermesinden dolayı Davut'u aramak, Marya'yı da bırakmamak istiyordu! Aynı zamanda İskender Beyin meseleyi sezer sezmez araya girmesinden korkuyordu ve bu korku yüzünden Sylliye niçin gitmek istediğini apaçık söylemiyordu. Davut'u yakaladıktan sonra bütün bildiklerini İskender Beye anlatmak ve baba ile kıza İstanbula götürmek için başbuğdan izin almak fikrinde idi.

Bu sebeple hiç bahse yanaşmadı ve beyin gülümseyerek yaptığı soruya şu karşılığı verdi:

- Bu kız, kendiliğinden geldi, benim gönüllü tutsağım hayli akçe getirir. Elverir ki, bir pazar buluncaya kadar sıkılmış limona denmesin!

Mustafa bu şakaya da aldırış etmedi; Sylliye götüreceği akıncıları seçmek için beyden izin aldı ve yüz yoldaş ayırarak gidilecek yeri, yapılacak işi anlattıktan sonra hiç dinlenmeden yola çıktı.

Yirmi bin tutsak ve üç bin akıncı aşağıya doğru yol alırken o da, seçtiği yoldaşların başında gün doğuya süzülüyordu.

Fakat toprağın içini dışına çeviren, rüzgârları geride bırakır gibi görünüp at uçuşunda yepyeni rüzgârlar yaratan bu yürüyüşe, bir gerçekten uçuşa Marya'nın da kanat karıştırması imkânsızdı. Akın akış demekti. Bunu başarabilenler de yer yüzünde ancak akıncılardır. Bir kadın o akış arasında nihayet bir gül yaprağı olabilirdi ve eriyip giderdi.

Mustafa, değerli bir ganimet sayarak yanından ayırmamak istediği Marya'nın şu dalgalı ve dumanlı uçuş içinde bunalacağını, bocalayacağını ve çiğneyip gideceğini anlamakta gecikmedi, kızın yanına geldi, inanılmaz bir çeviklikle ve kendi şal kuşağıyla onu eyere perçinledi:

- Korkma, dedi, seni en öne geçirdi. Şimdi o at, dizginle kullanılmaksızın yürüyordu. Marya da delikanlının yüzünü görecek, koku sunu sezecek bir durumda bulunuyordu.

Bir küme akıncı işte bu akışla kendilerinin de ummadıkları bir hız içinde Silliye gelivermişlerdi. Gün, henüz batıyordu ve kasaba halkı akşam serinliğini teneffüs etmek için top top kırlara yayılmışlardı. Lâybahlılar gibi onlar da Türklerden çok uzak bulunduklarına inan taşıdıkları için kaygısız bir yürekle dolaşıyordu, gülüşüp eğleniyorlardı. İlbay Jorj Hohenvarterle kumandan Hıristiyan Tavfunbah da bir düzine kadar kız ve kadın arasında ve bir küçük korunun kucağında şarap içip dans ediyorlardı.

Akıncı atlarının önlerinde yürüyen toz bulutları, Silli halkı tarafından ilk bakışta bir bora başlangıcı gibi telâkki olundu. Gelip geçici bir bora!.. Bu sebeple halk telâşa düşmedi, kahkahalarını bırakmadı. Yalnız kadınlar, arkadan kamçılanıyormuş gibi hızla yürüyen bu bulut kümesinin yüzlerine atacağı bu renksiz pudradan sakınmak için örtünmeye hazırlanıyorlardı. Fakat o bulutların ses de çıkardıkları duyulunca durum değişti, herkeste bir merak yüz gösterdi. Bora sanılan şeyin bir alay atlı gelişi olduğu artık anlaşılmıştı ve bütün gözler, şu beklenilmeyen ziyaretin içyüzünü anlamak kaygısı ile yan maya başlamıştı.

Lâkin yine tek bir Sillili, o toz bulutunun ardından Türklerin çıkacağını ummuyordu ve atlıların Karintiya'dan geldiklerini sanarak şahit olacakları yeniliğin ve duyacakları haberlerin zevkini yaşıyorlardı.

İlbayla kumandan da halk gibi düşüyorlardı, küçük bir endişe göstermiyorlardı. Yalnız gelenlerin başında bir Dük veya Arşidük bulunduğu takdirde kendilerinin hazırlıksızlıklarından doğacak utandırıcı biçimsizliği düşünüp sıkılıyorlardı. Bununla beraber üzüntüden kurtulmak için yolunu da çarçabuk bulmaktan geri kalmamışlardı. Yanlarında kadın ve şarap vardı. Çağrısız gelen konuklar içinde saygı gösterilecek bir adam varsa onu ilk ağızda kadınlarla oyalamak, şarapla dinlendirmek ve sonra hazırlıklara girişmek mümkündü. Bu sebeple o üzüntüyü içlerinden atmışlardı, kendilerine çekidüzen vermişlerdi, atlıların gelmesini beklemeye koyulmuşlardı.

Bu bekleyiş çok sürmedi, Türkler pırıltılı bir yıldız kümesi gibi bulutlar ardından göründü ve halkın da ayakları suya erdi. tik görü nen atlı, konuk sanılanların kimler olduğunu Sillilere öğretmişti. Yan giyilmiş akıncı kürkü, gün ışığım bile renksizleştirecek bir pırıltı ile elde parlayan çıplak pala, Türk topraklarından çok ve pek çok uzakta bulunduğundan dolayı en emin bir yuva sanılar Sillinin, İstirya mıntıkasındaki bu güzel kasabanın da tarihsel bir gün yaşamak üzere bulunduğunu herkese anlatmıştı.

Akıncılar halkla kasaba arasını kesecek bir istikamet almışlardı ve kendi görünüşlerinin uyandırdığı şaşkınlıktan istifade ederek bu emellerine de kolaylıkla ermişlerdi. Gözleri kararan, dilleri tutulan, dizleri kesilen halk, bu manevranın belki farkında değillerdi. Onların şuuru erimiş, duyguları felce uğramıştı. Az mevcutlu şu Türk müfrezesini, sonu gelmeyen bir ordu gibi kalabalık görüyorlardı ve bu kalabalığın bitip bir akışla geçmekte olduğunu sanarak zangır zangır titriyorlardı.

Bir Türkün şahsında bin silâhşor görmek hastalığı İlbayla kumandanın da benliğine yapışmıştı. Onlar da ovaların böğründen, dağların böğründen boyuna Türk fışkırdığını görecek kadar duygu bozukluğu içinde bulunuyorlardı. Fakat halkın da, Baron Hohenvarterle kumandan Kıristiyanın da bu görüşleri çok sürmedi, Türk atlılarının aralarında dolaşmaya başlamasıyla beraber bütün bu sar-saklıklar geçti, akılları yerine geldi.

Türklerin bir kısmı kasaba kapılarını tutmuşlardı, geride kalanlar o top top halkı sürerek bir noktaya toplamaya girişmişlerdi.

Bu işin nasıl başarıldığını anlamak için (yılkı) görmüş olmak lâzımdır. Yılkı köylerde ve büyük çiftliklerde beslenen at sürülerine denir. Bunlar başıboş bulundurulur, icap edince çobanlar tarafından çevrilerek istenilen yere yürütülür.

Yüzlerce hayvanı bir yerden başka bir yere sürmek bir hünerdir. Bunu ancak o işin ehli olanlar yapabilir. Değme adam, bir yılkıyı idare edemez. Çünkü yularsız ve kösteksiz hayvanlar içinde alıştıkları yerden ayrılmamak isteyenler bulunur, henüz terbiye edilmemiş gençler haşarılık yapar ve yılkıda kargaşalık baş gösterir. Fakat çobanlar, sürünün nasıl toplanacağını ve nasıl yürütüleceğini bilirler, tek bir hayvan kaçırmadan bütün yılkıyı yürütürler.

Akıncılarda da, düzinelerle kümeyi dövmeden, sövmeden incitmeden yerlerinden sökmüşlerdi, geniş bir alana doğru sürüyorlardı. Bu işi genç Müstafisi idare ediyordu. Sert görünmekle beraber tatlılığını sezdirmekten geri kalmayan bir sesle halka, gidilecek yeri gösteriyordu.

Pek hızla yapılan bu hareket bitince o, halkın ortasına atını sürdü:

- Korkmayın, dedi, size bir kötülük edecek değiliz. Aradığımız bir adam var, onu bize gösterirseniz kılınıza ziyan gelmez.

Kimsede ağız açacak kudret yoktu. Kadınlar ve kızlar koca bir kasabayı bir hamlede - ahalisiyle beraber - avucunun içine almış olan şu delikanlıya hayran hayran bakıyorlardı. Onların yanı başlarında da birçok genç erkek vardı ve bu erkekler, fırsat buldukça, yiğitlikten dem vururlar ve ara sıra da yiğitlik sayılacak şeyler yaparlardı. Fa kat şimdi hepsi süt dökmüş kediye benzemişlerdi. Kızlar ve kaldınlar, iliklerinde yaşayan titreyişe rağmen, kendi hemşerileri olan erkeklerle şu genç Türk arasında bir karşılaştırma yapıyorlardı ve Mustafa'nın bambaşka bir şey olduğuna hükmetmek zorunda kalıyorlardı. Konuşan, emreden erkekle, susan titreyen erkek arasındaki farkı en iyi anlaşan kadındır ve kadın ihanetlerinin içyüzü araştırılırsa he men hepsinde kendi erkeğinin miskinliğinden doğma bir tiksintinin izi bulunur.

Mustafa gönülleri serinlendirmek için o birkaç sözü söyledikten sonra kalabalığa sordu:

- Buranın hâkimi filân yok mu? Size kim buyurur, sizi kim evirip çevirir?

Halkın dilsizliği devam ediyordu, kimse ağzını açamıyordu. Vaktin pek dar olduğunu düşünen genç akıncı bu sessizlikten kığdı, en önde bulunan erkeklerden birini -attan eğilerek- yakaladı, üzengisinin yanına çekti:

- Söyle bakalım babayiğit, dedi. Silli'de baş kim? Ağanız mı var, efendiniz mi var, neniz var? Anlat bana..

Adamcağız, konuşan bir yıldırım kucağına düşmüş gibi ölüm teri döküyordu fakat o yıldırımın can da alacağını, yine can korkusuyla sezinlemekte gecikmedi. Olanca gücünü toplamaya savaşarak kekeledi:

- Burayı Baron Hohenvarter idare eder. Kale kumandanı dal Kont Tavfunbahtır.

- Peki, nerede bu adamlar?

- Şu korudaydılar, eğleniyorlardı. Eğer sizi görüp kaçmamışlarsa yine orada olacaklardır.

Mustafa dört atlı seçti, başlarına geçti, koruya girdi ve aradığı adamların yerini çarçabuk buldu. O, düşman bir toprak üstünde değil de kendini yurdunda ve pek iyi tanıdığı bir yerde dolaşıyormuş gibi atını sürüyordu. Şu veya bu ağacın arkasından atılacak bir ok, bir tüfek bu engin güveni devirebilirdi, onu hayatından ayırmakta güç lük çekmezdi. Fakat her akıncı gibi Mustafa'da yerin, göğün Türk'e saygı göstereceğine, kovukların ve oyukların bile Türk için kurulacak pusuları kusup ortaya çıkaracağına iman besliyordu.

Nesilden nesle geçen destanlar, yüreklere yazılı uzun bir tarih bu inancı doğuruyordu. Bir akıncı ne Sümerleri bilirdi, ne Etileri. Fakat Orta Asya'da yanan medeniyet ışığını kürenin dört yanına taşıyanların ruhu akıncı Türklerin de kanında dolaşıyordu. Onlar da Avrupa'ya, Asya'ya ve Afrika'ya Türk gücünü tanıtmak vazifesini omuzlarına almışlardı. Yürümekten ve ilerlemekten başka ülküleri yoktu. Yürürken, ilerlerken sendelemiyorlardı ve hiçbir engelin kendilerini sendeleteceğine ihtimal vermezlerdi.

Mustafa da, sağına, soluna bakınmadan atını sürüyordu. Korku dan kimi bayılmış, kimi yüzükoyun uzanmış kadınların kümelendiği yeri görünce dizginini oraya kıvırdı. Fakat o kümenin arasında erkek göremeyince irkildi, başını arkaya çevirdi, hâlâ eyere bağlı olan Maryayı gördü. Kadını taşıyan at, kendiliğinden bu beş kişilik müfrezeye katılmıştı, oraya kadar gelmişti. Delikanlı, atın gösterdiği bu bağlılığı küçük bir gülümseyişle karşılayıp biraz gerideki arkadaşlarına seslenmeye, koruda erkek bulunmadığını söylemeye hazırlanıyordu. Tam ağzını açarken Marya bağırdı:

- Aman, kendini koru, seni vuruyorlar...

Mustafa'nın başını çevirmesiyle atının şahlanması, arkadaşlarının da hayvanlarını sıçratarak yanına ulaşması bir oldu. Karşılarında on erkek vardı ve bunlar yalınkılıç delikanlının üzerine saldırmış bulunuyorlardı. Maryanın bağırışı genç akıncının başında kümelenen kılıçları havada bıraktı, daha doğrusu onun alı tehlikeyi sezerek şahlanmakla bu saldırıyı karşılamış oldu, kalkan kılıçlar hederini bulamadı, dağıldı. Onların yeni baştan kümelenmesine ise artık İmkân yoktu. Çünkü beş akıncı birden adamların üzerine at sürmüşlerdi ve onları yine, arkasından çıkmış oldukları ağaçların ardına kaçırmışlardı. Şimdi bir kaçış ve kovalayış baş göstermişti. Sık ağaçlar arasında atla tavşan avlamaktaki güçlüğü Men akıncılar hemen yayalaşmışlar, kaçanların ardına düşmüşlerdi. Atlar, onların kinde yürüyorlardı, binicilerinden ayın kalmamak kaygısıyla kişneye kişneye ağaç aralarından süzülüyorlardı.

Koca bir kasaba halkının korkudan kımıldanmadığı, korudaki kadınların da baygın baygın baktıkları bir durumda şu on erkeğin beş akıncı üzerine atılabilmesi inanılmayacak bir hâdise gibi görünür. Gerçekten de öyledir. Lâkin onları böyle bir harekete sürükleyen sebebi gösterirsek, okuyucularımız tezada düşmediğimizi anlayacaklardır. Silli İlbayı Baron Hohenvarterle bir adam bulunan kadınları arasında Tamışvar Kontu Kinisin kızı da vardı. Bu çok güzel ve macera seven mahluk, Sillide oturan hısımlarından birini görmek için uzun bir yolculuk yapmış, oraya gelmiş bulunuyordu.

Zeki ve pek alımlı olduğu için Baron Hohenvarter başta olmak üzere bütün Silli şövalyelerini saçına bağlamıştı, köle gibi ardında dolaştırıyordu. O gün de İm on erkek onun gözlerine baka baka bol şarap içmişlerdi, adam akıllı sarhoş olmuşlardı. Kızın her gülümseyişi bir şişe şarap kadar etkili oluyordu, erkekleri kendinden geçiriyordu. Türk akıncılarının belirmesi erkeklerin akıllarını başlarına getirmişse de Matmazel Kinişi deliye çevirmişti. Çünkü Kiniş, Türkler tarafında ölüme mahkumdu, her akıncı onu ele geçirmeyi şeref borcu tanıyordu. Bunun sebebi de Kont Kinisin bir Transilvanya akınında pusuya düşürdüğü bir akıncı alayından ölenlerin cesetleri üzerinde sofra kur durup şarap içmesi ve dans etmesiydi. Henüz can çekişen akıncıların kanlarıyla şarabını karıştıran ve ölülerin göğsünde raks yapan Kiniş, birkaç yıldan beri Türklerin hınçla andıkları bir adamdı.

Onun kızı için akıncıları görünce çıldırmak gayet tabiî idi. Çünkü babası için beslenilen haklı hıncın kendinden çıkarılacağına, şüphe etmiyordu. Bundan ötürü de gerçekten bir deli gibi saçını başını yolmaya, kendisinin ne pahasına olursa olsun kaçırılması için yal varmaya başlamıştı. Her biri bir âşık olan erkekler, Türk korkusuyla silinen alkol dumanı yerine ortaklaşa sevgilileri olan güzel kızın dudaklarından dökülen bambaşka bir ispirtoyu içerek yeni baştan sar hoş olmuşlardı, onu kurtarmayı bir vazife, geri bırakılmaz bir borç gibi tanımaya başlamışlardı.

Zaten hayatları tehlikedeydi, Türklerin kendilerini kıtır kıtır keseceklerini sanıyorlardı. Böyle bir durumda bir kahramanlık gösterip ün almak ülküsüne kapılmışlardı. Hepsinde kurda saldıran bir tavşan bahadırlığı canlanmıştı, hepsi kendilerini kesecek eli hiç olmazsa ısırmak ve tırmalamak istiyordu.

Güzel kız, önüne geçilmez bir heyecan içinde o erkeklere şu yiğitliği aşılarken kendilerini tehdit etmekten de geri kalmıyordu. Bir taraftan onları öpüp okşuyor: "Beni Türklere kaptırmayın" diyordu, bir taraftan da: "Babam bu korkaklığı affetmez, öç alır" demekten çekinmiyordu. Erkekleri muhakkak bir ölüm önünde cesur olmaya sevk eden yalnız kızın öpüşleri ve okşayışları değildi, Kont Kinisin de korkusu o zaruri cesaretin doğmasında ayrı bir âmil oluyordu. Matmazel Kinişi kurtaramayıp da kendileri herhangi bir tesadüfün yardımıyla sağ kalırlarsa Tamışvar Kontunun elinden yakalarını kur taramayacaklarını takdir ediyorlardı. Transilvanya'da oturan bu çok ünlü Kontun eli uzundu, Silli'de yaşayanları da yakalayabilirlerdi.

İşte bu yüzden o on erkek korkudan sıyrılmış gibi davranmışlardı. Matmazel kinişi yüksek bir ağaca çıkararak sakladıktan sonra pusuya yatmışlardı ve kendilerini aramaya çıkan Türklerin üzerlerine atılmışlardı. Lâkin tavşanın ölümü sezip de gösterdiği cesaret kurdun pençesini körletmez, tavşanı da aslan yapmaz. Tabiatın her varlığa verdiği gücün eni, boyu bellidir. Baron Hohenvarterlç arkadaşlarının da yiğitliği tek bir hamleden ibaret kaldı, Mustafa'nın al tındaki atın şahlanması ve beş palanın üzerlerine çevrilmesiyle beraber kaçış başladı.

Bir akıncı, en iyi bir avcı demektir. Çünkü akıncılar akma çıkmadıkları günleri ve hele bütün kışları av yapmakla geçirirler. Bu sürekli idman onlara ormanları aramak, göze görünmez delikleri sezerek, en haşarı avı kolayca yakalamak için yaman bir alışkanlık vermişti. O sebeple Silli korusunda da şaşırmadan, bocalamadan avlarını kovalıyorlardı ve birer birer enseliyorlardı.

İğreti aslanlıktan çabucak tavşanlığa dönen şövalyelerden her ele geçenin kolları, ayakları bağlanıp bir tarafa atılıyordu ve öbürlerinin arkası bir saniye olsun bırakılmıyordu. Kaçanlar, artlarında atların da koştuğunu sezdiklerinden, büsbütün sıfırı tüketmişlerdi, hayvanların dişleriyle yakalanmaktan akıncıların pençelerinde boğulmayı tatlı buluyorlardı. Bununla beraber kaçmaya savaşıyorlardı.

En son yakalanan Baron Hohenvarterdi. Akıncılar, bir gözün yumulup açılması kadar kısa bir an içinde dahi, kendilerine saldıranların sayısını bellemişlerdi. Bu sebeple Baronu yakalayınca aranacak başka kaçak olmadığını anlamakta güçlük çekmediler ve korudan çıkmaya hazırlandılar. Şimdi sıra kendilerini öldürmeye yeltenen bu pusu kahramanlarını cezalandırmaya gelmişti. Mustafa daha! başka bir yerde buna benzer bir hâdisenin görünmemesi için şu om kişiye iyi bir ders vermek istiyordu, ayakları çözülmüş olan tutsakların yanı başında yürürken düşünüyordu.

Atlar yine binicilerinin ardı sıra geliyordu. Marya'da -tek atlı olarak- kafilenin içindeydi. Çünkü onun bindiği at da, kovalamak işine karışmaktan geri kalmamıştı, arkadaşlarından ayrılmamıştı. Fakat hayvanın koruya dalışı kadına çok üzüntülü bir saat yaşatmıştı. Öbür hayvanların izinden ayrılmayan at, sık veya seyrek ağaçlar arasından pervasızca geçerken üstündeki kadının dallara çarpacağını düşünmüyordu, eyere bağlı olan Marya'da eğilip bükülmediği için sık sık tehlikeye uğruyordu, sendeliyordu. Bununla beraber kovalamak işinin sonuna kadar koruda dolaşmıştı, büyücek bir yara almadan işin bittiğini görmüştü.

Mustafa, ağaçlığın tam orta yerinde ansızın durdu, arkadaşlarıyla konuşmaya daldı. Önlerindeki on tutsağın ne biçimde cezalandırmalarının uygun düşeceğini soruyordu. Başıboş atlar da durmuşlardı, konuşulan şeyleri dinler gibi kulaklarını dikerek bekliyorlardı. Marya, bu duraklamak sırasında ağaçlara göz gezdiriyordu. Böyle maksatsız bakınırken kendi atının altında durduğu ağacın dalları arasında bir kadının saklandığını gördü ve parmağıyla işaret verdi: Sus!

Kendi işleriyle uğraşan akıncılardan hiçbiri tepelerinde nefis bir kadının saklı olduğunu sezmemişlerdi. Onların gökte ne dost, ne düşman aramak âdetleri değildi. Bir koruda ise ağaç tepelerini araştırarak gezmek için zorluk duydukları yoktu. Matmazel Kinişi rastgele görmüş olan Marya da, bu tesadüfü gizli tutuyordu. Çünkü kadının deli gibi bakan gözlerini bile kıskanmıştı. Onun bu parlak gözlere uygun bir yüz ve bir boy taşıması haline Mustafa'nın ilgi pey da etmesinden korkuyordu.

Bu belki gülünç ve yersiz bir kıskançlıktı. Fakat Marya, Lâybah'daki ilk karşılaşmadan beri kendi kendine gelin ve güvey ol muştu. Mustafa'yı benimsemişti. Henüz bir günlük bile ömrü olma yan bir aşk, kızın benliğini altüst edip gidiyordu. Hayatında belki at binmemiş, hele bir saatte dört saatlik yol almak sınayışına rüyada dahi girmemiş olduğu halde - esere bağlı olarak yaptığı şu yorucu yürüyüşe en küçük bir inilti çıkarmadan katlanması da bundandı, yüreğini kaplayan o derin ihtiras yüzündendi. Aynı sebeple şu kim olduğu belirsiz kadını da kıskanı vermişti. Orada birinin saklı olduğunu haber vermek şöyle dursun, bunun sezilebileceğini düşünerek için için ter döküyordu.

Fakat Matmazel Kiniş onun neler düşündüğünü bileme-
diği ve verdiği işareti de benliğini saran derin korku yüzün-
den anlayamadığı için pek acıklı bir durumdaydı. Şu eyere
bağlı kadın gibi akıncıların da kendini göreceğini, ağaçtan
aşağı alınacağını düşünerek ölüm teri döküyordu. Gözünde
babası ve ondan dinlemiş olduğu sahneler dolaşıyordu. Yara-
dan tenleri delik deşik olmuş Türklerin kanım içen, ölülerin
üzerinde dans eden o babaya şimdi lanet okuyordu ne yanı
başında konuşan heybetli akıncıların kendini yakalar yakala-
maz palalarını sıyırıp güzel etine sokacaklarını, kanım avuç
avuç içerek İşte baban da böyle yapmıştı, diye gülüşeceklerini,
sonunda cesedini atlara çiğnetecerlerini, düşünüp kendinden
geçmek kertelerine geliyordu. Bu kuruntu ve yürekteki korku,
yaman bir hızla saniye başına çoğaldığı, genişlediği için kızın
aklı da büsbütün erimişti, artık saklandığı yerde duramaya-
cak bir duruma gelmişti. Maryanın güya ümit ve cesaret ver-
mek için kendine bakıp gülümseyişi ise onu daha fazla ürkü-
tüyordu, zıvanadan çıkarıyordu.

Kız, bu buhran içinde gerçekten çıldırdı, çürük bir meyve
gibi ağaçtan düşüvereceğini sanarak ağır bir karar aldı, be-
lindeki ipek kemeri çözdü, çarçabuk bir dala sardı ve önce-
den hazırladığı ilmiği boynuna geçirdi, kendini aşağı doğru
bıraktı. Akıncılar, ateşli münakaşaya girdikleri, on tutsak da
korkudan bakar kör halinde bulundukları için ağaç üzerinde
beliren hâdiseyi - Maryadan başka - gören ve sezen yoktu. O
da, ilk hamlede duyduğu heyecanı yenerek dişlerini sıkıyordu.
Gördüğü faciayı haykırmıyordu. Çünkü sallandığı yerden en-
damındaki güzellik de göze çarpan bu kim olduğu bilinmez
kadını, akıncıların kurtarmasını istemiyordu. O, zalim bir
kıskançlıktan doğan bu hain sessizliği, yükseklerde bir dala
asılı kızın kıvranışları bitinceye kadar bırakmadı ve kendine

rakip olmasını istemediği mahlûkun ölümüne kanaat getirdikten sonra düzme bir telâş haykırdı:

- Mustafa Bey, Mustafa Bey, ağaca bir kadın asmışlar!

Beş akıncının gözleri birden gösterilen ağaca dikildi ve delikanlının sesi yükseldi:

- Bre Doğan, durma, tırman, şu eksik eteği aşağı al!

Adının Doğan olduğu anlaşılan akına koştu, yoldaşlarının ata binip inerken gösterdikleri ustalığa benzer bir çeviklikle o yüksek ağaca tırmandı, Matmazel Kinis'in boynundaki askıyı çözdü ve henüz soğumayan cesedi kucaklayıp yere indirdi, Mustafa'ya şu sözleri söyledi:

- Bu, yeni ölmüş. Biraz önce yukarı baksaydık belki kendini kurtarırdık.

- Pek de toy. Ne diye canına kıydı dersin?

- Onu bu çelebilerden sormalı!

- Hakkın var, kendilerini sorguya çekince bu ölümün de hesabını ararız!

- Biraz sonra bütün Silli halkının önünde Baron Hohenvaterle arkadaşları sıraya konulmuşlardı, birer birer söyletiliyorlardı. Bu işi de Mustafa idare ediyordu. Gün battığı, hava karardığı için kasabadan odun getirtmişti, küme küme ateş yaktırmıştı, ayrıca meşaleler de buldurmuştu. Bu yapma ışık altında herkes Türkleri ve Türkler de orada bulunanları görüyordu.

- Mustafa, prens olduğunu söyleyen Davut'un nerede bulunduğunu öğrenmek istiyordu ve on tutsağa hep bunu soruyordu. Onlar, Silli'de böyle bir adamın bulunmadığını ant içerek söylüyorlardı. Baron Hohenvarterden başkası böyle bir adamı duymadıklarına yemin de ediyorlardı. Yalnız o, kendini prens diye tanıtan parasız pulsuz bir adamla yıllarca önce Viyana'da karşılaştığını ve bu serseri kılıklı prensin şimdi nerede bulunduğunu bilmediğini söylemişti.

Mustafa, Silli'de oturanlardan kimsenin Davut'u tanımadıklarına -uzun bir araştırmadan sonra- kanaat getirince ağaçtan ölüsü indirilen kızın kim olduğunu araştırdı ve onun ismini duyar duymaz küplere bindi, ne vakitten beri Silli'de oturduğunu, ağaca kimlerin yardımıyla ve ne sebeple çıktığını birer birer sorup öğrendi, sonunda Baron Hohenvarterle Kont Tavfunbahı karşısına aldı:

- Efendiler, dedi, bizim henüz yapamadığımızı Tanrı yapıyor. Birkaç akıncının kanını şarap yapıp içen Tamışvar Kontu'nun kızını öldürüp yoldaşlarımızın yarım yamalak olsun öcünü alıyor. Bugün olmazsa yarın veya başka bir gün Kont da cezasını bulur. Bizi burada o hesabı araştıracak değiliz. Yalnız sizinle anlaşmalıyız. Bize kılıç çektiniz ve bu kızı bizden kaçırmak istediniz. Şu iki suç için size ne yapalım?

Baronla Kont kekelediler:

- Bizi bağışlayınız, kanımızı dökmeyiniz.

- Kanınızın dökülüp dökülmemesi sizin elinizde. Pusudan üzerimize atıldığınız gibi şurada da yiğitlik gösterirseniz, bahtımız da varsa kanınız damarlarınızda kalır. Sizinle göğüs göğüse dövüşelim. Ben Baron Hohenvarteri alıyorum, Doğan da Kontu alsın. Nasıl, yüreğiniz, bileğiniz pek mi?

Baronun da, Kontun da gözleri öbür akıncılara aktı. Mustafa bu bakışların taşıdığı ürkek anlamı sezdi:

- Ha, dedi, beni ve Doğan'ı öldürürseniz, yoldaşların size saldıra cağından korkuyorsunuz, değil mi? Hayır efendiler, ürkmeyin. Onlar, bizim ölümüzü bile alıp götüremeyeceklerdir.

Çünkü sizinle karşılaşmayı isteyen biziz ve akıncılar kendi kanlarını diledikleri gibi kullanırlar.

Ne Baron, ne Kont böyle bir kavgaya yanaşmıyordu. Fakat halk bağırıp çağırmaya, istenilen düellonun yapılması için onları zorlamaya kişmişti. Çünkü genç akıncının durumundan, bu iş biter bitmez Türklerin döneceklerini anlamışlardı. Herhangi bir sebeple onların bu karardan cayıp da kendilerini alıp götürmemeleri için Baronla Kontu kurban vermeyi gerekli buluyorlardı.

Mustafa bu gürültü üzerine de heriflerin gayrete gelmediklerini görünce koruda ellerinden alınmış olan kılıçlarını zorla avuçlarına tutuşturdu.

- Son sözü, dedi, söylüyorum. Ya çarpışırız, ya miskin bir tavuk gibi şuracıkta boğazlanırsınız...

Artık kurtuluş yoktu, asil şövalyeler boğazlanmaktan kurtulmak kaygısıyla çatışmayı kabul etmek zorunda kalmışlardı. Fakat yapılan düello hem kısa sürdü; hem tatsız oldu Mustafa da, Doğan da daha ilk hamlede karşılarında bulunanların kılıçlarını ikiye bölmüşlerdi ve palalarını heriflerin yüreklerine sokmuşlardı".

Mustafa bu işi bitirdikten sonra palasım sildi, kınına soktu. Kasabada ne kadar un, bulgur ve pirinç varsa toplanıp yine kasabada bulunacak hayvanlara yükletilerek yola çıkarılması emrini verdi, halkı da akıncılara yardım etmeye koşturdu, kendisi Maryanın yanına sokuldu:

- Bacı, dedi, beni sen kurtardın, eğer bağırmasaydın on kılıç bir den kafama inecekti.

Kadın, tebessüme çevrilmiş bir aşkın alevleri içinde inledi:

- Bana bacı deme, Mustafa Bey. Ben senin bacın değilim, tutsağınım, halayığınım.

- Amma yaptın ha... Senin baban Davut çelebi imiş. Eğer bu söz doğru çıkarsa sen halayıklar kullanacak bir hatun kişi olursun, sana nasıl tutsak gözüyle bakarım...

- Bari adımı söyle Mustafa Bey, bana "Marya" deyiniz.

- Bu da olmaz. Çünkü Davut Çelebinin kızı bu adı taşıyamaz.

- Marya'yı, Meryem'e çevirelim olmaz mı?

- Biraz yakıştı ama bacı kadar dilime hoş gelmiyor.

Kız enikonu isyan etti:

- Ben senin bacın değilim, bacın olmak da istemiyorum. Delikanlı güldü:

- Kendini benden üstün görüyorsun, öyle mi?

- Hayır, seni kendimden üstün buluyorum. Sana halayık olmak hoşuma gidiyor.

- Halayıklık hoşa gider mi be kadın. Çocuk gibi konuşma.

Mustafa, sözün nereye varacağını kestirdiğinden, bahsi değiştiriverdi:

- İşte bir daha söylüyorum. Sana bir can borçluyum, ne vakit is tersen onu senin yoluna korum.

Ve orada alıkoyduğu sete erkeğin yanına geçti, yola çıkacak kadar akıllarının başlarına gelip gelmediğini sordu. Onlar, Baron'la Kont'un ölümünden beri kendi sıralar mı bekliyorlardı.

Bu soru üzerine ahiret yolculuğuna sürüleceklerini sanarak yeni baştan baygınlaşıvermişlerdi. Fakat Mustafa ödlek asilzadeleri acıyan bir sesle teselli etti:

- Korkmayın, dedi, ölüm filân yok. Yalnız yolculuk var. Sizi, Silli armağanı diye bizim İskender Bey'e götüreceğim. Akıncılar gece yarısına doğru oradan ayrılmışlardı. Hayli yiyecek ve sekiz tane de tutsak götürüyorlardı. Mustafa, ileri emrini verirken kendilerini uğur lamaya çıkan Sillilere, alman zahire bedelinin kiliseden alınmasını, alınmazsa veya papazlar tarafından verilmezse ikinci bir ziyaretinde -sözünü dinlemeyenleri- ağır surette cezalandıracağını söylemeyi de unutmamıştı.

Fakat neşesizdi. Davut'u bulamamak canını sıkmıştı, elinden gelse tekrar Laybah'a dönecek, Baron, Linden'e güzel bir sopa çekecekti lâkin İskender Beyi bekletmemek için hızla dönmek gerekti. Zaten bir hayli de gecikmişti, candan sevdiği başbuğun yüzünü ekşiteceğini düşünerek ödü kopuyordu. Aynı zamanda şu Davut işini yersiz ele aldığından dolayı kendi kendine kızıyordu. Kazıklı Voyvodayı, Demitriyos, Yaksiç'i yakalamadan Davutun ardına düşmek, sakat bir davranıştı. Bunu kendine yaptıran Lâybah ziyaretine de, Baron Likidene de için için atıp tutuyordu. Adını Meryem'e çeviren Marya'nın güzel yüzü de gözbebeklerine sık sık çarpmaktan geri kalmıyordu. Yüreğinde ona karşı bir yakınlık bulmaya ve onu düşünürken içine pek alışkın olmadığı bir tadın yayıldığını sezmeye başlamıştı.

İskender Bey bu Silli baskınını beğenmedi, genç Mustafa'yı güzel bir haşladı ve sözünü şöyle bitirdi:

- Bana bak delikanlı. Boş yere kan dökmek kötü bir iştir fakat merhametten maraz hâsıl olacağını da unutmamalıdır. Senin bir matahmış gibi Silli'den alıp buraya getirdiğin şu sekiz çulsuz, bir yolunu bulup da beni veya seni yakalasalardı ne yaparlardı, biliyor musun? Alimallah derimizi yüzerler, tef yapıp çalarlardı. Bundan böyle gözünü dört aç, kardeşin Kara Murat'ın ateşe konup çevrildiğini düşün, ona göre davran. Diz çökeni ez demiyorum fakat sana silâh çekeni hemen çiğne. Böyle yapmazsak her ağaç kılıç olur. Haydi yerine git, bir daha böyle yumuşak olma!

Şimdi akıncılar, tutsaklarıyla birlikte yurda doğru yol alıyorlardı. Yirmi bin yaya, yirmi bin köstek demektir ve bu köstekler uçanların yürüyüşünü topallatıyordu. Bununla beraber kafile şen bir hava için de yürüyordu. Adları duyulmamış ülkelere Türk gücünü tanıtarak, bir sürü dağlara boyun eğdirerek ve bir sürü suların belini bükerek yapılan şu ufak gezintiden her akıncı bir küçük destan çıkarmak hakkını kazanmıştı. Bunu anlayarak ve adım başına yaklaşan yurdun havasını koklayarak ilerleniyordu.

Onlar az konuşur adamlardı, düşünmeyi söylemekten daha çok severlerdi. Bu sürekli düşüncelerde tabiatı dinleyen bir ruhun veya kendi yüreğiyle konuşan bir kafanın sayı telkin eden ağırlığı sezilirdi.

Bundan ötürü bir akıncı kafilesi, yakından bakılınca, atlanmış ve silâhlanmış bir düşünce alayını andırırdı. Lâkin ara sıra bu alayın yürüyen bir destan olduğu da görülürdü. Çünkü akıncılar, pek sık da olmasa, hep birden şarkı söylemeyi severlerdi. Onların öyle tek bir ağız gibi aynı besteyi aynı ahenkle haykırmaları çok heyecanlı bir şey olurdu. Yer ve gök bu haykırışı saygılı bir sessizlikle dinlerdi, en hızlı esen rüzgârlar bu şarkılar önünde susardı, belirsiz olurdu.

O gün de bir akıncı, adsız bir kahraman ansızın bağırmıştı, -gönülden yüğrük ata mı bindin?- sözüyle başlayan bir şarkıyı söylemeye koyulmuştu. Bu ses, bir saldırış işareti gibi dalgalana dalgalana bütün saflara yayıldı ve üç bin ağız birden o sözü haykırdı. Şimdi yüksek dağlar ve onların eteklerinde dinlenen ova, şurada burada sonsuz bir sorgu işareti gibi kıvrılan sular aynı sözü ırlıyor gibiydi:

- Gönülden yüğrük ata mı bindin?

Bunu, bu soruyu akıncılar tabiata ve tabiat onlara yapıyordu, canlı ve cansız her varlık aynı merakı taşıyarak gürül gürül güdüyordu.

İskender Bey bile herkese parmak ısırtan o pek ünlü ağırlığın dan bir an için sıyrılmıştı, atının dizginlerini bırakarak elini kulağına koymuştu, aşkla, şevkle haykırıyordu:

- Gönülden yüğrük atı mı bindin?

Fakat en büyük heyecan Marya'da idi. Yavaş yüründüğü için eyere bağlanmaktan kurtulmuş olan güzel kız, yanı başında bulunan Mustafa'nın yüzüne baka baka, gözlerini ateşlere bulaya bulaya -bir duyuşta belleyiverdiği- bu sözü ırlıyor ve onun kıvrak, berrak sesi, aslan gürleyişleri arasına karışmış bülbül feryadı gibi yanık bir ayrılık hissettiriyordu.

Bu ahenge ruhunu vermiş olan Mustafa ilkin güzel yoldaşının sesini pek sezmedi fakat biraz sonra onun da ırlayışa karıştığını anlayınca hazzını anlatmak ister gibi başını çevirdi, Marya'ya gözünün tebessümünü uçurdu. Bu göz gülümseyişini karşılayan yine bir çift yangında ve bu sefer ona, güzel kızın dudaklarındaki konuşan bir alev de katılmıştı. Bu alevin kelimelerinden "gönülden yüğrük ata mı bindin?" sorusu çıkıyordu ve her kelime o dudaklardan süzülüp Mustafa'nın gülümseyen gözüne dökülüyordu.

Delikanlı bütün akıncıları şevke getiren bu gönül sorusundaki sun, zevki ve ateşi asıl şimdi anlıyordu. Maryanın bu şarkı parçasını ırlarken gözlerinde yüz gösteren yangın, dudaklarında kızıllaşan alev, üç bin ağzın aynı parçaya işlediği incelikten daha anlamlıydı. Mustafa bu kudreti sezdi ve birden gözlerindeki tebessümü, ateşe çevirerek kızın yüzüne serpti, üç bin ağız türkünün başka bir parçasını haykırırken o, Marya'nın kulağına doğru eğilerek inledi:

- Gönülden yüğrük ata mı bindin?

Bu, bir ruhun dile gelip de "seviyorum" demesinden daha kuvvetli bir aşk itirafıydı, öyle bir ruhun yine öyle bir itirafı, en kayıtsız bir kadın kalbini bir kez heyecana getirir. Hâlbuki Marya, çoktan ifadesini kaybetmiş, kendini Mustafa'ya bağlamış bulunuyordu. Ondan dolayı delikanlının kulağına eğilip de dayanılmaz bir biçimde sevgi haykırması üzerine kadınlıktan da ayrıldı, tepeden tırnağa kadar aşk, ihtiras ve istek kesildi, bir kartal kucağında yem arayan güvercin şaşkınlığı ile kollarım Mustafa'ya uzattı:

- Bindim yiğidim, dedi, bindim. Sevgi bulutuna bindim, işte beynim döne döne gidiyorum. Düşüp parçalanmazsam ne mutlu?

Genç akıncı, yanda ve arkada bulunan yoldaşların bu durumu sezmelerinden ürkerek yalvardı:

- Yapma Meryem, öyle yapma. Görülürsek gülünç olur.

- Sevene gülünmez, açınılır.

- At üstünde sevgi ancak gülünç olur. Hele ağır ol sonra konuşuruz.

- Söz veriyorsun, değil mi, baş başa kalınca konuşacağız, bu biçim konuşacağız!

- Evet evet. İstediğin gibi!

Kadın kendi bahtiyarlık getiren o şarkı parçasını artık mukaddes bir parola sayıyordu, durmadan dinlenmeden o dört kelimeyi hay kırmak istiyordu. Fakat, en önde yürüyen İskender Bey, yoldaşlarının ağzına başka bir nağme getirmişti, ilkin kendisi terennüme başlamak suretiyle bütün akmaları yepyeni bir şevke, deminkinden daha coşkun bir heyecana düşürmüştü. Şimdi üç bin ağız, şu sözleri söylüyordu, toprağın göğsüne ve havanın böğrüne zelzeleli bir ahenk işliyordu:

Tuna'yı geçtik, Savayı aştık. Uçsuz bucaksız yerler dolaştık. Kızılelma'ya vardık. Biz akıncıyız, akar gideriz. Yeri, göğü hep yakar gideriz.

Mustafa, kendi marşları demek olan bu güftenin heyecanıyla biraz önce benliğini saran bayıltıcı duygulardan sıyrılıvermişti. Yoldaşlarıyla pürüzsüz bir gönül ve dil birliği içinde aynı besteyi söylüyordu. Fakat Marya iliklerine kadar işleyen hazdan ve o hazzın doğurduğu sarhoşluktan kurtulamıyordu. Hâlâ kulaklarında sevgili sinin: "Gönülden yüğrük ata mı bindin?" diyen sesi çınlıyordu, hâlâ yüreğinde vaat olunan sevginin tadı sızlıyordu.

O, yeri ve göğü görmüyordu, yalnız Mustafa'sıyla oyalanıyordu. Kendinden geçmek ve yaralı bir kuş gibi çırpına çırpına sevgilisinin kucağına düşmek üzereydi. Böyle bir düşüş, belki de bir yükseliş olacaktı. Çünkü Mustafa da akıncı marşının heyecanını yaşamakla beraber, alevlenmeye pek elverişli bir durumdaydı, kolları arasına düşecek güzelliği geri itebilecek kudrette değildi.

Biri atılmak için çırpınan, biri kendi öz durumunun farkında olmayarak başka bir heyecan için çalkalanan şu iki yüreğin bir olması gözlerin küçük bir karşılaşmasına bağlı bulunuyordu. Bu da çok geçmeden ola gelecekti. Çünkü söylenen marş, biraz sonra bitecekti ve belki üzerine bir gönül bestesi atılacaktı. O vakit, biri arayan ve biri bekleyen şu iki yüreğin birbirlerini bulmaları gayet tabiî idi. Fakat bu mukadder gibi görünen sonuç yüz göstermedi, Maryanın uçmak isteyen yüreği, yine yerinde kaldı, Mustafa'nın gözleri beklenen daveti yapmadan başka bir hedefe çevrildi.

Bu değişikliği, kafileye doğru doludizgin gelen bir akıncı yaptı. Daha uzaktan önemli bir haber taşıdığını sezdiren bu atlı, hem söylenen marşı kesmiş, hem bütün akıncıların gözlerini kendi üzerine çekmişti. Mustafa da yoldaşları gibi meraka kapıldığından Maryayı dahi unutmuştu, İskender Bey'in yanına yaklaşan atlının neler fısıldadığını anlamak ihtiyacı içinde kıvranmaya başlamıştı. Başbuğ durduğu için bütün kafile de durmuştu. Atlar bile soluk almıyordu, tut saklar nefeslerini kısarak yorgunluk çıkarıyorlardı ve bütün kulaklar öne, hep ileriye dikilerek bir şeyler sezmeye savaşıyordu.

Atlı, sözünü bitirir bitirmez selâm verip geri çekildi ve İskender Bey'in gür sesi yükseldi:

- Alay beyleri yanıma gelsin!

Üç dakika sonra da alay beyleri tarafına bölükbaşılar çağırıldı, onların arasında Mustafa da vardı ve artık gelen haber, bütün kafile ye yayılmış oluyordu:

- İleride düşman var!

Bir akıncı için bu haberin en doğru anlamı "düğün var, şölen var, eğlence var, donanma var" demekti. Çünkü düşmanla ancak çarpışılırdı. Çarpışmak ise akıncıların tanıdığı, sevdiği, aradığı ve bulamayınca üzüldüğü şeydi. Kavgasız geçen bir gün akıncılar için he der olmuş demekti, o günü yaşamadıklarını sanırlardı. Şimdi ileride düşman bulunduğunu işitince düğüne çağırılmışlar gibi neşelenmemişlerdi, bıyıklarını bükerek ve palalarını okşayarak sabırsızlanıyorlardı, düğün yerine koşmak için son emri bekliyorlardı.

Düşman kimdi?.. Bunu hiçbir kimsenin sorduğu, araştırdığı yoktu. Çünkü kesilecek başın, koparılacak kolun, parçalanacak belin cinsini, cibiliyetini aramak yersiz bir işti. Akıncılar için gerekli olan şey düşmanın kılıç tutabilecek bir kır atta olmasıydı. Bu değeri taşı yan bir adamın soyunu, sopunu araştırmak hatırlarına bile gelmezdi. Gerçi şu veya bu diyar halkının yiğitliklerine, savaşa becerikli davrandıklarına dair sözler, hikâyeler işitiliyordu.

Lâkin uzunların akıncılar için masal olmaktan fazla bir değeri yoktu. Onlar, tavşandan aslana kadar her avın nasıl yakalanacağını bilen kahramanlardı. Ne tavşanı ürkek, ne de aslanı cesur tanırlardı ve ikisini de aynı kolaylıkla yıkarlardı. Düşmanları da o gözle görüyorlardı. Uzun veya kısa bir zaman içinde yakalanan av zümresinden sayıyorlardı.

Bununla beraber kendilerini beklemek nezaketini gösteren düşmanın kim olduğunu öğrenmekte de gecikmemişlerdi. Bunlar, Misel Silâci ve Greguvar Labatan adlı iki büyük şövalyenin kumandası al tında toplanmış karışık bir kütleydi. İçlerinde yarım düzine milletten gelme silâhşorlar vardı.

İskender Bey, alay beyleri ve bölük başıları vasıtasıyla, başka bir akıncı kafilesi tarafından gönderilmiş olan haberi bütün yoldaşlara bildirdi. Misel Silâci'nin Macar tahtına oturan Matyas Korven'in dayısı olduğunu ve onların büyük bir kuvvetle kendilerini Bozazis'te beklediklerini yaydı.

Bozazis, Semendire'den otuz bin adım uzaktadır. O sırada Belgrad henüz alınmadığı için Semendire, Türklerin Tuna kıyılarında en önemli bir hareket merkeziydi. Mihaloğlu İskender, oradan akma çıkmıştı ve yine oraya dönüyordu. Onun yürüdüğü yol çok zikzaktı, garba, şarka ve şimale doğru birçok kıvrılışlar yapmış, umulmayan yerlere kadar ilerlemiş ve umulmayan yerlerden dönerek Semendire yolunu tutmuştu. Misel Silâce ile Greguvar Labata'nın iyi bir hesapla hareket ettikleri anlaşılıyordu. Onlar, ele avuca sağmayan şu aslanlar alayını İstirya'da, Karinita'da, Karinyola'da, Dalmaçya'da, Hırvatistan'da kovalamanın, yakalamanın ne kadar güç olduğunu düşünmüşlerdi, yurtlarına dönecekleri sırada pusuya düşürülmelerini doğru bulmuşlardı. Yalnız pusunun duyulacağını hesaplamışlardı. Bundan dolayı büyük bir güvenle bekliyorlardı. Mihaloğlu'nu tuzağa düşüreceklerine inanarak silâhlarını keskinleştiriyorlardı, günleri sayıyorlardı.

İskender Bey için şu haberi aldıktan sonra yolunu değiştirmek çok kolay bir işti, kafileyi pusuda bekleyenlere görünmeden Semendire'ye ulaştırabilirdi. Fakat o, başbuğluğunu yaptığı yiğitlerden ayrı düşünür, ayrı zevk besler bir adam değildi. Bir yerde düşman bulunduğunu işitip de üzerine yürümemek onun da elinden gelmezdi.

Bundan ötürü ala beyleriyle konuşup anlaştı, at üstünde plânını çizdi, tutsakların yine yorgunluğa düşürülmeden sürülüp getirilme sini bir bölük başıya bıraktı, iki bin beş yoz atlının başına geçti ve kestirmeden Bozazis yolunu tuttu ve yoldaşlarını -denizi arayan bir su gibi- o amaca doğru akıttı.

Mustafa da, Marya'da bu gidenler arasındaydı. Genç akıncı, kızı terkisine ve onun atını yedeğe almıştı, uçuyor ve uçuruyordu, tik yürüyüş dakikalarında onun yüreğinde, çarpışılacak bir düşmanı düşünmekten doğan derin bir heyecan taşıyordu.

Sonra yeni bir mülâhaza zihnini sardı ve yüreğine de yeni bir heyecan bulaktı: Semendire-Belgrad ve kazıldı Voyvoda...

Evet; şimdi düşmanı bile unutacak kadar derin bir alâka ile Voyvoda Drakulu düşünüyordu. Aziz kardeşini şiş üzerinde çevirte çevirte kendine yaktıran o zalim atkın Belgrat'ta bulunuyordu. Bu ünlü kaleye ise Semendere'den üç saate ulaşılabilirdi. O halde kendisinin savaştan sonra Belgrat'a gitmesi mümkündü. Mustafa bu imkânın ne gibi güçlüklerle çevrili olduğunu düşünmüyordu, düşünmek de istemiyordu. Semendere ile Belgrad arasındaki yolu hesapladıktan ve Kazıklı Voyvodanın orada bulunduğunu göz önüne getirdikten sonra kafasında tek bir fikir dolaşmaya başlamıştı: Oraya gitmek ve kardeşinin katilini bulmak! Şimdi bunu, bu büyük işi düşünüyordu, Voyvoda ile yüz yüze gelmiş gibi heyecanlanıyordu. Kendini bu düşünceye o kadar vermişti ki, beline sarılarak gittikçe zorunu çoğaltan alevden çemberin ateşini, ensesinde dolaşan sıcak rüzgârı duymuyordu. Halbuki o çemberi, o rüzgârı kollarında ve dudaklarında yaşatan kadın, saniye başına iradesinden de çılgınlığa doğru kayı yordu. Bir aralık o hasta dilek bir dudak büzülüşü içinde toplandı. Kollarındaki alevle o sıcak yel, aynı büzülüşe yerleşti ve Mustafa'nın boynuna yapıştı. Konuşulan dilde öpüş kelimesi ile ifade oluna gelen bu temas, yanan bir yüreğin dudaklardan fırlayıp sevilen erkeğin boynuna düşmesi demekti. Böyle bir düşüşün ise o boyuna bir kıvılcımın mıhlanmasından, kızgın bir mührün basılmasından daha yakıcı olması tabiî idi. Nitekim derin düşünceler içinde dalgınlaştı. Mustafa da o temasın meydana gelmesiyle beraber atın üzerinde sıçradı, düşüncelerinden sıyrıldı, elini -farkında olmaksızın- boynuna götürdü. Orada, o temas noktasında bir yara, tatlı tatlı kanayan yara arıyordu.

Yarayı bulamadı, lâkin elini de geri çekmedi, çekemedi. Çünkü inciten bir kerpeten onları yakalamıştı, ıslak bir tazyikle sıkıyordu. Mustafa, parmaklarım yakalayan kerpeteni görmemekle beraber onun inciden yapılma olduğunu seziyordu ve bu inciden zorlama âletin incitmeden yakar bir şey olduğunu da -iliğine kadar işleyen yaştan- anlıyordu.

O, henüz erimeyen iradesinin son kırıntılarını toplayarak parmaklarını inci kerpetenden kurtarmak istedi. Lâkin o ıslak ve sıcak tazyik o kadar hoşuna gidiyordu ki, bunu yapamadı, bir müddet o durumda kaldı, sonra aldığı hazzı eksik bulmaya başladı, parmaklarını sıkan kerpetene gözlerini vermek özlemine kapıldı, ezgin ve bitkin, başını çevirdi.

Marya da bunu bekliyordu, temeline kadar sarsılan benliğini büsbütün yakılmaktan kurtarmak için bir desteğe ihtiyacı vardı ve bu destek ancak sevgilisinin sevgi vaat eden bakışları olabilirdi. Bundan ötürü Mustafa'nın başı kendisine doğru çevrilir çevrilmez yüreğini gözlerine getirdi, ruhundaki ateşi dudaklarına topladı ve aşk bu muhteris kadının gözlerinde bir bakış, dudaklarında bir buse oldu.

Mustafa, gençliğinin bu ilk rüyasını at üzerinde uzun ve pek uzun bir lâhza, yaşadı, sonra gözünü aşk yangınından kurtardı, hayli geride kalan atını mahmuzlayıp ileri atıldı ve mahmur bir sesle bahtiyarlığını haykırdı:

- Hapı yuttum, Meryem, hapı yuttum. Sen beni büyüledin, kendine bağladın. Bundan geri saray filân düşünme. Ben nerede isem sende oradasın. Bu gönül senden ayrılmaz artık!..

Kadın ondan yüz kat daha fazla bahtiyardı, hazzından, sevincin den bir şey söyleyemiyordu, sessiz sessiz ağlıyordu. Deminki yangın yerinde şimdi iki parlak kaynak peyda oluvermişti, boyuna yaş döküyordu. Mustafa, bir daha başını çevirdi, iri iri inci döken iki kaynağı parmaklarının ucu ile okşadı:

- Ağlama Meryem, dedi, içime dokunuyor, burnumun ucu sızlıyor. Ben de ağlarsam bütün şu alay güler, atlar bile kahkaha koparır. Gel, sus ki yol ortasında maskara olmayalım.

Türklerin Bozazis önlerinde görünmeleri beklenmeyen bir bora gibi apansızın oldu. Morava'dan, Tuna'ya uzanan bir kol Bozaziz'in yanından geçer, Semendere'de büyük ırmağa dökülür. Misel Silâci ile Greguvar Labata'nın topladıkları ordu, üst yandaki topraklardan atılma gümüş bir selâm gibi önlerinden akıp gitmekte olan suya gözlerini dikmişlerdi. O beyaz satırın kelimeleri olan köpüklerden kendilerine yarar bir anlam çıkarmaya savaşıyorlardı. En büyük şövalyeden en değersiz nefere kadar herkes, beklenen Türklerin nerede bulunduklarını, ne vakit görüneceklerini kestirmek ihtiyacım taşı yordu ve bu ihtiyacı avutmak için yukarıdan süzülüp gelen beyaz suyu söyletmek istiyordu.

Bozazis ordusunun ruh kuvveti hayli yüksekti, çünkü beklenilen akıncıların azlığını biliyorlardı. Bu biliş onları cesur yapıyordu. En geniş bir hesapla bir Türke karşı on kılıç pusu kurmuş bulunuyordu. Bir aslanı on kurdun, bir kurdu on tilkinin, bir tilkiyi on tavşanın boğabileceğim düşünerek herkes bir yürek pekliği elde edebiliyordu.

Bununla beraber yürekler telâştan, endişeden büsbütün boşalmış değildi. Beklenenlerin nereden ve ne biçimde boy göstereceklerini kestirmemek bile bir üzüntü teşkil ediyordu.

Misel Silâci ile Greguvar Labatan da Avrupa'nın göbeğine gittikleri anlaşılan Mihaloğlu İskender Bey fırkasının pek yalanda dönemeyecekleri fikrini henüz kaybetmemişlerdi, gülüp

eğleniyorlardı, düşündükleri zaferi sayıklayarak böbürleni-
yorlardı.

O gün de, iki kumandan bir çadırda birleşmişlerdi, uzun
bir hülya sofrasını kurmuşlardı, tabak tabak kuruntu içinde
şen hesaplar yürütüyorlardı. Onların en büyük emelleri, İs-
kender Bey fırkasını son neferine kadar yok etmek ve bu su-
retle orada yaratacakları şaşkınlıktan, korkudan istifade edip
Türklerin o ünlü hareket merkezini elde etmekti. Semendere'yi
Türklerin o ünlü hareket merkezini elde etmekti. Semendere'yi
düşürmek, Türkleri çok geri atmak demekti. İki kumandan
bu büyük emelin hazzıyla geviş getiriyorlardı.

İşte bu geviş sırasında beklenilmeyen boranın ilk uğul-
tusu yüz gösterdi, uzaklardan gök gürültüsünü andıran bir
ses belirdi, arkasından direk direk tozlar göründü ve Boza-
ziz ordusu, zelzeleye uğramış bir orman biçimi oldu. Her yer
sallanıyordu. Çok uzakta bulundukları ve en aşağı bir hesapla
ancak on gün sonra oralara gelebilecekleri umulan Türklerin
böyle ansızın görünmeleri, eğreti cesaretleri ve bütün savaş
şevkini altüst etmişti, iyi bir korunuş ve saklanışla Türklere
karşı yapılmak istenilen kanlı sürpriz suya düşmüştü; pusu
kurmayı tasarlayanlar baskına uğramışlardı.

Bununla beraber can korkusu her şeyin üstünde yürü-
yordu ve saf kurmaya, savaş nizamına girmeye, silâhlarını
takınmaya koşarken çadır iplerine dolaşanlar, yerlere yuvar-
lananlar bu korkunun zoruyla kendilerini topluyorlardı, baş-
larında kümelenmek üzere bulunan kasırgayı karşılamaya ha-
zırlanıyorlardı. Misel Silâci ile Greguvar Labatan, önlerinde
kaybolup giden hülya sofrasının şimdi acılaşan tadını tüküre
tüküre atlanmışlardı; dört yana koşuyorlardı, bir sürü emir

veriyorlardı, dağınık yakalanmak olsun kurtulmak için didinip duruyorlardı.

Morava'yı bir ziya kümesi gibi aşan yürüyüşlerine gündüz ışıkları gibi hem sessizlik, hem hız veren Türkler şimdi uğultulu bir bora biçimine bürünerek geliyorlar gökte kendilerini seyir için sıralanan bulutları da gerilerde bırakarak yaklaşıyorlardı. Bu gelişte harp niza mı yoktu, cephe kurmak ve sağa sola ayrılmak temayülü sezilmiyordu. Bütün akıncılar bir kütle halinde ilerliyorlardı. Bundan, bu biçim akıştan dolayı da gerçekten bir dolu bulutunu andırıyorlardı.

Bozazis ordusu cinlerden, perilerden, büyücülerden, afsuncular dan yardım görüp de tabiat dışı tertipler de alsa şu gelişi kolaylıkla durduramazdı. Kürenin böğründen fırlamışa benzeyen bu atlara binmiş gülle, bu kütleleşmiş akıncı alayı ilk çarptığı yeri - insan kümesi değil, kale duvarı olsa - mutlaka yıkacaktı.

Misel Silâci ile Greguvar Labatan, bütün telâşlarına rağmen bunu sezmişlerdi, akıncıların ilk sadmesine uğramamak için yana çekilmişlerdi, askerlerine de onların gelmeleriyle beraber açılmaları ve kendilerini ortaya alıp çevirmelerini emretmişlerdi. Bu, belki iyi bir fikirdi. Lâkin kasırgayı çevirmek, bulutu çembere koymak, dalgayı avuç içine almak mümkün değildi. Akıncıları ortalayıp sarmayı düşünenler işte bu imkânı olmayan şeyi yapmak istiyorlardı.

Nitekim o kasırga, o bulut kümesi, o çelik dalga yerin göğsünü dese dese yürüyüp de Misel Silâci ordusunun ta göbeğine çatınca bu düşüncenin yersizliği belli oluverdi. Akıncıları çember içine koymanın ancak bir kuruntu olduğu anlaşıldı. Çünkü düşman içine giren Türkler, kurt sürüsüne çatan aslanlar gibi davranıyorlardı, dayanılmaz saldırışlarla kırıyorlar, koparıyorlar ve... mahvediyorlardı.

Şarkın büyük şairi Firdevsi, bizim görüşümüze ve bilişimize göre, savaş sahnelerini yeryüzünde en iyi tasvir eden sanatkârdır. Bu buketi ona veren Türkleri yalandan tanımış olmak ve Hindistanı hallaç pamuğuna çeviren, filleri atlara çiğneten Gazneliler arasında yaşamış bulunmak bahtiyarlığıdır. O, -başkalarını kastederek olsa bile şüphe yok ki savaşlarını gözüyle gördüğü Türk kahramanlarından ilham alarak yazdığı bir şiirde- atlıların yerden çıkardıkları toz yüzünden yerin altı tabaka, göğün ise sekiz tabaka olduğunu söyler. Bizim akıncılar yerin ve göğün yedişer kat olduğuna inanmazlardı. Ve yürüyüş sırasında yerden bir tabaka alıp göğe kalmazlardı, belki yerle göğü birleştiriyorlarmış gibi görünürlerdi.

Yine Firdevsi bir savaş sahnesi tasvir ederken kahramanların düşman leşkerini birden sararak onların kılıçla kafalarım kestiklerini, hançerle göğüslerini yırttıklarını, gürzle ayaklarını kırdıklarını, kementle ellerini bağladıklarım -ebedi mucize sayılacak belâgatle- anlatır. Bozazis ordugâhına bir küme yıldırım gibi saldıran akıncılar, Firdevsi'nin de hünerver ruhunu heyecana düşürecek cesur bir belâgatle yepyeni bir hamaset destanı yazıyorlardı. Onların kalemi pala, mürekkebi kan ve kâğıtları tarihin alnı idi.

Savaş işte bu kadar yamandı ve gerçekten tarihin alnında bir satır olacak değerdeydi. Her akıncı, silâh taşır bir aslan gibi kükreye kükre ye dolaşıyor ve yakaladığı adamı ya bir tarafa fırlatıp hurdahaş ediyordu yahut palasının bir darbesiyle hayattan uzaklaştırıp bırakıyordu.

İlkin Türkler ve düşmanları boğuşuyorlar gibi görünmüyordu. Kılıçların çarpışmasından, boğaz boğaza gelenlerin homurdanışlarından, atların birbirini kişneye kişneye göğüslenmesinden pırıltılı ve uğultulu bir kargaşalık yüz gösteriyordu. O sırada her akıncının on, on beş düşman arasında ata binmiş bir şimşek gibi tasvir olunmaz saldırışlar, atılışlar içinde görünüp kaybolduğu ve her görünüşünde etrafını saranlardan birinin kesildiği sık sık tesadüf olunan sahnelerdendi. Bir-iki saat sonra durum değişti, savaş ava döndü. Artık akıncılara saldıran yoktu, birçok ölü veren düşmanın sinmesi, acze düşmesi ve can kurtarmak kaygısının iliklere işlemesi yüzünden dağılış ve kaçış devri açılmıştı. Düşman kurtulmak, akıncılar da o kaçış boğmak hırsıyla hareket ediyorlardı ve bundan bir av manzarası vücuda geliyordu.

Av, Bozazis'te ordu kurup akıncıları pusuya düşürmek isteyenlerdi. Avcı, düşmanı kanlı bir saldırışla çarçabuk sindirmiş olan akıncılardı. Fakat doğrusunu söylemek lâzım gelirse sahnenin bu kısmında tat yoktu. Çünkü her düşman neferi, başına kalkan palaya karşı diz çöküyordu, ağlaya ağlaya aman diliyordu.

O vakit ölüm müjdeler gibi görünen pala iniyor ve neşesini kay beden akıncı, eyerin üstünden eğilerek düşmanı ipe sarmak zahmetine katlanıyordu. Çok defa düşman askeri, elini ve ayağını bağlayacak ipi, kendi belinden çözüp artık efendisi demek olan akıncıya uzatıyordu.

Bu yalvarışlar, aman dileyişler ve bağlanışlar yüzünden ölüler arasında yine ölü gibi hareketsiz kümeler de peyda olmuştu. Bunlar savaş sonunda toplanacak tutsaklardı, yattıkları yerde canlarını kurtardıklarından uzanan ölüleri de ahmak sayıp kendi kendilerine zekâ tacı giyiniyorlardı!

Bununla beraber savaş henüz bitmiş değildi. Akıncılar, Bozaziste kendilerini bekleyen şu orduyu ya son nefese kadar yok etmek, yahut takımıyla yakalamak ülküsünü taşıyorlardı, İskender Bey hücum emrini verirken bu amacı da yoldaşlarına göstermişti. Ondan dolayı akıncılar, sağı solu kollayarak, tek bir düşmanın kaçmasına meydan vermiyorlardı, yalvaranları bağlayarak, silâha davranmak isteyenleri çarçabuk haklayarak savaş yerini duyan, gören, sezen birer yıldırım hızıyla dönüp dolaşıyorlardı.

Bu kanlı dolaşmalar arasında, en çok göze çarpan Mustafa oluyordu. Onun Hünkâr tavlasından çıkma atı çok yüğrük ve çok terbiyeliydi. Mustafa da o gün canlı bir neşe kesilmişti. Yine Hünkâr armağanı olan palasını fırıl fırıl döndürerek düşman arasında yaman çarklar yapıyordu. Hücuma giriştiğinden beri o dokuz kelle, dokuz kol, dokuz bacak uçurmuştu. Bu işleri yaparken boyuna gülüyor ve üzerine saldıracağı düşmana önceden ne yapacağını güle güle haber veriyordu:

Dayan çelebi, kelle gidiyor!

Dayan dostum, kolun uçuyor!

Dayan babayiğit, bacağın düşüyor!...

Ve dediğini yapmakta şaşırdığı yoktu, pala onun elinde uysal bir köleye benzemişti, ne denilirse onu yerine getiriyordu.

Yanında sevgilisi yoktu, o kadını terkisinde gezdirirken Meryem'in kucağında İsa'yı gösteren tablolar kadar ince bir güzelliğine bürünen delikanlı savaş yerinde Maryasız dolaşırken ilk ava çıkan bir aslan yavrusuna benziyordu, bambaşka bir güzellik belirtiyordu. O yoldaşlarına bile sezdirmeden Bozazisten birkaç bin adım geride ve bir kayanın dibinde bıraktığı sevgilisinden ayrılırken şu sözleri söylemişti:

- Kartal yuvasında serçe ne ise savaş yerinde kadın da odur, çabuk parçalanır. Onun için sen burada kal. İşimizi bitirir bitirmez ben gelirim, seni alırım. Kadın ağlar gibi davrandı ve inledi:

- Gelmezsen, gelemezsen?

- O vakit atına binersin ilk önüne gelen şehre girersin, oraya hükmeden adamı bulursun, şu kağıdı verirsin. İstanbul'a gitmek istediğini söylersin. Türk, Sırb, Macar, Ulah, Hırvat, Boşnak olsun, o adam seni incitmeden amcan oğlunun yanına yollar, Orada benden bir selâm sarkıtırsın, yan gelir yatarsın.

Ona verdiği kâğıt, Fatihin vaktiyle yazıp ta o güne kadar, koynun da taşıdığı açık buyrultu idi. Kız, bir muska gibi eline tutuşturulan kâğıdı almakla beraber gene inlemişti:

- Ben sensiz niderim yiğidim. Sen yüreğimsin, camımsın, cansız yaşar mıyım hiç?

Mustafa onun nemli gözlerini parmaklarının ucu ile sildi:

- Yüzde yüz, dedi gelirim. Çünkü akıncı kanı kolay tükenmez, canımız da çarçabuk çıkmaz. Bir akıncının öksesi için çok kişinin candan vazgeçmesi gerekir. Fakat savaş hali bu.

Olur ki dalgın bulunurum, kör bir kılıca kellemi kaptırırım.

Onun için helalleşmek doğrudur: Sen dediğimi unutma. Gelmezsem İstanbul'a git.

Ve Maryayı daha fazla söyletmedi, hızla kucakladı, bütün kemiklerini çıtırdata çırtırdata sıktı, atına atlayıp yürüdü, yoldaşlarına ulaştı ve savaşa girişti. Şimdi ne Maryayı, ne Davut'u düşünüyordu, hatta mukaddes hıncını da unutmuştu. Yalnız vurmak, kırmak, koparmak, parçalamak hırsıyla at koşturuyordu.

Bu çılgın dönüş arasında gözü, hayli uzakta, kılıç oynatan İskender Beye çarptı. Yiğit başbuğ, o can pazarı içinde bambaşka bir hey bet almıştı, dalgalı deniz ortasında bocalayan bir geminim orta direği gibi her şeyden üstün görünüyordu. Mustafa, bir an, onun yürekle re güven dağıtan bir bayrak gibi bütün gözleri kendinde toplayan yüksek endamına baktı ve sonra içten gelen bir iştiyakla atını mahmuzladı, ona doğru yürüdü. Kimi "aman bana kıyma" diye haykıran, kimi yüzükoyun yatarak yaklaşan ölümü ölü gibi görünmekle uzaklaştırmak isteyen düşman kümelerini çiğneye çiğneye ilerledi ve bir düşman atlısını tek bir vuruşta ikiye bölüp te bir başkasının üzerine saldırmak üzere bulunduğu sırada İskender Beyin yanışa yanaştı:

- Bey, diye haykırdı, eline yazık, onu bana bırak!

Pişkin bir savaş eri olan İskender Bey, genç bir bölükbaşının nasıl bir duygu ile bu haykırışı yaptığını sezmişti. Onun bir gösteri yapmak, kendini beğendirmek istediği sesindeki ahenkten belli idi. Bundan ötürü gülümsedi, ucundan kan sızan kılıcı ile ölüme mahkûm düşmanı göstererek cevap verdi:

- Haydi dediğin olsun. Bunu da sen hakla. Fakat iyi çalmazsan kulağını çekerim.

Mustafa gerçekten gösteri yapmak istiyordu. İskender Beyin tepeden uyluğa kadar inen vuruşuna imrenmişti, aynı biçimde bir kılıç çalışla başbuğdan aferin almak hevesine kapılmıştı. Beyin verdiği karşılık üzerine, hemen atıldı, kılıçlarının ucunda gezdirdikleri ölümü gülerek, şakalaşarak ileriye, geriye götüren can pazarında hüner yarışına çıkan bu iki yiğit Türkün o dakikadaki bakışları, duruşları ve at oynatışları gerçekten görülmeye değerdi.

İskender Beyin ölüme mahkûm ettiği düşman da korkudan ve şaşkınlıktan kaçmıyordu. Kendi hayatı üzerinde yapmak istenilen sınamayı seyre hazırlanmış gibi at üstünde dimdik duruyordu. Bu, ölüm korkusunun insanlar ve hayvanlar üzerinde belirttiği acı garibelerden bir örnektir. Kaplanın kovaladığı devekuşu kurtulamayacağını anlayınca başını kuma sokar, ensesinde soluyan ölüme karşı kendini kör ve sağır yapmaya savaşır. Avcının elinden uzaklaşamayacağını sezen ceylân, hemen dizüstü çöker, ağlamaya başlar. İskender'in Mustafa'ya devrettiği düşman atlısı da sersemleştiğinden boynunu gere gere duruyordu, bir devekuşu alıklığı ile ölümü bekliyordu.

Fakat Mustafa, Yeniçeri kışlalarında yapıldığı gibi keçeye kılıç sallayarak hüner göstermek istemedi. Gerçekten bir keçe gibi cansız duran düşmana biraz duygu, biraz hareket vermeye yeltendi:

- Babayiğit, dedi, hazır ol, geliyorum. Konuşan ölüm, o put gibi duran adamı sersemlikten kurtarmıştı. Denize düşenin yılana sarılmasını andıran bir telâşla kılıcına el atmıştı, çarpışmaya hazırlanıyordu. Genç Mustafa bu hareketten neşelendi, şen bir kahkaha savurarak atıldı, başı miğferli düşmana bir pala indirdi. Demir tulga ve baş ikiye ayrılmıştı, pala düşmanın ta boynuna kadar inmişti

İskender Bey, yalın kılıç attan yuvarlanan ve bir işe yaramayan silâhının yanı başına uzanan düşman cesedine şöyle bir baktı:

Fena değil Mustafa, dedi, bileğin sert. Fakat daha hamsın, olgunlaşmak için hayli kafa düşürmen gerek.

Bugün dokuz kelle, dokuz kol, dokuz barak uçurmuştum, şimdi devrilen kellelerin sayısı ona çıktı. Hâlâ ham mıyım Bey?

Başa vurulan kılıç, uyluğu bulmalı. Sen, boyuna gelip dayanıyorsun.

Ve Mustafa'nın cevabını beklemeden ileriyi, hayli kalabalık bir noktayı gösterdi:

- Miselle Labatan orada olacak. Bizim kurtlar küme küme o tarafa gidiyor. Haydi biz de gidelim. Son sınayışı orada yapalım.

Düşman kumandanlar gerçekten o kalabalık arasında bulunuyorlardı. Sağa ve sola kaçmak imkânı bulamayınca en seçme atlılarla bir cephe kurmuşlardı, kendilerini korumaya ve gün batınca da fırsat bulup kaçmaya karar vermişlerdi. Gözleri bir taraftan Türkleri, bir yandan da gökyüzünü gözlüyordu.

Yavaş yavaş batıya doğru ağan güneş, onlar için kurtuluş yolunu müjdeleyen göksel bir dil gibi idi. Gecenin yüz göstermesi ile beraber kaçacaklardı ve karanlığın koynunda can bulmaya savaşacaklardı. Lâkin akıncılar, dört yanlarını temizler temizlemez bu toplu küme üzerine saldırmaya başlamışlardı. Üçer beşer at sürüp geliyorlardı, canlarını dişlerine alarak gün batıncaya kadar ayakta kalmaya savaşın bu son düşman kütlesini parçalamaya savaşıyorlardı.

İskender Beyle Mustafa işte bu durumda, o cephenin zorlanma ya başlandığında yetişmişlerdi, bir ormana bırakılmış kendi yürür bir hızar makinesi gibi önlerine geleni doğramaya girişmişlerdi Başbuğlarını ve ünlü Kara Murat'ın kardeşini aralarında gören akıncılar da birden şevke geldiklerinden cephenin çökmesi bir zaman meselesi oluvermişti.

Misel Silâci ile Greguvar, dört yanlarında yüz gösteren sarsıntıdan akıbeti görüyorlardı. İkisi de boyuna güneşi gösteriyorlar ve boğulur gibi heyecanlanarak haykırıyorlardı:

- İşte güneş çekiliyor, gece geliyor. Biraz daha gayret. Karanlık basar basmaz kaçacağız!

Fakat güneş, şu Bozazis savaşının sonunu görmeden ufuktan çekilmek istemiyormuş gibi ağır yürüyordu, bir türlü batmıyordu. Halbuki akıncılar gittikçe çoğalan bir tazyikle cepheyi sarsıyorlardı, kelle uçurarak, kol kopararak adım adım ilerliyorlardı. Bir aralık nasıl oldu bilinmez, o çelikten hattın tam ortası yarıldı ve açılan aralıktan İskender Beyle Mustafa'nın içeriye doğru süzüldüğü görüldü. Geri saflar, palalarını ileri doğru uzatarak at koşturan bu iki silâhşora sanki saygı göstermek istiyorlarmış gibi kendilerinden açılıyorlardı, onları daha gerilere gitmekte serbest bırakıyorlardı. O ileri uzanan palalara göğüslerini değdirmemek, kellelerini kaptırmamak kaygısından doğan zincirleme, sıralama açılışlar, her iki Türkü -at başı beraber- Misel Silâci ile Greguvar Labata'nın yanına kadar götürmüştü.

Asil şövalyeler hâlâ güneşi kontrol ediyorlardı, günün batmasını bekleyip duruyorlardı. Bu sersem çırpınış içinde iki akıncının yanı-başlarında belirdiğini görünce batmasını bekledikleri güneşin iki dilim olup önlerine düştüğünü sanacak kadar şaşırdılar, dizginlere yapışarak kaçmak istediler. Lâkin arkalarında su, önlerinde akıncı vardı, kılıçtan kurtulurlarsa boğulacaklardı.

Boğulmak istemiyorlarsa kesilmeye razı olmak gerekti. Bu acı durumun nasıl derin bir uçuruma yakın ve bağlı olduğunu İskender beyin gür sesi belli etti. Yiğit akıncı başı Greguvar Labatan'ı Mustafa'ya göstererek emir veriyordu:

- Bunu sana bırakıyorum delikanlı. Fakat soyu sopu belli bir kişi zadedir. Uzun uzun can çekişmesini istemem. Bir vur, iyi vur!

İskender'in kılıcı Misel Silâci'nin başı üzerinde dönerken Mustafa'nın palası da Labata'nın tepesinde çark çeviriyordu.

Güneş, gerçek ten durmuş gibiydi. Yarı boyunu kızıl bir merak içinde batıdan uza tarak sahneye bakıyordu. Asil şövalyeler kurtuluş getirecek geceden önce ölüm getiren iki şimşeğin pırıltılı dönüşleri, kıvrılışları arasında- kendilerine birer yüzyıl kadar gelen - tizim bir ıstırap ve pişmanlık dakikası yaşadıktan sonra gündüzü olmayan ebedi bir gecenin kucağına düşmüşlerdi. İskender'in de, Mustafa'nın da silâhları, birbirine imrenmeyecek ve birbirinden üstün sayılmayacak bir eşitlikle vazifelerini yapmışlar, Türk'e pusu karmayı düşünen kafaları yapışık oldukları tenlerden ayırıp birer tarafa atmışlardı.

Onlar şimdi geri dönmek, yarıp geçtikleri düşman kümelerine atılmak istiyorlardı. Fakat bir iki bin ansızın kopan Yaşa! sesi böyle bir zahmete artık yer kalmadığını kendilerine öğretti Akmalar, bütün akıncılar -ayakta duran tek bir düşman bırakmayarak- İskender Bey'in etrafında çevrelenmiş ve onun Mustafa ile birlikte yaptığı kılıç oyununu seyre dalmış bulunuyorlardı. Mihaloğlu, tam bir zaferin şu iki bin canlı belgesini mesut bir bakışla kucakladıktan sonra gözlerini savaş alanına çevirdi, gamlı gamlı ölülere ve ölüler arasında kıvrılıp yatan tutsaklara baktı. Canlılar da cansızlar gibi yürek acındırıcı bir durumda bulunuyorlardı. Nefes aldıkları sezilmekle beraber çoğu kendi kuşağı ile bağlanmış olan bu zavallıların o bağlardan ölüm acısı duydukları apaçık görünüyordu fakat ölüler bambaşka bir levha, hüzünlü bir tablo teşkil ediyordu. Hiçbir fırça kılıcın, palanın ve akıncı bileğinin yarattığı bu sahneyi tasvir edemezdi Şurada bir baş, kendinin olmayan bir cesedin yanında sırıtıyordu, beride bir kol bir başı okşuyor ve ikiye bölünmüş vücutların ayrı düşmüş parçalarında ağlayan bir öksüzlük beliriyordu.

Ölüm burada, bu alanda büsbütün çirkinleşmişti ve her ölü, ha yattan mezara parçalanarak düşmekteki göz paralayıcı ahenksizliğe bir örnek veriyordu.

İskender Bey, küstahlaşan aczin şahlanmış kudret önünde aldığı şu acıklı durumu uzun uzun süzdükten sonra görenleri titreten bir heyecanla başından tolgasını çekip çıkardı, atından yere atlayıp diz çöktü, duyanları ürküten bir sesle haykırdı:

- Ey ulu Tanrı! Sen bilirsin ki bunları ben öldürmedim.

Onlar önüme çıktılar, ölüme çanak açtılar. Suç kendilerinin!

Pusuyu bozan başbuğ, pusuyu kuranlar için acı duyuyordu. Kendinin suçsuzluğunu haykırıyordu. Çünkü o, bir akıncı idi ve her akıncı gibi ayağını ısırmak isteyen azgın bir köpeğin dişlerini sökerken bile acı duyardı. Hâlbuki bu savaş böyle bir sonuç vermeyip de akıncılar yenilseydi, galipler hiç de böyle davranmayacaklardı, ölülerin üzerinde sofra kurup şarap içeceklerdi, dans çek çeklerdi. Türkün tarihte kazandığı bir üstünlük de işte budur, ölmemek için öldürdüğü insanlara candan acımasıdır.

İskender Bey'in, Tanrı'ya açtığı yürek akıncıların da göğsünde birer yiğit Türklerin hepsi içten gelen bir saygı ile ölüleri selâmladı ye tutsakların toplanması işine başlandı. Bu sırada Mustafa, İskender Bey'in yanına sokuldu:

- Bey, dedi, bir dileğim var.

O, yapılan toplanma işinden gözünü ayırmayarak cevap verdi:

- Söyle delikanlı, kulağım sende!

- Bana izin ver, biraz dolaşayım!

- Nereye gideceksin?

- Onu sormayın, söyleyemem. Tut ki havalandım, biraz oyalanmak istiyorum.

İskender Bey gülümsedi:

- Seni havalandıran terkide gezdirdiğin Laybahlı kız olsa gerek...Ve birden ciddileşti:

- Kadına inan olmaz delikanlı. Bugün okşayan kadın, yarın ısırır. Sen daha toysun, beyaz bir derinin altında ne kara yürekler saklandığını bilemezsin, görünüşe kapılırsın. Onun için öğüdümü iyi dinle: Gülü kokla fakat göğsünde taşıma... Hele akıncı göğsüne gül hiç yaraşmaz. Bizim eşimiz kılıç yoldaşımız attır. Avradı düşte görür gibi görmeliyiz ve unutmalıyız...

Mustafa, savaş sonundan beri gözbebeklerinde oynamaya başla yan Maryanın İskender Bey tarafından anılması üzerine kıpkırmızı kesilmişti, önüne bakıyordu. Fakat beyin sözü uzattığını görünce de yanamadı:

- Bunları, dedi, ben de biliyorum. Bileğime kadın saçı satacak kadar alık da değilim. Pala kullanan bilek, ipekten kelepçeye girmez lâkin büyücek bir işim var. Onu başarmak için izin istiyorum!

- İzin vermem demedim ki, söyleniyorsun, delikanlı. Bütün kış dilediğin yerde dolaş. Yalnız unutma ki sürüden ayrılan koyunu kurt kapar.

- Bu söz koyunlar için söylenmiş, bey. Ben akıncıyım, ne kurt tanırım, ne ayı...

- Haydi öyleyse, uğurlar olsun. Karlar erimeye başlar başlamaz başıboşluktan vazgeçmelisin, beni bulmalısın.

Delikanlı attan sıçradı, beyin elini öptü ve yine atlanarak dört nala oradan ayrıldı. Hem hayvanını sürüyor, hem alevli bir özlem içinde yanık yanık şarkı söylüyordu:

Kokladığım gülü yere atamam,
Şekerli aşa ben ağu katmam.
Uykusuz kalırım, onsuz yatamam,
Aç kollarını kız eşin geliyor!

Haykırdığı şarkının gıcıklayıcı anlamı gözlerinde bir panorama ve dudaklarında bir iştiha yaratıyordu. Ölüm pazarından henüz çıkan yorgun genç, o panoramayı seyrederken dinçleşiyor, çevikleşiyor, eyerden fırlayıp düşündüğü kucağa düşecek kadar ateşleniyordu. *"Aç kollarını"* derken gözünün önünde Marya'nın beyaz omuzlarından süzülüp doğan bir pamuk kucak beliriyordu ve bu beliriş onun dudaklarında gülümseyen iştihayı köpükler içinde bırakıyordu;

Bozazi'siye ikiüç bin adım uzakta bulunan cennet köşesine işte bu kuruntular ve bu iştahla ulaşmıştı. Sevgilisini görür görmez eğilmeyi, fidandan gül koparır gibi onu çekip kucağına yükseltmeyi, kana kana ve yana yana kokladıktan sonra rüzgârların okuduğu ninniler arasında uzun bir aşk rüyası yaşamayı tasarlıyordu. Savaş yorgunluğu, genç damarlarının taşıdığı coşkunluk hep bu rüya içinde eriyecek, durgunlaşacaktı.

Kayaya kadar olan yolu, kartalları imrendirecek bir hızla aşmıştı, yürek tası içinde sunulacak aşk yemini beklediğine inan beslediği güvercinin günlük yuvası belirince gözlerini kapamıştı, biraz sonra başlayacak rüyanın plânını çizmek istiyordu. Atın kayaya vardığını sezer sezmez gözlerine kızıl bir iştiyak işleyen alevli bir heyecanla haykırdı:

- İşte geldim Meryem, ölmedim, geldim.

Gülü çekip göğsüne iliştirmek, yürek kâsesinden aşk yemi bekle yen güvercini yakalayıp koynuna sokmak için kolunu uzattı. Bu kol da, rüya arayan bir kalbin bütün özlemi uzanıyordu, hakkını isteyen bir gençliğin bütün neşesi kıvranıyordu, eşini araştıran bir ruhun sabırsızlığı görünüyordu.

Fakat bu kolu karşılayan kaya oldu: Kör, sağır ve dilsiz bir kaya!.. Orada ne can vardı, ne canan. Ne gül vardı, ne fidan, ne güvercin vardı, ne ceylân... Bu kadar iştiyakla eşiğine koşulan cennet köşesinin düşünen bütün güzellikleri de uçup gitmişti. Cennet, genç aşığa artık çirkin görünüyordu.

Mustafa, aradığını, bulamayan kolunu geri çekemeyecek kadar sersemleşmişti. Sevgilisinin, beklemekten usanarak şu kayanın böğrüne girdiğini sanıyordu ve o aziz vücuda yataklık eden bu böğrü açmak, Meryem'ini uykudan uyandırmak ihtiyacıyla yanıp tutuşuyordu. Lâkin bu ihtiyacın sersemlikten doğmuş bir duygu bozukluğu olduğunu sezinlemekte gecikmedi, cayır cayır yanan ellerini, önündeki kaya kadar, ağırlaşan başına götürdü, düşünmeye daldı.

Meryem, onun Meryem'i nereye gitmişti ve nereye gidebilirdi? Genç akıncı bütün düşüncesini toplayarak bu soruya bir karşılık arıyordu fakat bulamıyordu. Kız, yoktu. İzi de yoktu. Kafesten uçan bir kuş gibi o da yolunu belli etmeyerek kaybolup gitmişti. İşte görünen, üzerinde durulabilen hakikat buydu ve bu hakikati söyleyip de bir şey öğrenmek mümkün değildi.

Mustafa, parçalanan hülyalarının kırıkları arasında sönen iştahının dudaklarında bıraktığı acı kuruluğu ısıra ısıra uzun bir zaman düşündü. Meryem'in, o Marya'yı hep böyle sanıyordu kendine candan bağlı olduğuna inana vardı. Bu yüzden içendi dileğiyle oradan savuştuğuna inanamıyordu. Yarım saat ötede kanlı bir savaş yapılırken bu kaya önünde -kız kaçırabilecek kadar cesur- insanların geçmiş olmasını ise mümkün görmüyordu. Yanında bir de at bulunan Meryem, kayaya doğru gelen şüpheli insanlardan kendini kurtarmakta güçlük çekmeyebilirdi. Çünkü adanıp da Bozasi'ye doğru yollanmaya başlayınca, kim oldukları ve nereden çıktıkları bilinmeyen, kadın hırsızlarının onu kovalamalarına imkân yoktu. Hangi babayiğit, binlerce zırhlı, tolgalı pusu erlerini kıtır kıtır doğramakta olan akıncıların kucağına atılmayı göze alırda? Mustafa, yalnız bu noktaları düşünerek zihninde çıkmaza düşmüyordu. "Ben akıncı malıyım" demek hakkım taşıyan bir kadına şu topraklar üzerinde değme erkeğin el uzatamayacağına da inanç beslediği için Maryanın kayboluşunu büsbütün inanılmaz bir hâdise sanmaya başlıyordu.

Ara sıra kafasında uğursuz bir soru da kıvrılıyordu: Kız, kendiliğinden kaçınış olmasın?... Bu soru ağır sarsıntılar içinde kalan kafasında belirir belirmez genç akıncının benzi soluklaşıyor, soluğu keskinleşiyor ve damarları altüst oluyordu. Aynı zamanda İskender Beyin biraz önce gülerek söylediği sözler kulağında çınlıyordu. Kadına inan olmaz diyen başbuğun doğru konuştuğunu şu olay ile anlamak Mustafa'nın gücüne gidiyor, içine dayanılmaz bir ateş döküyordu.

Fakat böyle bir aldatışa ve aldanışa yer vermemekte gecikmiyordu. Kendine bakarken gözleri tutuşan, dudakları tutuşan, yüreği tutuşan şu kadının yalana olabileceğine, ilk fırsatla savuşacağına bir türlü inanamıyordu.. Hele onun tanımadığı, bilmediği bir yerde başını alıp savuşmasını pek manasız buluyordu.

Delikanlının durumu, boşa koyup dolduramamak, doluya koyup aldıramamak sözünün canlı bir örneği gibiydi. İşin gerçeğini sezemiyordu, ne yapacağını kestiremiyordu, gamlı gamlı düşünüp duruyordu.

Bu, herhangi bir genç aşığın böyle bir durumda alacağı tutumdu. Lâkin âşık Mustafa'nın bir de akma tarafı vardı. Yavaş yavaş o taraf kımıldamaya başlamıştı, şaşıran âşık adamın yerinde şaşırmak bilmeyen akıncının ruhu belirir oldu ve durum da değişti. Şimdi Mustafa sevgilisi kaybolan bir âşık gibi değil, elinden en değerli tutsağı alınan veya çalınan bir akıncı gibi düşünüyordu.

Böyle bir küstahlıkla karşılaşan akıncıların yapacağı şey gayet sadeydi: Hırsızı kovalamak, bulmak, ezmek ve çalman nesneyi geri almak!...

Genç akıncı da buna karar verdi, bir cennet köşesi sayarak ve sanarak koşa koşa dibine ulaştığı kayanın yanını yönünü bir kere dönüp dolaştıktan sonra attan yere atladı, izleri gözden geçirmeye koyuldu. Marya'nın oturduğu, hatta uzanıp yattığı yerleri, sanki onunla berabermiş gibi aldanmayan bir görüşle ölçüyordu. Kadının yanındaki hayvanın durduğu, dolaştığı, eşindiği noktaları birer birer buluyordu. Bu inceleme sonunda Marya'nın ve hayvanın kaya dibinde bir iki saat kaldıklarını anladı. İlk izler böyle bir kanaat verecek biçimde idi. Sonra kadının minimini ayağından toprakta kalan hatıralar, kargaşalık sezdiriyordu. Atın izleri de birden değişiyordu, bir telaş devresi gösteriyordu.

Mustafa, toprağa yazılmış karışık ibareli bir kitap okur gibi izleri ayrı ayrı gözden geçirdi, çözümledi ve şu sonuca vardı:

- Meryem, bağdaş kurup oturuyordu, düşüne düşüne bekliyordu, ara sıra dirseğini yere dayayıp uzanıyordu, yine düşüncelerine dalıyordu. Gün batıdan doğru üç atlı geldi, kızı ve atı yakalamak istedi. Fakat at tutulmadı, savuştu. O üç atlıdan biri kızı saçlarından tutup sürükledi, zorla terkiye aldı, gün doğuya götürdü.

Bu kanaati edinmek için toprak üstünde birçok belgeler görmüştü. Söz gelimi Marya'nın sürüklenişini, ancak diz kapaklarının yapabileceği izlerden ve onun terkiye alındığını o izlerin bittiği yerdeki at ayağı nişaneleriyle incecik parmak uçlarının toprakta beliren resminden anlıyordu. Şurada burada birkaç tel saç da bulmuştu. Bunlar zavallı kadının nasıl insafsızca sürüklendiğini belli ediyordum. Hırsızların tuttuğu yol ise apaçık görünüyordu. Atların ayakları âdeta hendesi bir düzenle bu yolu çizmişlerdi, Mustafa'ya gösteriyorlardı.

Delikanlı incelemesini bitirince ayağa kalktı, derin derili içini çekti, kolunu atının boynuna dayayarak bir düşünce devresi geçir meye koyuldu. Oraya sevgilisini bulmak, uzun bir aşk rüyası yaşamak ve uyandıktan sonra onunla Belgrat'a doğru gitmek içinden gelmişti. Çünkü Belgrat yalanda ve Kazıklı Voyvoda -Macar Kralı'nın mahpusu olarak- bu şehirde bulunuyordu. Şimdi sevgilisi kaçırılmıştı ve durum nazikleşmişti. Mukaddes hınca uyup Belgrat'a mı gitmeliydi, yoksa çalman sevgilinin ardına mı düşmeliydi?

Mustafa, ıstıraplı düşünceler sonunda Belgrat yolculuğunu şimdilik geri bırakmak kararını aldı. Marya'yı kaçırmak suretiyle kendi erkeklik şerefini silenlerin ellerini kırmak ve o sillenin ruhunda kanayan izini o kırık ellerden sızacak kanla yıkamak kendine erteye bırakılmaz bir vazife görünmüştü.

167

KAZIKLI VOYVODA'NIN ÖLÜMÜ

Bozazis'te toplanan pusu ordusu, Belgrat halkının yüreklerini ağızlarına getirmişti. İkinci Murat'la Fatih'in yaptığı kuşatmalardan kurtulmuş olmakla beraber Belgrat o imtihan günlerinin ağırlığını unutmuş değildi. Belgrat bir yana dursun, yirmi dört mil uzakta bulunan Segedin bile kuşatılmanın hâtıralarını hâlâ böğründe taşıyordu. Çünkü üç yüz Türk topundan Belgrat'a dökülen velvele, Segedin'de de zelzeleler yaratmıştı, o şehir halkını da korku içinde bırakmıştı.

Şimdi Belgrat'ın yanı başında Türklere pusu kurulması o şehirde oturanlar için yeni bir kâbusun doğum müjdesi gibi bir şeydi. Son kuşatmalardan onları kurtaran Hunyad'la Papaz Juvans Kapistrano idi. Hâlbuki Türkler çekildikten sonra Hunyad aldığı yaradan, Kapistrano da -galiba yüreğinden bir türlü silinemeyen Türk korkusundan- can verip gitmişlerdi. Ne Hunyad, ne de azizler sırasına geçirilerek her yılın 6 Ağustos'unda yortusu yapılan Kapistrano, yerlerinden kalkıp da Belgrat'ın yardımına koşamazdı. O halde Bozaziste yüz gösterecek yangından bir kıvılcımın Belgrat'a sıçramasıyla beliriverceğinde şüphe olmayan felâketi kim karşılayabilirdi?

Pusunun ters bir sonuç vermesi ihtimalini düşünerek telâşa düşen Belgrad halkı, büyüğünden küçüğüne kadar, iş ve güçlerini bırakmışlardı, İstihkâmlara üşüşmüşlerdi. Hatta çoğu orada uyuyordu, topların ve yüksek duvarların yanında yatmakta bir çeşit emniyet seziliyordu. Genel korku, alışverişleri durdurduğu gibi resmi hayatı da felce uğratmıştı. Vali de, kumandan da yerlerinde ve evlerinde oturmuyorlardı, kale duvarları içinde yaşıyorlardı. Bu arada Eflâk Voyvodası Drakula'yı bekleyenler dahi kalabalığa uymuş bulunuyorlardı, değeri pek yüksek sayılan azılı mahpusu kilit altında bırakarak istihkâmlara koşmuşlardı. Kafes gözcüsüzdü ve kurdun bu durumdan istifade etmek istemesi gayet tabii idi.

Drakula çoktan beri kaçmak plânı çizip duruyordu. Kendini seven birçok adamlar sık sık Belgrat'a gelerek o plânın gerçekleşme sine çalışıyorlardı. Hatta Belgrad dışında bir menzil hattı bile kurul muştu. Üçer, beşer saat ara ile köylerde atlar hazırdı, seyisler emir ve işaret bekliyordu. İş kafesin kapısını açacak eli satın almaya kalmış gibiydi. Bu da yapılırsa Drakul'un Belgrat'tan uzaklaşması, kovalanıp tutulmak kaygısına kapılmadan her menzilde at ve uşak değiştirip Eflâk'a kadar yol alması mümkün oluverecekti.

Son günlerde iki boyar, gezginci tecimen kılığında Belgrat'a gelmişlerdi, öteden beri ustalıkla çizilmiş bulunan yollardan yürüyerek Drakula temas ediyorlardı. Gerçi bunlar da henüz kafesi açacak eli seçememişlerdi, satın alamamışlardı. Lâkin bol para dökerek bu amaca ermeye savaşıyorlardı. İşte o sırada Bozazis'te bir ordu toplanmak meselesi yüz gösterdi, Belgrat'ta da düzen bozuldu ve bütün iradeler, pusu yerine dikilen gözlerde birikti. Artık şehre ve şehirde kalanlara bakan yok gibiydi.

Drakula'nın adamları ta durumun kendi düşüncelerine ne derece uygun düştüğünü çarçabuk kavramışlardı, geceli, gündüzlü didinip duruyorlardı. Voyvodanın kendisi de heyecan içindeydi, gözcüsüz bırakılan zindan kapısını tekmeleyip savulmak hırsı içinde kıvrım kıvrım kıvranıyordu. Bununla beraber o ve adamları soğukkanlılıklarını koruyorlardı. Herhangi bir uğursuz tesadüfe çarpılarak emellerinden mahrum kalmamak için çok hesaplı davranıyorlardı. Nihayet son karar verildi, Bozazis'te çarpışılmaya başlanıldığı gün zindandan kaçmak kendi aralarında onaylandı.

O gün, kendilerinin de ummadığı bir hızla gelip çattı, Türklerin Bozazis istikametine daldıkları - köyden köye uçurulan haberlerle -Belgradda duyuldu ve iki üç haftadan beri sürüp giden telâş, genel korku biçimine girdi, önce de söylediğimiz üzere Bclgradia Bozazis arasında kırk kilometre kadar bir yol vardır. Orada yapılan bir çarpışmanın ne sesi Belgrat'a gelebilirdi, ne tozu. Lâkin şehir halkı, pusunun suya düşmesi Misel Silâci ordusunun ezilmesi halinde akıncıların bir iki saat içinde Belgrat'a ulaşacaklarını hesaplayarak istihkâmlardan ayrılmıyorlardı, toplara sarılarak bu düşüncelerden hücuma karşı korumaya hazırlanıyorlardı.

Drakula'nın adamları bu durumdan istifade etmeyi başardılar, yanı yönü boş olan zindana yanaştılar, güpegündüz ip merdiven kurup Kazıklı Voyvodayı çıkardılar, yanlarında bulundurdukları güzel bir ata bindirdiler, şehrin yine boş bırakılmış bir köşesinden kıra fırladılar ve Eflâk'a doğru yol almaya başladılar.

Onların yürüyüş istikameti yanlamadan Bozazis'le Belgrad arasında düşüyordu, oradan sağa döneceklerdi, yalnız kendilerince bilinen menzillere uğraya uğraya yurtlarına ulaşmaya savaşacaklardı. Tutulan bu yol kendilerini Maryanın akında beklediği kayaya götürdü. Sağda ve solda, yukarıda ve aşağıda in yoktu, cin yoktu. Bütün o mıntıka, Bozazis'te kopan fırtına yüzünden derin bir ıssızlığa bürünmüştü.

Korku, telaş ve bütün durum, şu üç kişilik kafilenin, önlerine çıkan kadına yan gözle bile bakmalarını, oradan, hızla geçmelerini gerektiriyordu lâkin Drakula'nın yaratılışı başkaydı. O, adam kazıklatmak kadar kadın oynatmaktan da hoşlanırdı.

Kan kokusundan kadın zevki ve kadın saçından kan hazzı alırdı. Çoktan beri ne kan dökebilmişti, ne kadın yüzü görmüştü. Voyvodalığı kaybetmekten daha ziyade bu yoksuzluk gücüne gidiyordu. İçine atıldığı zindanda kendine ekmek yerine her gün, kazıklanmış bir adamdan alınma bir avuç kan verilseydi ve yine her gün yanına oynatılacak bir kadın sokulsaydı, mahpusluktan hiç de acı duymayacak, şikayet etmeyecekti. Hürriyete kavuşur kavuşmaz ilk düşündüğü şey de kan ve kadın olmuştu. Dörtnala koşturduğu atın üzerinde burnunu sağa sola çeviriyordu, kan ve kadın kokusu arıyordu.

İşte bu sefil özlem, bu vahşi tahassür kafiledeki durmadan koşmak, oralardan çabuk uzaklaşmak düşüncesini ezdi, atların hızım durdurdu. Kazıklı Voyvoda, çalı dibinde tavşan olduğunu sezen aç bir tazı hızıyla hemen kayaya yöneldi, gözleri alevlene alevlene kadını süzdü:

- O, dedi, ne de güzel. Ben böyle bir kadın için Eflâk tahtını bir kere daha feda etmekten çekinmem.

Ve onun kim olduğunu sormadan kolunu uzattı, yakalayıp kucağına almak istedi. Drakul, Türk süvarilerinin en hızlı yürüyüş sırasında at üstüne adam aldıklarını, yerden de diledikleri şeyi kaldırıp götürdüklerini çok görmüştü. Kendinin de aynı becerikliliği göstereceğinde şüphe etmiyordu. Fakat kaya dibinde bir tavşan gibi büzülüp duran kadın, murdar bir ip gibi üstüne doğru uzanan kolu görür görmez hırçın bir ceylân hızıyla fırladı, uzaklaştı. Aynı zamanda onun başıboş duran atı da kurt gören bir çoban köpeği titizliği ile homurdanmaya, şahlanmaya, başladı. At, insanları imrendirecek kadar kes kin bir duygu ile hareket ediyordu, Voyvodanın kadına yaklaşmasına engel olmak istiyordu. Drakula bunu anladı yanındakilere haykırdı:

- Şu uğursuzu kamçılayın, kaçırtın!

Hayvan, yüzüne, gözüne indirilen kırbaçların acısı ile gamlı gamlı kişnedikten sonra orada durmadı, bir facianın şahidi olmak tan veya yabancıların boyunduruğu altına girmekten çekiniyormuş gibi davrandı, başını alıp savuştu. Hem koşuyor, hem ara sıra başını çevirerek kaya dibinde kalanlara bakıyordu. Bu bakışta neler, ne engin anlamlar vardı! Hayvan, küçük çapta olsun taç giymiş insanların kimsesiz kadınlara saldırışını mı ayıplıyordu, parçalanmak istenilen bir genç kız şerefine mi ağlıyordu. Maryayı orada tek başına bırakan Mustafa'nın bu gafletine mi kızmıyordu? Bunlar ve bunlara benzer birçok şeyler o geri dönen başa takılı bir çift gözde belirip duruyordu.

Fakat facia devam ediyordu, kaya dibinde şuraya buraya savuşmak isteyen Marya, henüz kanatlanmamış bir güvercin acziyle kısa bir çırpmış gösterebildi, çarçabuk yoruldu ve yakalandı. Şimdi akıncı Mustafa'nın tahmin ettiği sahne belirtmişti. Kızı yerden kolaylıkla kaldıramayan, atını da ustaca idare edemeyen Voyvoda, güzel avını yürüyen atın ardında sürüklüyordu. Marya bu sürünüşe ve tel tel yolunan saçlarının acısına daha fazla dayanamadı, inledi:

- Yapmayın, günahtır; dizlerim paralandı.

Bu sözleri, nedendir bilinmez, Türkçe söylemişti. Onun böyle Türkçe inlemesi Drakula'yı yepyeni bir heyecana düşürdü. O, hiç de tanımadığı bir yerde önüne genç ve güzel bir kadının çıkmasıyla iliğine kadar ihtirasa bulanmıştı. Şimdi bu ihtiras vahşi bir biçim alıyordu, herifin bütün benliğini sarıyordu. Kızın Türkçe konuşmasından doğan bu iç durumuyla o, yeni kazılmış bir mezar önünde geviş getiren sırtlanları andırıyordu, gözleri kızıl bir iştiha içinde yanarak, ağzının bir ucundan salyalar akarak bağırıyordu:

- Bir Türk hızı ha... Ne talih ne talih!..

Maryanın saçlarını artık bırakmıştı, derin ve vahşi bir hazla, onun korkudan beyazlaşan gül yüzünü seyrediyordu. O, vaktiyle Gelibolu'da ve Kütahya mıntıkasındaki gözde mahpusken iyi Türkçe öğrenmişti. Maryaya soruyordu:

- Sen Türksün, öyle mi, burada ne arıyorsun? Tutsaktın da kaçtın mı, nedir, söyle bakayım?..

Ağır ıstıraplar geçirmekte olan kız, Türk'e hiç benzemeyen bu sırtlan bakışlı adamın Türkçe konuşmasından biraz teselli buldu:

- Ben, dedi, akıncı Mustafa Beyin malıyım. Burada onu bekliyorum...

Vilad, pis pis güldü:

- Öyleyse daha çok bekleyeceksin yavrum. Anlaşılıyor ki efendin olan akıncı, seni burada bırakıp Bozazis'e dövüşe gitmişti. Orada kafası kesilmezse bile buraya bağlı ümitleri kesilecek. Çünkü seni ben götüreceğim.

Bu sözler Maryayı saçlarından tutup süründürülmekten daha derin bir acı verdi. Şimdi saçları değil, ruhu acıyordu. Bundan dolayı bir göğe, bir yere baktı ve sonunda gözlerini Mustafanın belireceği yöne çevirdi, hiçbir yanda bir ışık ve bir ses göremeyince başını göğsüne eğdi, ağlamaya koyuldu.

Vilad, kendi atının ayakları dibinde dökülen bu yaşlardan vahşi bir serinlik duyuyordu, göğsünü kabartarak hazzına kubbeler işliyordu. Fakat arkadaşları endişe içinde bulunuyorlardı. Bir kadın yüzünden orada uzun boylu oyalanmayı tehlikeli görüyorlardı. Belgrat'tan artlarına düşülmesi ihtimali vardı, şu kadının sahibi olan akıncının ansızın gelivermesi mümkündü, bunlar olmasa da bin bir ihtiyatla aşmaya mecbur oldukları uzun bir yolu sırtlarında bir de kadın olarak geçmek kendilerine pek zor geliyordu.

Bundan ötürü aralarında kaş göz işaretiyle bir anlaşma yaptıktan sonra içlerinden biri düşüncelerini söyledi:

- Asaletmeab, geç kalıyoruz, belki menzile vaktinde yetişemeyiz. Bir kadın yüzünden tehlikeye düşmeyelim.

Voyvodanın buna verdiği karşılık korkunç bir bakıştan ibaret kaldı. Eflâkta olduğu gibi burada da, o kimseden öğüt almaya tenezzül etmiyordu ve işine karışanları ölümle korkutmaktan çekinmeyecek kadar sert bir irade taşıyordu. Boyar, hemen kazıklanacakmış gibi ürktü ve sustu. Voyvoda da Maryaya döndü: Maryanın gözleri bir daha Bozazise giden yola çevrildi. Bu son bir ümit, son bir bekleyiş, son bir arayıştı. Oradan yine bir şey belirmeyince iki elini birleştirdi, dizüstü çöktü, Drakula'nın üzengisini öpmeye, yalvarmaya hazırlandı. Fakat üzengiye uzanan solgun dudaklar demire yapışmadan bir tebessüm oldu ve yakarış için birleşen eller birden ayrıldı, koynuna girdi. Marya sevgilisinin kendine verdiği kâğıdı hatırlamıştı, her güçlüğü yenecek efsunlu bir muska olduğunu Mustafa'dan duyduğu bu kâğıdı Voyvodaya vererek kendini kurtarmayı düşünüyordu.

Kız düşündüğü şeyi yaptı, Fatihin buyrultusunu çıkararak Drakula'ya sundu. O, hırsına kurban etmek istediği güzel

mahlûkun ansızın elini koyununa soktuğunu belki de gör-
memişti, lâkin kızım bir kâğıt uzattığını görünce belinledi:

- Bu ne, dedi muska mı? Yoksa cebinde hazırlanmış ar-
zuhal mı var?

Bununla beraber aldı, yine Gelibolu ve Eğri göz günle-
rinde şöyle böyle elde ettiği bilgi yardımıyla okudu. Gözüne
inanamayacağı geliyordu. Osmanlı hükümdarının dost, düş-
man bütün beylere, krallara, imparatorlara yazdığı şu açık ihti-
mas kâğıdı ona -ihtiraslarını bile unutturacak bir kertede- şaş-
kınlık vermişti. Bundan ötürü bıyığını, sakalını karıştırarak,
buyrultuyu bir daha ve bir daha okudu, sonra kâğıdı dikkatle
büktü, koynuna soktu:

- Kız, dedi, sen bir bilmece oldun, yamanlaştın. Taşıdığın
sırrı mutlaka çözmeliyim. Haydi gel terkime!

Marya, o kâğıdın da umulan tesiri yapmadığını görünce
gözlerini kapamıştı, her şeye boyun eğmeye hazırlanmıştı. O
sırada, kim olduğunu henüz bilmediği adamın yeni baştan saç-
larını yakaladığını sezdi, tepeden tırnağa kadar titredi. Yine
karşı koymaya kudreti yok tu, gösterilen yere yükselmek de
elinden gelmiyordu. İşte bu durum da Drakula eğildi, iki kolu
ile onu belinden yakaladı, zorla kaldırdı, kucağına yatırdı ve
atını mahmuzlayıp yola çıktı. Marya, bu kaldırış sırasında ba-
yılmıştı, uzandığı yerde hareketsiz yatıyordu.

Tahtına kavuşmak için tehlikeli bir yolculuğa atılan Voy-
voda, şimdi amacını unutmuştu, kucağındaki güzel mahlûktan
alacağı nazları düşünüyordu. Ara sıra, iradesini eriten bu dü-
şünceyi bırakıp koynundaki kâğıdı çıkarıyordu. Her kelimeyi
tartarak uzun uzun süzüyordu. Fatihin, kimi iltimas ve tav-
siye ettiğini bildirmeden yazdığı bu kâğıt, onun zihninde
birçok ihtimallere yol açmakla beraber ke sin bir hüküm

175

veremiyordu. Ara sıra onun uydurma bir şey olduğuna inanmak istiyordu fakat o imzayı, hatta o ifadeyi bir kadının taklit etmesini mümkün göremeyerek yine tahminlere girişiyordu.

Uyur gibi görünen kadın da o önemli kâğıt kadar onu meşgul ediyordu, ömründe düzinelerle kadın görmüş olan Voyvoda, daha ilk görüşte Marya'nın seçkin bir güzel olduğunu anlamıştı. Kızı at üstüne aldıktan sonra bu anlayışının pek yerinde olduğunu görmekte gecikmedi. Hırpalanmasına rağmen güzelliğini kaybetmeyen o ipek saçlar, o samur kaşlar, o burun, o ağız, o gerdan, o dolgun göğüs, ayrı ayrı birer şaheserdi. Drakula, pek uzun süren bir açlık devresinden sonra ele geçirdiği şu güzellik manzumesini -kaba bir tabirle söyleyelim- çiğ çiğ yemek istiyordu. Onun Türkçe konuşması, koynunda İstanbul sarayından verilmiş bir kâğıt taşıması da hırsını ayrıca gıcıklıyordu.

Yürüyüşün yarattığı rüzgârla yelpazelenen Marya, baygın gördü. Bütün teninde sürünen bakışlar, dikenden örülme bir fırça gibi kadını incitmiş, hırpalamış ve içine yeni bir baygınlık getirmişti. O, saçlarından topuğuna kadar her tarafını dolaşan bu dikenden fırçayı görmemek için gözlerini kapamaktan başka bir çare bulamadı, uyanıklık içinde baygınlık durumu aldı, yine hareketsiz kaldı.

Drakula'yı kaçırmak için tedbir alan adamların sıraladıkları menzillerden ilkine gelinceye kadar bu biçim bozulmadı. Drakula, damarlarında tutuşan ateşe dayandı, Marya da gözlerini kapalı tuttu. Fakat sapa bir köyde at değiştirilmek ve erzak alınmak için durunca iş değişti, Voyvoda, yapılacak işleri adamlarına bırakarak avını kucakladı, kötü ve karanlık bir odaya götürdü, uzun süren açlığını gidermek yoluna girdi.

Marya, bir lâhza ve tek bir lâhza çırpınmak istedi, kendini saran karanlıktan sıyrılmaya çalıştı, sonra bu karanlığın kırılmaz bir çember olduğunu görerek derin bir ah çekti, "Mustafa, Mustafa" diye inledi ve yeni baştan bayıldı. Bu baygınlıktan uyanış bir facia itli, fakat sessiz bir facia! Marya, ne gözyaşıyla, ne damarlarındaki kanın boşalmasıyla temizlenmeyecek bir kir içindeydi ve bunu anlayarak susuyordu. Hatta bahtın yarattığı bu duruma boyun da eğmişti! Voyvoda'nın emirlerini dinliyordu. Ye, deyince yiyiyordu; iç, deyince içiyordu ve köyden ayrılırken ayrı bir at binmek buyruğunu bile yerine getirmişti.

Voyvoda Drakula'nın bahtı gerçekten uyanmışa benziyordu! Zindandan kurtulmuştu, eşi az bulunur bir kadın yakalamıştı, sırasında işine yarayacak bir kâğıt elde etmişti, tahtına doğru - hiçbir engele çarpmadan- yürüyordu. O da ve onu kaçıranlar da Eflâk tahtını elinde tutan Radül'ü endişe verir bir kuvvet saymıyorlardı, halkın Drakula'yı görür görmez baş açıp diz çökeceklerine kanaat besliyorlardı. Çünkü Radül, İstanbul'dan bile oturmaktan çekiniyordu. Üstelik İstanbul'a bir sürü armağan yolluyordu. Yağdan, baldan başlayıp da torba torba altınlara kadar varan bu sonu gelmez armağanlar halkın sırtından çıktığı için büyük hoşnutsuzluk doğuruyordu. Bütün bu sebeplere Drakula, adının hâlâ yaşattığı derin korku da katılınca onun elden kaçırdığı tahtı bir hamlede yakalayacağına inanmak tabiileşiyordu. Radül'ün ancak Bükreş'te kendini korumaya çalışacağı talimin olunuyordu. Voyvoda böyle bir durumu da mühimsemiyordu. Buğdan sınırlarından Bükreşe kadar uzayan yerlerin ve daha aşağı bölgelerin halkı kendinin ardına takıldıktan sonra Bükreşte kurulacak şeddin bir değeri olmazdı. Yalnız Radül'e Türklerin yardım etmesi için kolaylığını baltalayabilirdi. Lâkin o günlerde bu yardımın -hızla- yapılmasına imkân yoktu. Çünkü Türkler Arnavutlukta yaman bir savaşa girişmişlerdi. İşkodra önlerinde uğraşıp duruyorlardı. Drakula, Balkanların ta öbür ucunda yaptıkları savaşı bırakıp da Türklerin Eflâka döneceklerini ummuyordu. Bükreş'te yerleştikten sonra İstanbul'la uyuşmayı, halka sezdirmeden vergi vererek suçlarını bağışlatmayı tasarladığı için gelecek günleri de kendi hesabına tehlikesiz buluyordu.

Halbuki tesadüfler ona, kendi umduğundan daha çok yardım ediyordu. Dağlar arasından, sapa yollardan, kuş uçmaz ve kervan konmaz köylerden giderek Eflâk sınırına yaklaştığı sırada kardeşi Radül uzak köyler bu hâdiseyi henüz haber alırken Drakula da kendini tahta ulaştıracak yolun son konaklarına adım atmış bulunuyordu. Voyvodasız kalan Eflâklılar Radül'ün mezara düştüğü bir sırada Drakula'nın yurtlarına ayak basmasını, Allah'ın yaptığı bir iş gibi telâkki etmişler, onu candan karşılamışlardı. Artık Bükreş'te de çarpışma ihtimali yoktu. Boş kalan taht, kendini yakalamak için Belgrad zindanlarından kaçıp gelen cesur Voyvodaya kollarını açarak bekliyordu.

işte, Türklerin kılıcından canını güçlükle kurtaran, sarayına sığındığı Macar Kralı tarafından zindana atılan Drakula, bahtının yâr olması yüzünden yine tahtına kavuşmuştu, en küçük bir güçlüğe uğramadan yine Eflâk ülkesinin idaresini ele almıştı. O, başından gelip geçen ağır olaylara rağmen ne meşrebini değiştirmişti, ne mezhebini... Yine kesip biçmek, kırıp yıkmak özlemini taşıyordu. Hatta Bükreş'e gelir gelmez kazıklar hazırlanmıştı ve Radül'e hizmet eden boyarları, subayları küme küme yakalatıp öldürtüyordu. Vaktiyle yirmi bin kazıklanmış adamdan vücuda getirdiği orman, bu yeni kazıklananlarla taze filizler veren bir vahşi bahçe görünüşüne dönmüştü. Göz ve gönül acıtan bir açılışla büyüyüp duruyordu.

Drakula, daha Belgrat zindanlarında iken çizdiği plâna sadık kalarak Fatihle de uyuşmak yoluna girmişti, mektup üzerine mektup ve adam üzerine adam yollayarak Radülün ölümüyle boş kalan Eflâk tahtını işgal ettiğinden dolayı af diliyordu, Macar Kralının mahpusu olarak yaşamaktansa Osmanlı hükümdarının kölesi sıfatıyla ölmeyi cana minnet saydığını bildiriyordu, bundan sonra en küçük bir suç işlemeyeceğini söylüyordu, antlar içiyordu. Arnavutlukta sürekli bir savaşa giren Fatih, bu sığınışı hoş görmek zorunda kaldı, Drakula'nın Voyvodalığını onayladı. Radül ölmesi bu işi yapmazdı, gözdesini Eflâk tahtında tutmak için belki savaşa girişirdi. Lâkin onun ölmüş, Drakula'nın da köpekleşmiş bulunması, böyle bir durumu kendince manasız gösterdi ve Drakul peki demek yolunu tuttu!

Şimdi Kazıklı Voyvoda, Türkleri okşamak şartıyla, Eflâk'ta dilediğini yapıyordu. Bir-iki ay içinde halkın analarından emdiklerini burunlarından getirmişti. Herkes bu suretle eza ve ziyan görüyordu. Ne can, ne mal emniyeti vardı. Gece sapasağlam yatağına girenler sabaha sağ çıkacaklarını ummuyorlardı, kâbuslar içinde çırpınıyorlardı.

Koyunların, sığırların sütü, yağı, tarlaların mahsulü, bahçelerin yemişi ve her şey, Voyvodanındı. Halk yarı aç ve çıplak çalışıyordu. Fakat küçük bir sızıntı çıkaran da yoktu. Çünkü bağıranlar değil, içini çekenler bilen hemen kazıklanıyordu.

Bütün Eflâki bu biçimde sindiren Drakula yalnız bir güçlüğü yenememişti, bir bilmeceyi açamamıştı. O da adının Marya olduğunu söyleyen güzel kadının kim olduğu meselesiydi.

Zorla kendine yâr ettiği bu kadın ne okşanmakla, ne de hırpalanmakla özünü açmıyordu. Mustafa Bey adlı bir akıncının malı olduğunu söylemekten başka o kapalı özü belirtecek bir iz vermiyordu.

Marya'nın, Drakula'yı üzen durumu bu kırılmaz ve değişmez dilsizlikten ibaret değildi. O, yakalandığı günün kendini çamura; bula yan karanlık dakikasından beri tunç bir duvar gibi taşıyordu. Drakula bu duvar üzerinde ancak bir kertenkele gibi dolaşmaktaydı.

Evet; Vilad'la Marya'nın karşılıklı durumları duvarla kertenkele durumuydu. O soğuk fakat çevik hayvan bir duvar üzerinde nasıl dilediği gibi yürür, koşarsa Vilad'da Marya'nın üstünde öyle serbest ve pervasız bir tasarruf gösteriyordu. Lâkin Marya, kertenkeleye özünü açmayan ve hatta ilgi göstermeyen bir duvardı. Gülmezdi, konuşmazdı, titremezdi, bir zerre hayat eseri sezdirmezdi.

Drakula onu bu durumundan son derece sinirleniyordu, küplere biniyordu. Sık sık çemberleşen kolları arasında bir duvar hissizliğiyle, iştiha haykıran ağzının bütün hamlelerinde tüyler ürpertici bir ölü soğukluğu ile karşılaşmak onu çileden çıkarıyordu. Ara sıra ruhundaki vahşet şahlanırdı, kadını kıyasıya hırpalardı. Fakat çimdikten yumruğa, tekmeye kadar çıkan bu eziyetler de o tunç duvarda küçük bir hareket uyandırmazdı. Kadın, ne yapılsa duyarlıktan çıkmıyordu Vilad da kertenkele olmaktan daha yüksek bir mevki alamıyordu.

Voyvoda onun karnını deşerek bağırsaklarını dökmek ve kanını avuç avuç içmek düşüncesine de sık sık kapılmıyor değildi. Lâkin Fatihin açık bir buyrultusunu taşıyan bir kadının bir gün aranılacağını düşünerek o vahşi emelden çarçabuk uzaklaşıyordu. Sözün kısası Maryayı hem seviyordu, hem parçalamak istiyordu Sevgisine karşılık görse ve hele onun taşıdığına kanaat beslediği sırrı öğren se belki hiçbir kadına göstermediği bir gönül ilgisiyle metresine bağlanacaktı. Yahut Fatihin bir gün hesap soracağından ürkmeyip de kadını parçalasa üzüntüden kurtulup rahata erecekti. Ne onu, ne bunu yapamamak vahşi adamı çılgına çeviriyordu, sık sık uykusuz bırakıyordu.

İşte bu sırada bir gün Bükreş sarayına bir boyar geldi. Bir düzine domuzla, beş-altı tulum yağ ve bir de tutsak getirdi. Boyar, Posbıyık Mihal'di. Vaktiyle Mustafa'nın dil diye tutup da Sadrazam Mahmut Paşa'nın çadırında sorguya çektirdiği ve kendine at uşağı yapacağını söyleyerek işkenceden kurtardığı adam!

Mihal, sarayca tanılan kişizadelerdendi. Getirdiği armağanlar arasında bir de boylu poslu ve pek yakışıklı bir tutsak görülünce kapıcılar ve yaverler tarafından hususi muamele gördü, güler yüzle karşılandı, Voyvodaya başkâtiplik eden adamın odasına götürüldü. Mihal orada şu sözleri söyledi:

- Voyvoda efendimizi selâmlamak için çoktan beri gelmek istiyordum. Bu kulluk borcunu eli boş gelip de ödeyemezdim, efendimize lâyık armağan da bulamıyordum. Böyle üzülüp dururken Macar ilinden Praşova'ya bir takım Türk tutsakları getirildiğini duydum, hemen o yana gittim. İçlerinden en gencini seçip satın aldım, buraya getirdim. Umarım ki efendimiz bu armağanımı beğenecekleri ve kabul ederek beni bahtiyar edeceklerdir.

Drakula, başkâtibin verdiği haber üzerine, boyan değil, köleyi yanına getirtti, uzun uzun gözden geçirdi ve beğendi. Onun Türk oluşu zaten beğenilmesine yeter bir meziyetken, gence, güzel ve gürbüz oluşu Drakula'nın çok hoşuna gitmişti.

Kendine ihanet eden ve ummadığı bir günde gözden kaybolan Demitriyos Yaksiç'in kanayan hâtırasını bu pek yakışıklı köleden toplayacağı nazlarla unutmak istiyordu.

Voyvoda, yalnız vahşi değildi. Ruh çirkinliğinin en aşağı derecelerini de taşıyan sefil bir mahlûktu. Güzel erkekleri kadın gibi görür ve gürbüz erkeklere de kendini kadın gibi göstermek isterdi, Pemitriyos Yaksiç'le çok iyi anlaşmıştı, karşılıklı hüviyet değiştirerek uzun aylar geçirmişti. Şimdi aynı ruh bozukluğu ile murdar kuruntulara kapılıyordu, hem gülle, hem çelik hissi veren şu genç tutsağa iğrenç emellerle seyre dalıyordu.

Ansızın önüne çıkan bu genç aslan onu o kadar heyecanlandırmıştı ki, içeride, herkesin giremediği odaların birinde bıraktığı Maryayı unutmuştu. Başka günler nereye gitse o kadının hayali de beraber gelirdi. Şu salona çıkarken de aynı hayal göz bebeklerine oturuyordu. Fakat boyar Mihal'in getirdiği gürbüz armağanla karşılaştığı dakikadan beri Marya yoktu; yapıştığı yerden, göz bebeklerinden ayrılıp gitmişti.

Vilad, bu hissi değişiklikler içinde gözleri bulana bulana ve Türkçe sordu:

- Sen buralara asıl düştün, babayiğit?

- Köyüme baskın yapıldı, bütün kızlar, kızanlar sürülüp götürüldü. Ben de içlerindeydim.

- Kim yaptı bu baskını?

- Bilmem ki... Belki Macarlar, belki Sırplar yaptı?

- Köyün uzak mı buraya?

- Uzak, çok uzak, Semendire'nin yanında!

- Sen köyde ne yapardın?

- Koyun güderdim, ağıl beklerdim.

- Akıma gitmez miydin?

- Akın benim işim değil. Ben köylüyüm, çobanım.

- Boyun poşun yerinde. Gücün kuvvetin de var. Üstelik Türksün. Ağıl beklemekten sıkılmıyor muydun?

- Her Türk akına giderse köyler boş kalır. Biz senin anlayacağın, korucuyuz işte...

- Peki, adın ne?

- Aldemir.

Kazıklı Voyvoda'nın vaktiyle kardeşini ateşte kızarmaya zorladığı küçük akıncıyı tanımaması hiç de umulmaz bir gaflet değildir. Mustafa o acıklı olayın meydana geldiği günden beri gelişip serpilmiş, çocukluktan gençliğe geçmiş, at üstünde ve akınlar içinde olgunlaşıp tam bir aslan biçimi almıştı. Kazıklı Voyvoda gibi onu karışık işlerle dolu bir günde ve gelişi güzel gören bir adam değil, kendisiyle uzun uzun görüşmüş olan Fatih de bir bakışta tanıyamazdı. O kadar değişmişti.

Anlaşılması gerekli görünen başka bir nokta vardır: Mustafa oraya nasıl geldi? Şimdi onu anlatacağız. Kendisini, Maryanın kaçırıldığı yerde, kayanın dibinde ve bir sürü izler arasında bırakmıştık, değil mi? Mustafa işte bu izler üzerinde yürüdü, sevgilisini kaçıranları kovalamaya girişti. Fakat Voyvoda ile arkadaşları için engelsiz bir yol olarak uzayan o istikamet, genç akıncı için dikenli, çukurlu ve uçurumlu bir geçit oldu. Bir kere, önde gidenlerin istifade ettikleri menzil teşkilâtından onun fayda görmesine imkân yoktu. Bundan ötürü atını korumaya, yorgun düşürmemeye mecburdu. Sonra her önüne gelen köye uluorta giremiyordu, hesaplı davranıyordu, bundan dolayı da izleri kaybediyordu oyalanıyordu. Atına yem, kendine azık bulmak için de hayli güçlük çekiyordu. Gerçi ot bulursa atını, meyvalı ağaç bulursa kendi karnım doyuruyordu. Lâkin ara sıra ağıllara, hatta köylere uğrayarak yiyecek aramak zorunda kalıyordu. O vakit iş değişiyordu, kavga yapmak gerekiyordu.

Zavallı Mustafa, hiç istemediği ve elinden geldiği kadar kaçındığı halde sık sık boğuşmaya mecbur olmuştu. Köylüler, ansızın araların da boy gösteren Türk delikanlısını görür görmez ilkin kaçışıyorlardı. Sonra onun sürüden ayrılmış bir genç olduğunu anlayınca tırpanlara, sapanlara, baltalara, sırıklara sarılarak üzerine saldırıyorlardı. Ağıllarda da çobanlar aynı şeyi yapıyorlardı, köpeklerin yardımı ile bu tek başına düşman diyarında dolaşan Türkçe çullanmak istiyorlardı.

Mustafa, bütün bu saldırılara göğüs geriyordu. Burnunu kanatmadan tehlikeyi savuşturuyordu ve küme küme köylüyü darmadağın ediyordu. Onun pala ters ile ürkütüp kaçırdığı köylüler, yurtlarını bırakıp uzaklara, ormanlara ve korulara kaçışıyorlardı. O vakit Mustafa atından iner, köyde kalıp düzinelerle erkeği yenen Türk aslanına her şeylerini sunmaya hazırlanan kadınlarla biraz şakalaşır, atına yem verdirir, kendine yiyecek getirir ve aradığı hırsızların hakkında da bilgi toplayarak gene yola düşerdi.

Birçok köylü kadınlar, üç erkekle güzel bir kadından oluşan bir kümenin geçtiğini Mustafa'ya söylemişler ve onların izlerini de göstermişlerdi. Lâkin hiçbir kimse o üç erkekten birinin kazıklı Voyvoda olduğunu ona haber vermemişti. Çünkü bu sırrı bilen yoktu, o sebeple Mustafa, Eflâk sınırına gelinceye kadar Maryayı kaçıranın kendi öz düşmanı Drakula olduğunu öğrenememişti. Hatta o kara yürekli adamın Belgrad zindanından kaçtığını bile yolda duymamıştı.

Yalnız üzerinde yürüdüğü izin kendini Eflâk diyarına doğru götürmesinden içine ürperme geliyordu. Vilad'ın kaçtığını bilmemekle beraber sevgilisinin o memlekete aşırılmış olması ihtimalinden acı duyuyordu, kardeşinin şişe geçirildiği yerler, onun gözünde, uğursuzdu. Maryanın da bu uğursuz yerlerde felâkete uğramasından korkuyordu. Lâkin yol - onun için için ürpermesine, acı duymasına rağmen - Eflâke gidiyordu. Dayak yiyen çobanlar, pala tersi ile ürkütüp kaçırılan köylülerin kendine güler yüz gösteren karıları ve ara sıra bozulmadan göze çarpan dört at izi, aranılan kafilenin Eflâk'a gittiğini söylüyordu.

Mustafa da yol boyuna aldığı bu haberlere, rastladığı izlere dayanarak o diyara doğru yürüdü. Geniş zikzaklar çizerek, karışık yollar aşarak Eflâk sınırına girdi ve ilk karşılaştığı köylüyü söyleterek ummadığı hakikati, Kazıklı Voyvoda'nın zindandan kaçıp saraya geldiğini öğrendi.

Bu bilgi, genç akıncıyı sevinç içinde bırakmıştı. Çünkü o, katil Voyvoda'yı Belgrat'ta arayıp bulmak istiyordu. Başarılması kolay bir iş olmamakla beraber bu dilek onun ruhunda yer bırakmıştı, hayatını feda etmek pahasına da olsa bir yolunu bulup Belgrat'a gitmeyi, zindana girmeyi, Voyvoda ile karşılaşıp hesaplaşmayı tasarlayıp duruyordu. Sevgilisinin kaçırılması üzerine bu dileğini gene ruhunda saklamış ve kadın hırsızlarının ardına takılmıştı. Şimdi bu hırsızları yakalayamadığı halde Voyvoda ile yüz yüze gelebilmek imkânını elde etmiş bulunuyordu.

İşte onun sevinci bundandı, kardeşini kebap ettiren adamı kolayca bulabileceğini anlamasındandı. Eğer Mustafa, sevgilisinin de Bükreş'te ve Vilad'ın koynunda bulunduğunu öğrenseydi kimi bilir ne hale gelirdi? Bunu duymamak, delikanlıyı soğukkanlı bıraktı ve delice hareketten alıkoydu. Şimdi o, başını elleri içine alarak düşünüyordu. Bükreş'te bulunduğunu öğrendiği düşmanıyla kozunu pay etmek için ne yolda davranmanın doğru olacağını hesaplıyordu. Bütün benliğini hükmü atlında tutan mukaddes hınç, coşup taşıyordu. Lâkin alacağı öcün işlenen cinayetle uygun düşmesini istediği için ruhunun derinliklerinden kopup gelen heyecanı yenebiliyordu, plânlar kurmaya savaşıyordu.

Eflâk diyarının bir köşesinde saatlerce düşünen delikanlının ilk aldığı karar, kendisi ile dostlaşmış olduğu Posbıyık Boyarı bulmak oldu. kolunu sallaya sallaya, atını kişnete kişnete Bükreş'e varmakta, ulu orta düşmanın üzerine atılmakta birçok tehlikeler sezinlemişti. Hele Vilad'ın herhangi bir ters tesadüfün yardımı ile yapılacak hücumdan kurtulmasını mümkün görmek delikanlıyı büsbütün ürkütüyordu. Onun için önce dostunun köyüne gitmeği, kendisi jile görüşmeye ve yapılacak işi - bir sakatlığa meydan vermeyecek şekilde - kararlaştırmayı doğru bulmuştu.

Mustafa işte bu düşünce ve bu karar ile atım Boyar Mihal'in köyüne doğru sürdü. Orada, Eflâk diyarında bir Türkün görünüşü dehşet uyandırmakla beraber tehlike doğurmazdı. Çünkü Eflâk, Radül'ün Voyvodalığı sırasında Türk himayesine girmiş bulunuyordu. Henüz gelmiş olan Kazıklı Voyvoda'da o durumu bozacak hareketlere kalkışmamıştı kalkışmak niyetini de sezdirmiyordu, ondan dolayı Mustafa'nın uğradığı köylerde -Eflâk dışındaki yabancı yerlerde olduğu gibi- düşmanlık gösterilmiyordu, delikanlıya yiyecek ve atına yem veriliyordu.

Bu geçişin köylüler için zevk veren tarafı da vardı. Türk ordusu önünden, Voyvodaların ne Boyarların zor ile gerilere doğru kaçma ya, akıncıların gelişlerinde ise şu veya bu kovukta

saklanmaya alı şık olan halk, yolcu kılığında bir Türk'le kar-
şılaşınca İsa'nın gökten indiğini görmüş gibi saygılı bir şaş-
kınlığa uğruyordu, işini gücünü bırakıp bu umulmaz görü-
nüşte seyre koşuyordu.

Eflâklılar -Buğdanlılar, Transilvanyalılar, Macarlar, Leh-
liler gibi- daha sonraki devirlerde Türklerle sıkı fıkı münase-
bete girişmişler ve Birçok yıllar bir bayrak altında yaşamış-
lardı. Fakat Mustafa'nın tek başına o diyara geldiği sırada
Türkü henüz yakından tanımıyorlardı ve bu büyük milleti
ancak, enselerine inen sillenin acısı için de düşünebiliyordu.
Bundan ötürü genç akıncı dört yanında hayret izleri bıraka-
rak yol alıyordu.

Boyar Mihal'in köyünde de aynı şey oldu, çör çöpten ku-
lübelerin dört beş yontulmamış sırıktan yapılma kapıları hep
birden açılarak bütün köylüler yola döküldü, delikanlının
seyrine çıkıldı. Onun atı, palası, dardağan biçimde şal sarılı
börkü, kısa çizmeleri, kolsuz saltası başka âlemlerden nişan
veren birer nesne gibi gözleri çekiyordu. Herkes, Türkü yer-
yüzünde yenilmez bir pehlivan, bileği bükülmez bir kahra-
man yapan bilinmez, sezilmez sebepler arasında şu atların, pa-
laların, börklerin çizmelerin saltaların da yeri bulunduğuna
inanı yordu, onların kuruntusuna göre bir Türk atı ahırlarda
değil, ancak Türklerin bile bilmediği meçhul iklimlerde do-
ğup yetişirdi. Türk palasına su veren ustalar sihirbaz kimse-
lerdi. Türk börkü, yünden gibi görünürse de hakikatte kılıç
işlemez bir nesneden yapılıyordu.

Onlar böyle düşünüyorlardı ve bu düşünceye uygun bir
şaşkınlıkla delikanlıyı tepeden tırnağa kadar süzüyorlardı.
Onun gerçekten güzel olan yüzü, gerçekten göz alıcı bir te-
nasüp taşıyan çelik endamı ise erkeklerin yüreğine kıskanç

bir üzüntü, kadınların içine ılık bir ezinti veriyordu. Yiğit ve pek yiğit tanıdıkları Türkü şu genç örneğe bakarak şimdi güzel ve pek güzel buluyorlardı.

Mustafa, Fatihin Eflâka yaptığı sefer sonunda kendi tutsağı Pos bıyık Mihail evine barkına kavuşturmak, aynı zamanda ele geçirilemeyen Kazıklı Voyvodanın izini aramak emeli ile bu köye gelmişti. Halk, o sırada dağılmıştı, kulübeler boştu. Bundan ötürü Mihal, hayatını bağışlayan mert çocuğa ikram edememişti, bir tavuk bile kesip önüne koyamamıştı. Fakat Mustafa o geliş dolayısı ile Mihalin nerede oturduğunu öğrenmiş bulunuyordu. Şimdi bu bilgiye dayanarak kimseden kılavuzluk istemiyordu, yol boyunca sıralanan köylülerin şaşkınlıklarını çiğneyerek o eve doğru at sürüyordu.

Hâlbuki Mihal da -çocukları ile- o kalabalık arasında idi. Mustafa'yı uzaktan tanıyamamakla beraber kendi kendine mert ve civanmert dostunun güzel yüzünü düşünüp duruyordu. Onun la bu köyün kıyısında helalleşip te ayrıldığı günden beri uzun yıllar geçmişti. Bu zaman içinde Mustafa'nın biraz daha irileşmiş, biraz daha olgunlaşmış bulunacağını hesaplıyordu. Eğer, kimseye selâm vermeden ve kimseye söz söylemeden yürüyüp gelen bu Türk atlısı köyde kalırsa, Posbıyık Mihal, bir yolunu bulup yanına vararak ve genç akınca hakkında haber almaya savaşacaktı. Sık sık yüreğinde yanan riyasız bir hasret, o anda, alev almış gibiydi, cefa severi boyarı gıcıklayıp duruyordu.

İşte bu sırada delikanlı onun yanı başına kadar geldi ve şen şen seslendi:

- Bre Posbıyık, beni tanımadın mı?

Mihal gerçekten tanımamıştı, tanıyamazdı da fakat ahengini kalbinin ta içinde sakladığı bu ses, onun gafletini giderdi, zihninde deminden beri dolaşan hayalin bir hakikat olarak karşısında belirmesinden doğma şaşkın sevinçle hemen atıldı, delikanlının üzengi sini, dizini ve elini öptü:

- Gözlerime inanamıyorum, dedi, seni ölmeden bir daha görecek miydim?

Genç akıncı onun nemlenen gözlerine bakarak güldü, geme o şen sesle cevap verdi:

- Dağ dağa kavuşmaz, insan insana kavuşur. Sana ayrıldı-ğımız gün söz vermiştim, işte sözümde durdum, köyüne geldim. Haydi önüme düş de beni evine götür, bir çorba içmek isterim. Kaç gündür kursağıma sıcak bir şey girmedi.

Köylüler, bir Türk'le konuşan ve bir Türk üzengisine du-daklarını koyabilen Mihal'i kıskana kıskana süzüyorlardı. Bo-yar olmak dolayısıyla kendilerinden biraz üstün olan Mihal, şimdi birdenbire yük selmiş, yükselmiş, onların gözlerini ka-rartan bir boy almıştı. Orada toplanan dişili erkekli beş on düzüne adamın ürkerek bakabildikleri yerlere, bir Türk atı-nın üzengisine işte onun eli ve dudağı eriyordu. Bu ne umul-maz bir yükselişti ve böyle bir yükselişe nasıl imrenilmezdi?

Mihal, candan duyduğu sevinç yüzünden, yurttaşlarına aşıladığı duyguların farkında değildi. Lâkin karısı, beş kızı, üç oğlu bu iç durumunu pek iyi seziyorlardı, açık ve pek açık bir gurura kapılarak, köylülere tepeden bakamaya hazırlanı-yordu. Onlar, bu tarihi günün hâtırası ile uzun yıllar Voyvo-dalara bile kendilerini saydıracaklarını ve gene bu hâtıra ile hırsız şerrinden, vergi salgınından, hatta akıncı korkusun-dan uzak kalacaklarını hesaplayarak, ayrıca neşeleniyorlardı. Türk bir dostu olan bir boyarın canına, malına artık kimse-lerin ilişemeyeceğine hepsi iman taşıyordu, bu imanla hepsi-nin göğsü kabarıp duruyordu.

Mihal, yüreğindeki hafakanları biraz bastırdıktan sonra karısını ve çocuklarını telaşla çağırdı, her birinin başını eli ile tutarak Mustafa'nın üzengisine götürdü, mukaddes bir nesne öptürür gibi o başları, o üzengiye uzun uzun sürdü:

- Sen, dedi, görmedin di ama bunlar seni tanırlar. Çünkü her gece adını anarım, hasretine yanarım, onlar da duya duya benim kadar sana âşık oldular.

Mustafa, üçü bir adam yeri tutmayan erkek çocuklardan hiç hoşlanmadı, Mihal'in yıkanmamış koyun tüyü gibi tiftiklenmiş, sertleşmiş kırçıl saçlarıyla göze pek çirkin görünen karısına da ilgi göstermedi, hepsi bir boyda ve bir çırpıda olan beş kıza gözünü çevirdi. Birden Maryayı hatırlamıştı ve bu kızlar arasında onu bulabilecekmiş gibi yanık bir iştiyak ile kendilerini seyre dalmıştı. Fakat içine doğan o ümidin boş bir kuruntu olduğunu anlamakta gecikmedi, içini çekerek gözlerini kızlardan ayırdı, Mihal'e döndü. Hepsi genç ve hepsi yaşadıkları muhite göre güzel olan bu beş kız ona bakımsız beş keçi

yavrusu kadar alımsız ve çelimsiz görünmüştü. Maryanın taşıdığı güzelliklerden bir zerre bile bu kızcağızlarda yoktu.

Mihal, merd ve civanmerd dostunun ne oğullarını, ne de kızlarını beğenmediğini sezmekten geri kalmamakla beraber durumunu bozmadı.

- Buyurun beyim, dedi, kulübeme gidelim. Onu biraz büyüttüm. Türklerin ahır seküleri kadar olsun güzelleştirdim. Gözüne kötü görünse bile hoş gör. Çünkü biz sana yalnız kulübemizin kapısını açmıyoruz, yüreğimizi de açıyoruz. Dost yüreği dosta geniş görünür.

Biraz sonra onlar Mihal'in evinde bulunuyorlardı. At, ahıra çekilmişti, Mustafa'nın da altına sekiz on abadan, kebeden yumuşak bir taht yapılmıştı, sık sık ayran içerek konuşuyorlardı. Mihal, kendisine karşı pek teklifsiz davranmakta bulunmasına rağmen Mustafa'ya çok büyük saygı gösteriyordu. Nereden gelip nereye gittiğini bile sormaktan çekiniyordu. Çünkü onun, Sadrazam Mahmut Paşa ile nasıl konuştuğunu göz ile görmüştü. Fatih'le olan münasebetini de biliyordu. Bunlar, bu bilgiler de olmasa Türk'ün yeryüzünde göreceği muamelenin nerede, hangi yerde ve hangi şartlar altında olursa olsun ancak saygı olabileceğini anlayanlardandı. Bu sebeple hiçbir şey sormuyordu, yalnız sorulara karşılık veriyordu.

Fakat Mustafa, dereden tepeden birkaç söz açtıktan sonra oraya gelişteki maksadını ortaya atmaktan çekinmedi.

- Posbıyık, dedi, benim Voyvodaya hıncımı bilirsin, değil mi?. İşte ben buraya o hıncımın zoru ile geldim. Rahmetli kardeşimin belki kemikleri toprak oldu. Ben hâlâ onun öcünü almadım. Bu, ne ayıp şeydir.... Ara sıra düşünüyorum da kendimden iğreniyorum. Kara Murat gibi yiğidin öcü böyle sürüncemede mi kalmalıydı? Fakat suçun hepsi de bende değil. Kazıklı Voyvoda zindandaydı, yolunu bulup zindana ulaşmak güçtü. Şimdi o güçlük kalmadı, herif zinciri kırdı, Eflâk eline geldi, tahtına çıkıp oturdu. Bu durumda ben kardeşime verdiğim sözü yerine getiremezsem insanlıktan çıkmış olurum. Onun için düşündüm, taşındım, senin yardımınla bu işi başarmayı tasarladım. Nasıl, bana yardım edecek misin?

Boyar Mihal'in gözlerinde ilkin Voyvodanın kazıkları, kazıklı ormanı belirdi, yüreğine de bir titreme geldi. Lâkin arkasından onu -koca bir ordunun başında iken- paçavraya çeviren, tahtında değil, yurdunda bile oturamaz, duramaz hale koyan Türkler gözünde parıldadı, yüreğindeki titreme geçti:

- Hay hay, dedi, elden geleni yaparım. Dilersen bana bağışladığın bu canı bile uğrunda güle güle feda ederim. Bu konuşmadan sonra onlar baş başa vermişlerdi, Kazıklı Voyvoda'ya vurulacak darbenin öldürücü olabilmesi için şekil aramaya koyulmuşlardı. Mustafa düşmanına apaçık saldırmaktan çekinmiyordu. Yalnız bu saldırışın -ters bir tesadüfle- boşa gitmesinden, Voyvodanın da uyanarak kendini korumaya kalkışmasından ve bu suretle öç almak işinin suya düşme sinden korkuyordu. O, ikinci bir düşünce ile de yapacağı saldırının açık olmasını doğru bulmuyordu. Sokak ortasında veya herhangi bir yerde Voyvoda'yı bir pala darbesi ile öldürmeyi, ölüme mahkûm adamın suçu ile uygun bir ceza saymıyordu. Kara Murata Viladın tattırdığı acıdan bir kısmım olsun kendi eli ile ona sunmak istiyordu. Bunun için de düşmanı ile uzunca bir müddet karşı karşıya bulunmak lâzımdı, işte doğruca Bükreş'e gitmemesinin ve orada uluorta Vilad'a saldırmamasının hakiki sebebi bu idi ve Boyar Mihal'de de, kendini Voyvoda ile birkaç saat baş başa bırakacak bir yol bulmak için yardım istiyordu.

Genç akıncının zihninde dönüp dolaşan fikir, Vilad'ı bir fırsat bulup saraydan çıkarmaktı. Ona bu düşünce pek heyecan veriyordu. Eğer düşmanını, herhangi bir şekilde kaçırabilirse ve söz gelimi kazık ormanına götürmeye imkân bulursa dünyalar kendinin olacaktı. Çünkü orada, o kazıklar arasında Kara Murat'ın öcünü inceden inceye almak mümkündü.

Mihal, genç akıncının bütün düşüncelerini doğru bulmakla beraber Voyvodanın kaçırılması işini çok güç ve hatta yapılmaz görüyordu, hâlbuki Mustafa'nın düşmanını istediği gibi üzerek, ezerek gebertebilmesi için böyle bir yol bulmak, onları baş başa getirmek gerekti. Mihal ne bu noktayı değerinden düşürebiliyor, ne de Voyvoda'yı kaçırmak yoluna yanaşıyordu. Bu sebeple de konuşmalar bir sona ermeden uzayıp gidiyordu.

Mustafa'nın sinirleri yavaş yavaş bozulmaya yüz tutarken Mihal'in gözleri birden parladı.

- Bey, dedi, düzeni kadınlar daha iyi başarır. Ne demek bu Pos bıyık, anlamadım?

- Sen ersin, yiğitsin, Türk'sün. Düşmanına bile kolay kolay tuzak kuramazsın, yüz yüze çarpışmak istersin. Nasıl ki herifi kaçırmak istiyorsun da yolunu bulamıyorsun. Çünkü böyle düzenlere alışık değilsin, alışamazsın da. Ben, miskinin biriyim. Böyle ince şeylere akıl erdiremem. Onun için gel, bu işi bizim kızlara danışalım. Onlar, cin fikirlidir, şeytana bile külahını ters giydirebilirler. Ben yemekten sonra birer birer onları yanına göndereyim. Sen bana söylediklerini kendilerine anlat. Göreceksin ki bizim bulamadığımız yolu onlardan biri mutlaka bulacaktır.

Genç akıncı ilkin bu teklife yanaşmamak istedi. Fakat ne kendinin ne de Mihal'in Voyvoda'yı kaçırmak için yol bulamadıklarını ve bulamayacaklarını düşününce - denize düşenin yılana satılması kabilinden - muvafakat gösterdi. O, Mihal'in kendi düşüncelerini kızların ağzı ile söylemek istediğini de mümkün gördüğü için bir "peki" demekte mahzur görmemiştir.

Mihal, genç akıncıya karşı samimi idi. Ona şu önemli işte yardım etmeyi riyasız istiyordu. Lâkin Kara Murat'ın öcü alınırken kendisinin yeni bir öce amaç olmamasını da hesaba katmaktan geri kalmıyordu. O, genç akıncının, hesaplı davranmak şartı ile Kazıklı Voyvoda'yı haklayacağına şüphe etmiyordu. Ancak dillerde destan olacak, bütün Eflâk diyarını, komşu toprakları heyecana düşürecek olan bu büyük işin bir de sonu vardı. Türk Mustafa'ya güçleri yetme yen Drakul partisi, ona yardım eden Boyar Mihal'i ezmekten çekinmeyeceklerdi. Bunun için hem dostuna yardım etmeyi, hem kedini korumayı düşünüyordu. Bu kaygısını açığa vurmaktan utanıyordu, kızlarının ağzı ile düşüncesini Mustafa'ya bildirmeyi muvafık bulu yordu. Aynı zamanda delikanlının kızlardan biri ile anlaşmasını da candan diliyordu. Mustafa'nın damat durumuna girmesi, onun için büyük bir bahtiyarlık olacaktı. O vakit çoluk çocuk ile dinini değiştirecek, malını mülkünü satıp Osmanlı toprağına göçecekti.

Bir akıncının kaynatasına bir Eflâk Voyvodası'ndan bin kat saygı gösterileceğini biliyordu.

İşte bu düşüncelerle onu kızlarıyla karşılaşmak durumuna sürüklemişti. Daha önce su dökünüp temizlenmelerini, saçlarını taramalarını, yabanlık elbiselerini giymelerini kızlarına söylemiş bulunuyordu. Çok genç ve çok dinç akıncının -uzun bir yolculuktan doğma yorgunluk içinde- duygusuz davranamayacağını da umuyordu.

Beş kız, tembih üzerine açık gözle düş görmeye koyulmuşlardı. Ahırın bir köşesinde çırılçıplak halkalanarak su dokunurken bu düş gözbebeklerinde dönüp duruyordu. Birbirlerine içlerini açmıyorlardı. Hepsinde evlerine nur ve huzur getiren delikanlıyı benimsemek özlemi vardı, bu özlemle su içinde yanıyorlardı, âdeta terliyorlardı.

Babaları, yemekten sonra ayrı ayrı misafirin yanına gideceklerini, onun sorularına sıkılmadan karşılık vermeleri lâzım geldiğini söyleyince ve hele manalı manalı gülerek: "Bu bir devlet kuşudur, kimin başına konarsa yükselir. Gözünüzü dört açın. Kuşu ürkütmeyin," deyince heyecandan tutar yerleri kalmamıştı. Artık ana baba bir kardeş olan şu beş kız birbirinin rakibi kesilmişti. Genç akıncıyı elde etmek için yarışa çıkmaya hazırlanıyorlardı.

Bu yarış, delikanlının yemek yediği sırada başladı. Kızların hepsi gerçekten birer pervane olmuşlardı, yanık bir özlem içinde sofrayı fırıl fırıl dönüyorlardı. Ellerinden gelse delikanlının ellerini hareketten alıkoyacaklardı. Yemeyi lokma lokma kendileri yedireceklerdi.

Buna imkân bulamadıklarından hizmete koşmakla, hizmet vesilesi aramakla varlıklarını ona hissettirmeye, göstermeye uğraşıyorlardı.

Yemek çorba, yufka, tavuk ve bal gözlemesi gibi şeylerdi. Su yerine de ayran vardı. Bir aralık kızların biri koştu, büyücek bir testi ile şarap getirdi. Bir çanağa koyup delikanlıya uzattı.

Toprak kâse içinde kızıllığı pek belli olmayan bu su, ayrana benzemediği için birden Mustafanın dikkatini çekti.

- Bu nedir kız, dedi, üzüm suyu mu?

- Hayır yiğidim, şarap!

Şimdi bu su, bir pusu gibi delikanlıyı düşündürmüştü, kaşlarına çatıklık getirmişti. Gözünün önünde hep o kalafat gecesi dönüyordu, Çakırcı Hamza Paşa ile yoldaşlarını ve o arada yiğit kardeşi Kara Murat'ın şarapla sızdırılıp ölüme sürüklendikleri birer birer kafasında canlanıyordu. Mihal'in evinde kendine bir tuzak kurulacağını hatırına getirmemekle beraber şu sunulan şaraptan sinirlenmişti. Sık sık soluyordu, ters bir şey yapmamak için kendini zorluyordu.

Şarabı getirip uzatan kız da şaşırmıştı, yarışta tökezleyip geri kalan toy bir kısrak gibi bön bön bakmıyordu. Onun bu durumu Mustafa'nın kızgınlığını giderdi ve yaptığından sıkılan genç bir kızın okşanmasını erkekliğin borcu tanıdı:

- Tasalanma yavrum, dedi, kızmadım, yalnız irkildim. Çünkü şarap gördükçe rahmetli kardeşimi hatırlarım. Onun kanı da böyle kırmızı idi. Sen çanağını geri götür, bana ayran ver.

Bu küçük hâdiseye öbür kızlar mim koymuşlardı, delikanlının sarhoş edilemeyeceğini anlamışlardı. Halbuki hepsinin en kuvvetti tutamak noktaları şaraptı. Güneşin oğlu gibi görüp de bütün benlikleri ile kendine yamanmak istedikleri delikanlıyı bol şarap verip sarhoş etmeyi, o durumda güneşin gelini olmayı tasarlıyorlardı. Bu ümit şimdi suya düşmüştü, güneşe gelin olmak için başka bir yol bulmak lâzım geliyordu. Kızlar, kendi gözlerinde kendilerini yaşatacağı ve bu aynada güzelliklerinin en alıcı kaynaklarım araştırarak yeni plânlar kurmaya girişmişlerdi, bir taraftan sofrayı dönerken, bir taraftan bu mühim işle uğraşıyorlardı.

Yemek bittikten sonra sofranın yerine yatak serildi. Posbıyık Mihal'in evinde, Türk evlerinde olduğu gibi Hint kumaşlardan yapılma yükler dolusu yatak yoktu. Çoluk çocuk birer köşeye büzü lüp yatarlardı, o sebeple misafire de ancak üç beş kebeyi üst üste koyarak bir yatak yapmışlardı. Yorgan yerine de bir yamçı veriyorlardı.

Kırlarda, dağlarda, su kıyılarında uzanıp yatmaya, yağmura, kara karşı bir gocukla örtünmeye alışık olan Mustafa için heybeden yatak, yamçıdın yorgan en yumuşak bir şilte ve en güzel bir örtü demekti. Fakat o, yatmaya değil, konuşmaya muhtaçtı. Bir ayak önce yalnız Posbıyık'ın kızları ile yüzleşmek ve onların ne diyeceklerini anlamak istiyordu.

Mihal da sabırsızdı, o da kızlardan birinin rolünde muvaffak olması için telâş gösteriyordu. Nihayet ayağa kalktı:

- Yorgunsun Mustafa Bey, dedi, ben ahıra çekiliyorum.

Kızları birer birer yanına yollayacağım. Konuştuğumuz gibi kendileri ile anlaş. Umarım ki onlardan biri bize yol gösterir, yapacağımız işi kolaylaştırır.

Ve Allah rahatlık versin diyerek ayrıldı; kızların kümelendiği yere gitti, onların da kulaklarına bir şeyler fısıldayarak karısının yanına çekildi. Üç dakika sonra en büyük kız, Mustafa'nın önünde bulunuyordu. Bütün kadınlığını bir tebessümde toplayarak soruyordu:

- Yiğidim, seni soyayım mı?

Genç akıncı, bu soruya hiç de uygun düşmeyen bir cevap verdi:

- Kazıklı Voyvoda'yı kaçırmak için ne yapmalı?

Kız, bu mesele üzerinde konuşulacağını bildiği için şaşkınlık göstermedi, beş on akıncı ile Bükreş yakınlarında bir yere saklanılması, Voyvodanın gezmek için kırlara çıktığı gün üzerine atılıp yakalanması mülâhazasını ileri sürdü. Mustafa dudaklarını büktü:

- Çocukça bir görüş, dedi, beğenmedim. Benim öcümü arkadaşlarıma yük yapmak elimden gelmez. Sonra ormanlarda filân saklanıp beklemek de sıkıntılı şey. Haydi sen git de bacını gönder. Bakalım o ne yumurtlayacak?

Kız sendeleye sendeleye giderken geri çağırdı, yanağını okşadı ve eline bir altın tutuşturdu:

- Bu, benden sana yadigâr olsun. Deldirip boynuna takarsın, beni anarsın.

Kız, altın istemem, bir öpücük ver diye haykırmamak için dudaklarını ısırıyordu. Fakat bir akıncı önünde her şeyden vazgeçmek lâzım geldiğine inanç beslediği için o dileğini de içinde sakladı, altını alıp çıktı.

İkinci kız daha eşikte iken ablasına yapılan soru ile karşılaştı ve kekeleyerek karşılık verdi:

- Siz birkaç dil biliyorsunuz. Sırplı yahut Macarlı kılığına girin, alış veriş yapar gibi Bükreş'e gidin, bir ev kiralayın, fırsat kollayın, uygun gördüğünüz bir sırada işinizi başarın.

Bu fikir de beğenilmedi ve kız, eline bir altın konularak, getri çevrildi. Üçüncü, dördüncü kızlar ise delikanlı ile Mihal arasında uzun uzun konuşulan yollan yarım yamalak ileri sürmekten başka bir şey yapamamışlardı. Aynı suretle geri yollanmışlardı. Muştala, çocukça bir oyalanma biçimine giren bu konuşmaların tatsızlığından sinirlenmişti, için için Posbıyık dostuna atıp tütüyordu.

İşte bu sırada kızların beşincisi, yaşça en küçüğü içeri geldi. Bu ötekilerden üstün bir güzellik taşıyordu, anlayış bakımından da öyleydi, ablalarına benzemedi. Mihal, bütün ümitlerini bu kıza bağladığından bir aralık öbürlerine sezdirmeden kendini bir kenara çekmişti, uzun boylu konuşmuştu. Bundan ötürü kız hem kafa, hem ruh bakımından hazırlıklı bulunuyordu. Ablalarının kovulduğu yere sağlam bir güvenle geliyordu, sarsılmayan erkeği yıkmak ülküsün den kuvvet ve cüret alıyordu.

Delikanlı tatsızlaşan oyunu çarçabuk bitirmek kaygısıyla bu son ziyaretçiyi de ekşi bir yüzle karşıladı, sorusunu eşiğe fırlattı:

- Senin bir buluşun var mı kız? Voyvoda'yı kaçırmak için ne yapsak dersin?

Kız, kendinden öncekiler gibi sendelemedi, bu sert soru önünde şaşırıp kalmadı, ağır ağır yürüdü, Mustafa'nın önüne geldi, kollarını yarı açık göğsünün üzerine birleştirdi, saçlarının güzelliğini ve sırtının beyazlığını gösterecek bir biçimde eğildi, sonra doğruldu:

- Yiğitim, dedi, soyunmamışsınız. Hele bir soyunun yatağınıza uzanın. Beni sonra sorguya çekin.

Mustafa, titizlendi, haykırır gibi cevap verdi:

- Ben yârenlik etmek istemiyorum, babanın gönlü hoş olsun diye sizinle sudan bir konuşma yapıyorum. Beni soyup da ne edeceksin? Başıma geçip masal mı söyleyeceksin? Çocukluğu bir yana koy da bir düşüncen varsa söyle.

Kız, hiç aldırış etmedi, biraz daha delikanlıya sokuldu, sanki bir aşk şarkısı fısıldıyormuş gibi ılık bir sesle mırıldandı:

- Büyük işler ağır ağır, yavaş yavaş konuşulur. Acele işe şeytan karışır diyen Türklerdir, sen de biraz ağır ol yiğidim. İlkin soyun, uzan. Ben yanına çömeleyim, yanını, yönünü gözeterek dediğin işi inceleyelim. Bu daha iyi, daha doğru olmaz mı?

Demiri eriten ateş gibi bu mırıldanış sinirlere gevşeklik, yumuşaklık veriyordu. Sylli dönüşünde Marya'nın dudaklarından sızan alev, şimdi de bu genç kızın ağzında yanıyordu, Mustafa'nın hatıraları birer birer şahlanıyordu. Buna rağmen sert davranmak istedi, kızı eli ile itmeye, kendinden uzaklaştırmaya yeltendi. Bu hareket, Marya'nın yumuşaklığını kendine hatırlatmaktan başka bir fayda vermedi. Parmakları sızladı ve kız yerinde kaldı.

Odada, mum vazifesini gören çıra kümesi sönmek üzereydi. Gece bu durumda daha hızlı bir kucaklayışla onları sarmaya başlı yordu. Yavaş yavaş kızın saçlarındaki renk görünmez oluyor, yalnız dudakları parlıyordu. Bu dudaklar, gecenin göğsüne atılmış iki kızıl yakuta benziyordu ve gerçekten güzel görünüyordu.

Genç akıncı o çoğalan karanlık, o aralarında bir dizi inci gülümseyen iki parça yakut ve yüzüne dökülen ılık hava içinde bir bunalma buyuyordu, vakti ile at üstünde geçirdiği sersemliğe benzeyen bir beyin sarsıntısına uğruyordu. Bundan kurtulmak, yapılmasını gerekli bulduğu konuşmayı çabuk bitirmek için yatağına uzanmaya razı oldu, börkünü, sakosunu attı, çizmelerini çıkardı, kebelerin üstüne yığıldı:

- İşte, dedi, yakut parçası arasında taşıdığı incileri açığa vurarak yürüdü, delikanlının dizi dibine oturdu, kelimesi başka ve anlama gelen başka bir sesle konuştu:

- Düşüncemi beğeneceksin yiğidim, kuşkusuz beğeneceksin. Lâkin bu bir alışveriştir. Pazarlık ister.

- Ne pazarlığı?

- Öyle ya. Ben size yol göstereceğim demek ki bir iş görecelim. Bu emeğin karşılığı olmasın mı?

- Para istiyorsun galiba. Vallahi hoşuma gitti. Sen akıllıb ir kıza benziyorsun. Bedava konuşmak bile işine gelmiyor. Peki, razı oldum. Eğer düşünceni beğenirsem sana on altın veririm.

- Ben para istemem yiğidim, seni isterim.

- Beni mi? Amma yaptın ha? Ben alınıp satılır kişilerden değilim. Türküm, akıncıyım. Biz alıp satarız ama satılmayız.

Yanlış anladın yiğidim, seni isterim demek, sana kul olmak isterim demektir!

Çıra kümesi büsbütün sönmüştü, yalnız havada dolaşan islerden bir koku dökülüyordu. Kız da belli belirsiz bir sürünüşle yerini değiştirmişti, Mustafa'nın ta yanına ulaşmıştı. Odaya düşmüş bir mehtap gibi pırıl pırıl parlıyordu. Genç akıncı, kullandığı kelimelerden bambaşka manalar sızan bu pek sıcak nefesli kızın burnuna kadar sokulmasından tatlı bir ıstırap duyuyordu.

Zihninde hep Marya vardı, damaklarında onun yaşattığı dakikaların ateşi dolaşıyordu. Bir aralık kafasında eski Türk masallarındaki tipler canlanmaya başladı. Alanguvaları, Kırgızları düşünür oldu.

Ortaçağın henüz kapanmak üzere bulunduğu o devirlerde akıncılar, Oğuz Türklerinin âdetlerini muhafaza ediyorlardı, akınlar da mola verilirken Ozanlar kopuz çalarak eski masalları okurlardı. Müslüman Osmanlılarda sonraları yer tutan mevlit okumak âdeti nasıl dinî bir değer taşırsa, Ozanların böyle eski destanları ırlamaları da öyle bir değer taşırdı.

Mustafa, henüz genç ve pek genç, olduğu için o masalları daha coşkun bir hazla dinlerdi ve onlardan doğma rüyalar görerek nazlarını uykularında da yaşardı. Şimdi yanı başında konuşan mehtabın zoru ile gene o masalların heyecanına dalmıştı. Derin derin düşünüyordu.

Kız susmuştu, Mustafa'nın vereceği cevabı bekliyordu, münakaşaya da kendini hazırlıyordu. Delikanlıyı yatağa oturtmakla, uzun sürecek bir söz kapısı açmakla kovaladığı amaca doğru kuvvetli bir adım atmış oluyordu. Bu zaferden sevinç ve kıvanç duyuyordu, daha ileri gitmek için yüreğinde sarsılmaz bir cesaret buluyordu.

Genç akıncının iç durumu da kızın bu cesaretini kuvvetlendirecek bir biçimdeydi. O, Alanguva adlı hükümdarın çadırına gökten inen yeşil gözlü güzeli, Alanguva'nın bu güzel ile geçirdiği geceyi, sonra Kazaklar Hakanı Sağın Hanın kızı ile kırk halayığının gümüş gibi parlak bir suya parmaklarını daldırarak ana oluşlarını düşünü yordu. Kendisi de işte Alanguva durumunda bulunuyordu, ona bir erkek aşk sunduğu gibi kendine de bir dişi mehtap aynı şeyi sunmak istiyordu. Bu, uluorta bir tesadüf müydü, yoksa akıncı ozanlarının söyledikleri gibi bütün insanlar için senede bir aşk gecesi yaşamak zarureti mi vardı?

Mustafa, hayalinin ve ruhunda kökleşen masum itikatların zoru ile işte böyle kuruntular geçiriyordu, yanı başındaki mehtabın ışığına büsbütün kapılıyordu. Bir aralık kendini topladı:

- Bana kul olmak istiyorsun, dedi, iyi. Lâkin bu nasıl olur? Posbıyığın kızı, dudaklarına yaman bir iştiha bulaştıran olgun bir elmayı ağaçtan koparmak ister gibi kollarım uzattı ve mırıldandı:

- İşte böyle!

Mustafa, emeğinin bedelini peşin ödeten, satacağı şeyi göstermeden parasını alan kızın bu becerikliliğini de beğenmişti. Gülerek onu alkışlıyordu:

- Yaman kızsın vesselam. Beni bile büyüledin, ne yaptığını bilmez bir biçime koydun. Sen, şimdi inandım, şeytanı da baştan çıkarırsın, pabuçsuz korsun.

Ve sonra merakla anlamak istiyordu:

- Şu Voyvoda işini de böyle kolaylıkla kesip atacak mısın? Eğer bunu da başarırsan seni dost edinirim, akıl kâhyası yaparım, yanım da tutarım.

- Kazandığı zaferin verdiği sarhoşlukla büsbütün açılıp dökülen kız, bir taraftan kızıl yakutlarını delikanlının dudaklarında cilalıyor, bir taraftan babasının öğüdüne göre söz söylüyordu.

- Voyvoda'yı kafese koymak, seni kazanmaktan güç müdür yiğidim? Bunu başaran onu da haydi haydi başarır. Yalnız sen bana söz ver.

- Neye söz vereyim?

- Voyvoda ile baş başa kalmak yolunu bulunca babamı, beni, kardeşlerimi burada koymamaya.

- Sizi sırtımda mı taşıyacağım, bu ne çeşit iş?

- Sırtında taşıma yiğidim. Burada bırakma. Bizi kendi yurduna götür.

Anladım, korkuyorsunuz, Voyvodanın adamlarından ziyan ge lir diye ürküyorsunuz. Öyleyse buna da peki. Sizi ben takımınızla bizim İskender Bey'e yollarım o, hepinizi korur, yer bulup yerleştirir, çift çubuk verir. Ben de sağ kalırsam ay sonunda sizi görmeye gelirim. Bu geceyi baş başa veririz, anarız.

İşte bu anlaşmadan sonra kız, çareyi ortaya koydu, delikanlının köle biçimine girmesini, babasının da onu satın almış gibi görünerek saraya götürmesini, Voyvoda'ya armağan etmesini söyledi. Buluş ustacaydı, o yolda davranılırsa Voyvodanın tuzağa düşürülmesi kolaylaşacaktı. Bundan ötürü gün doğarken odadan ayrılan zeki kız, delikanlının da, babasının da aferin erini kazanmıştı. Fakat onun en büyük kazancı o gece idi ve bütün ömrünü bu geçenini hâtırası ile geçirecekti.

Drakula sarayına getirilen köleyi çarçabuk gözbebeği haline koy muştu, bir an bile yanından ayırmıyordu, onun yalnız genç ve güzel değil, iş bilir bir yiğit de olması bu sevgiyi çoğaltıyordu. Yaksiç'i kaybettiği, zindanlara düştüğü günden beri içinde toplanan, kümelenen pis hevesler, murdar dilekleri şimdi halka halka yılanlaşıyor, damaklarını sarıyor, gözüne bulantı ve karartı getiriyordu. Kardeşi Radül'ün Voyvoda olabilmek için oynadığı çirkin rolü, Yaksiç'le de kendinin baş başa verip yarattıkları sahneleri bu köle ile yaşamak iştahıyla âdeta çıldırıyordu.

Fakat adının Aldemir olduğunu söyleyen bu genç Türk'te büyülü sanılacak bir durum, bir tutum vardı. Adım atışı, dönüp dolaşışı, konuşuşu çok zarif ve lâtif olmakla beraber bakışı yamandı. Vilad, onu yanına aldıktan sonra belki yüz defa açılmak, kara ve iğrenç dileklerle dolu içini açmak istemişti. Lâkin Aldemir'in o yaman bakışı ile karşılaşır karşılaşmaz dili tutulmuş, yüreği burkulmuş ve bütün cesareti kınlı vermişti. Kendisi ile onun durumunu karşılaştırınca erkek bir aslana gönül veren, ona aşk buketleri sunmak isteyen bir dişi tavşan vaziyetinde bulunduğunu sezer gibi oluyordu, hırsından kıvranmaya başlıyordu. Ara sıra bu dişi tavşanlıktan kurtulmak, hiç olmazsa bir dişi kurt kadar boy, bos sahibi olmak, gür sesi ile heybetli yelesi ile sonsuz bir güç temsil eden olgun ve dolgun endamı ile kendini çileden çıkaran aslana yanaşmak isterdi. Fakat ne yapsa, sezdiği gerçeklikten, cılızlıktan sıyrılamazdı. Aldemir'e karşı zayıf ve çelimsiz bulunmaktan kurtulamazdı. Ona bu küçüklüğü, bu çelimsizliği, bu dişi tavşanlığı hissettiren hep onun bakışıydı. Elinden gelse Aldemir'e kaim ve siyah camlı bir gözlük takacak, o büyü püsküren bakıştan kurtulacak ve dişi kurt saldırışı ile aslana yanaşacak, aşk ve merhamet dilenecekti. Lâkin delikanlıdaki nurlu gururlu bakışların en kanlı camları da deleceğini düşünerek o düşünceden vaz geçiyordu.

Fakat atılmak, bir hamle yapmak da onun için önüne geçilmez bir ihtiyaçtı. Gün geçtikçe kara ve iğrenç dilekleri kabarıyordu damarlarını parçalayacak derecede coşkunlaşıyordu. Vilad, içinde dalgalanıp duran bu kötü ve murdar dilekleri ortaya atmazsa Çıldıracağını anlıyordu. Bu sebeple düşünüp taşındı, Aldemir'i avlamak için bir tuzak kurmaya karar verdi. Onu Marya ile tanıştıracak, şarap içmeye alıştıracak ve delikanlının bir taraftan kadın kokusu, bir taraftan şarap kokusu dumanı ile sarhoş olmasından istifade edecekti.

Vilad'ın böyle bir düşünceye kapılmasında ruhî bir ıstırabın da tesiri vardı. Erkek düşkünü bir kadın ihtirası ile Aldemir için yanık özlemler taşıyan sefil adam, aynı zamanda Maryayı da seviyordu, onun önünde kadınlık itiyatlarından ayrılıp ateşli bir erkek ölüyordu. Halbuki kıskançtı da. Ondan ötürü Maryayı Aldemir'e göstermiyordu, iki genci birbirinden uzak bulunduruyordu. Bu, kendini de ikiye bölünmek ihtiyacına çarpıyordu. Çünkü Maryanın yanında Aldemiri, delikanlının yanında da genç kadını düşünüyordu.

Delikanlının büyü püsküren bakışları önünde duygularını ve dilediklerini haykırmaktan ürkünce bir taşla iki kuş vurmak kabilinden bir plân çizivermişti, onları karşılaştırmak ve Aldemir'i sarhoşlatma emeline dayanan bu plânda kızın delikanlıya, onun da kıza uzaktan merhaba demeleri de vardı. Kıskanç sefil, iki sevgilisini bir anda görmek, birine bakıp bozuk ruhunda kökleşen kadınlaşma ihtiyacını ve öbürüne bakıp yaratılışındaki aç sırtlan istinasını avutmak ve fakat iki genci birbirine yabancı bırakmak istiyordu.

Bu karışık bir plândı. Lâkin, kendine güveniyordu. Maryanın kamçılanmaktan, hançerlenmekten. Aldemir'in de kazıklanmaktan korkarak gençliğin zoruna göğüs gereceklerini, birbirine gönül vermekten çekineceklerini umuyordu.

İşte insan hayatında bol bol görünen gafletlerden biri de budur. Kimi debdebesine, kimi servetine, kimi şöhretine güvenen nice in sanlar görülmüştür ki, tabiatın hükümlerine tahakküm edebileceklerine inanmışlar ve bu yüzden maskara olmuşlardır. Evlerinin bir yanında düzinelerle genç kız, öbür yanında düzinelerle genç erkek bulundurup da onlardan etek temizliği bekleyen, sonunda bir sürü piçin babası sayılmak durumuna düşen adamların sayısını oranlamak mümkün müdür? Bunların taç giyen takımı tarihlere de geçmiştir. Söz gelimi Harun reşid ve Humariveyh Harun reşidi herkes bilir. O, Çin hududundan Atlas denizine kadar uzaman bir ülkenin hükümdarıydı. Hazinesine su gibi altın, ayaklarının altına gene o bollukta yüzsuyu dökülüyordu.

Bir kölesine bir ülke bağışlayabiliyordu, tacidarlar elinden ülkeler alıyordu. Bu kudret, bu servet ona tabiatın hükümlerini de yene bileceğini umdurdu, candan sevip te her gece yanında bulundurmak istediği Bermekoğlu Cafer'le kendi kız kardeşi Abbaseyi -zifafsız bir nikâhla- birleştirmek tuhaflığını yaptı. Onun düşüncesine göre bu nikâh yüzünden Caferle Abbasenin bir yerde buluşmaları mümkün olacaktı kendince pek gerekli olan şey bu idi. İkisini de çok seviyordu ve ikisinin de saz ve şarap meclislerinde yanında bulunmalarını istiyordu. Lâkin bir Halife kızının bir vezirle evlenmesine gelenek olmadığından onların karı koca olmalarına da muvafakat edemiyordu. Bundan ötürü zifafsız nikâh çaresini bulmuştu. Cafer'le Abbase'nin kendinden korkup gençlik ve nikâhlılık haklarından istifade etmeyi düşünmeyeceklerine inanıyordu.

Bu inancın ne kadar gülünç olduğunu tarihler yazıyor: Genç Abbase ve genç Cafer, Halifenin sözüne değil, tabiatın hükmüne uydular, iki tane yavru çıkardılar. Harun, yıllardan sonra bu işi haber aldı,

tabiata ceza veremeyeceği için onun sözünü dinlemek zorunda kalan masumları mahkûm etti, parçalattı. Humariveyh Mısır'da saltanat süren hükümdarlardandır. Tulün oğullarındandır. O da sarayında binlerce halayık ve binlerce köle bulunduruyordu. Kendisi sabahtan akşama kadar durup dinlenmez, yorulup uyumaz kuduz bir kelebek gibi kumral bir saçtan siyah bir göze, ak bir gerdandan, esmer bir yanağa akıp giderken o binlerce dişinin ve erkeğin put gibi duygusuz, hareketsiz kalacaklarını sanıyordu. Halbuki onlar da tabiatın çocuklarıydı, başlarında taçları, altlarında tahtları yoksa da damarlarında kan, göğüslerinde yürek vardı.

Onun için bir gün, iki gün dişlerini sıktılar, tabiatın kendileri ne aşıladığı ihtiyaçları yenmeye çalıştılar. Sonunda - bütün varlıkları gibi - o ihtiyaçlara boyun eğdiler, dilsiz ve dilmaçsız anlaştılar, hükümdarın iri kilitlerle kapattığı demir kapıları kolaylıkla aştılar, bir birleriyle buluştular ve sarayda eşsiz bir gerdek âlemi kurdular. Humariveyh de tabiatın kılavuzluğuyla kendi şerefi aleyhine kazanılan bu zaferi pek geç duydu, çoğu ana olmak üzere bulunan halayıklarla onları bu tabiî zevke kavuşturan erkekleri toptan ölüme mahkum etmek istedi. Lâkin aşkın tadını alan, hayatın öz anlamını sezerek gözleri açılan köleler ve halayıklar onu memnun etmek için ölmek istemediler ve kendisini öldürdüler.

Vilad, kudret bakımından Harun'un kölesi, Humariveyh'in de belki köpeği olamazdı. Lâkin gaflet ve nefsine güven bakımından onlarla bir ayardaydı. O da tabiatın hükümlerine tahakküm edeceğini umuyordu, bu umuşla da iki genci bir arada bulundurmakta mahzur görmüyordu. Bu, ateşten yakmak ve pamuktan yanmak hassasını kaldırmak istemeği andıran bir işti.

Vilad, iki ayrı sebeple bu işi yaptı. Bir gün Marya'yı yanına çağırdı.

- Güzelim, dedi, ben bir köle aldım. Adı Aldemir. Genç, dinç, çevik, anlayışlı bir Türk. Akşamları onun bana hizmet etmesini, şarap sunmasını istiyorum. Eli işe çok yaraşıyor. Seni de zevk âleminde yanımda görmezsem ağzımın tadı kaçıyor. Onun için sarayımda yürüttüğüm kanunu bozuyorum. Aldemir'in bizim odamıza, şu gizli yuvamıza gelmesine ve bize hizmet etmesine emir veriyorum. Duvar, kertenkelenin güler yüzle ve tatlı dille söylediği bu sözlerde kayıtsız kaldı, omuz silkmeye bile lüzum görmedi, duymamış gibi davrandı. Vilad, onun bu durumuna karşı sert sert içini çekti, ilâve etti:

- Yalnız bir nokta var: Ben kıskancım, çabuk kuşkulanırım ve kuşkulanınca ateş kesilirim. Dalgın bulunup da köleye güleyim, yal taklanayım deme, ikinizi de öldürürüm.

O, aynı öğüdü Aldemir'e de tekrarladı ve hemen o gece mükellef bir sofra kurdurdu. Delikanlıyı -sarayda hiçbir erkeğin adım atamadığı- cümbüş odasına götürdü, Marya ile karşılaştırdı. Vilad, iki genci şu kelimelerle birbirlerine tanıtmıştı:

- Göz bebeklerimden biri dişi, biri erkek. İşte onları yan yana getiriyorum. Marya sağ gözümün. Aldemir sol gözümün bebeği. Demek ki bana dünyayı ışık gösteren sizsiniz. Bunu biliniz de öz kardeş gibi davranınız, beni eğlendiriniz!

Marya, Aldemir diye kendine tanıtılan delikanlının odaya
girmesi ile beraber soluveren, bakışı gene birden kızıllaşan sev-
gilisinin dudaklarını ısırarak verdiği işareti görmeseydi şüphe
yok ki bayılacaktı, yere yıkılıp kalacaktı. Fakat, kendisi kadar
ve belki kendinden ziyade belinlediği, hem de ıstırap içinde
kıvrana kıvrana belinlediği halde soğukkanlılığını çarçabuk
bulan genç akıncının parmağını solgun dudaklarına götüre-
rek verdiği işaret, ilâhî bir emir gibi onu hayretten, dehşetten
kurtardı, yıkılmaktan korudu, ayakta tuttu.

Vilad, yıldızdan yıldıza dolaşan bir kara bulut gibi Marya-
dan Aldemir'e ve Aldemir'den Maryaya göz çevirerek onların
durumu nu süzüyordu. İki genç arasında tanışıklık olduğunu
sezinlememişti. Lâkin ikisinin de bir sarsıntı geçirdiklerini
anlamaktan geri kalmamıştı. Bunu ayrı ayrı sebeplere veri-
yordu. Kendince Maryanın, yalnız kalmaya alıştığı bir hayata
başka bir erkeğin karışmasından

şaşırdığına hükmediyordu. Delikanlının ise Türk olmak
dolayısı ile bir kadın önünde ve bu biçimde bir şaşkınlık ge-
çirmesini tabii buluyordu. Bununla beraber onların duygu-
larıyla ilgilenmesi çok sürmedi, kendi kuruntularına ve dü-
şüncelerine daldı. Biri kadına biri erkek güzelliğinin örneği
sayılacak kadar seçkin yaratılmış olan şu iki genç arasında
bulunmaktan derin ve pek derin bir kıvanç duyu yordu. Öte-
den beri göz diktiği Buğdan tahtı, erişilmez bir serap gibi rü-
yalarını koşturan Macar tacı o anda sağına ve soluna konulsa
şu iki güzel insanın arasında bulunmaktan aldığı hazzı belki
duymayacaktı Marya, Buğdan tahtından çok daha güzeldi.
Aldemir Macar tacın dan çok daha değerli idi.

Vilad böyle bir kuruntu ile kendi kendine böbürlenip durur-
ken Marya gözlerini yere çevirmişti, gamlı gamlı düşünüyordu.

İşte doğmayacağını sandığı güneş ansızın belirivermişti. Benliğini aylardan beri saran yas gecesini parçalamıştı. Fakat bu umulmayan doğuş, bu beklenilmeyen kurtuluş bir bahtiyarlık yolunu mu gösterecekti, yoksa, sönüp giden has gecesinden daha karanlık bir uçurumu mu? Marya, gözü önünde beliren güneşin yalnız kendi benliğini değil, zalim ve hain bir hakikati de aydınlattığını görüyordu. Sevgilisi orada, şu zevk salonunda yalnız kendini bulmuyordu, kirletilmiş bir fışkın cenazesi ile de karşılaşmış oluyordu. Kirden iğrenen delikanlı bu çamurla örtülü cenazeye karşı acaba nasıl davranacaktı? Tekmeleyip geçecek miydi, yoksa çamurlarını silmek ve onu yeni baştan yaşatmak mı isteyecekti?

Mustafa'nın düşünceleri daha yanık, daha derin ve daha acıklı idi. Yüzlerce Türk'ün ve o arada kardeşi Kara Murat'ın katili olan Voyvoda'nın kendi kalbini de öldürdüğünü, aşkını parçaladığını görüyordu. Bu görüş üzerine düşmanım bir kere daha ölüme mahkûm etmişti. Kazıklanan Türklerin, şişe vurulup kebap edilen kardeşinin öcünü alırken bu çiğnenmiş, kirletilmiş aşkın da hesabını soracaktı. Bunu kurmakla, bunu kararlaştırmakla –içinden kabarıp gelen- boğmak, parçalamak arzusunu yeniyordu, soğukkanlılığını koruyabiliyordu.

Lâkin anlayamadığı, anlamak istediği bir nokta vardı: Marya buraya nasıl gelmiş veya getirilmişti? Bu noktanın etrafında başka noktalar da sıralanıyordu: Marya, kendini şu sefil adama satmış mıydı? Laybahtan alınışını, yollarda geçen aşk vakıalarını ve hele Prens Davut adını taşıyan adamla münasebetini Voyvodaya anlatmış mıydı?.. Kızın bu sarayda ve şöyle bir durumda bulunmasına göre Vilad tarafından kirletildiği anlaşılıyordu.

Fakat öbür noktalar karanlıktı. Yalnız kızın kendisi ile olan ilgi sini hikâye etmiş olsa bile bu ilgiyi şimdi açığa vurmak istemediği belliydi. Öyle bir niyeti olsa ve Vilad'a candan bağlı bulunsa kendini görür görmez: "İşte Mustafa budur!" diye bağırması lâzım gelirdi. Bunu yapmadığına göre, kızın Vilad'a değil, kendine yar olacağı seziliyordu.

Genç akıncı, savaş yollarında dolaşmaktan, can pazarlarında hayat alışverişi yapmaktan doğma bir olgunlukla her ihtimale karşı kendini hazır bulunduruyordu. Marya, bir Voyvodanın gözdesi olmayı büyük bir bahtiyarlık bilerek kendine ihanet ederse tehlike ye düşecekti. Buna rağmen ürkmüyordu, Vilad'ın hakikati sezip de saldırmaya kalkıştığı dakikada üzerine atılıp dişi ile tırnağıyla onu parçalamayı göze alıyordu.

Sahnenin üç aktörü böyle ayrı ayrı düşünceler içinde kendi kendilerini dinliyorlardı. Vilad, uzun bir dalgınlıktan sonra, bu sessizliğin o eğlence salonuna yakışmadığını sezdi, kuruntularından sıyrılarak hakikat sahasına geçti.

- Marya, dedi, bana bir şarap ver!

Kız, yerinden sıçramakla beraber, şuursuz bir telâşla Mustafa'nın yüzüne baktı. Onda en çirkin bir işi yapmak emrini alan ve vicdanından utanan bir zavallı hali vardı. Yüzü bembeyazdı, eli ayağa titriyordu. Muştala da sarsılmıştı, bulunduğu yerde sallanıyordu. Fakat şişe geçirilen kardeşini eliyle çevirirken olduğu gibi bu vaziyette de elemini, ıstırabını yendi, yarım düşünerek o günün ağırlığına göğüs gerdi, kıza göz kırparak istenilen hizmetin yapılmasını söyledi

Vilad, iki yıldızı elinde tutan bir gece gibi oturduğu sedirde yayılıyor, yayılıyor, yayılıyordu. Marya, tenini saran titremelerin hepsini yüreğinde toplayarak sakin bir elle şarap kadehini kendine uzatınca, kötü kötü gülümsedi:

- Aldemir, dedi, bir kadehte sen getir!

Mustafa, sağlam bir yürüyüşle ilerledi, odanın ortasında kurulu duran sofradan bir kadeh şarap doldurdu, Voyvoda'ya sundu. Şimdi iki genç, yan yana gelmiş bulunuyorlardı. Ağızlardan uluorta çıkan nefesler, sanki havaya yayılmıyor, yollarını değiştirerek onların yüzlerine dökülüyordu. Hangisi şöyle bir dönse, yüzünü çevirse öbürünün dudaklarını yakalayacak, hangisinin kolu oynasa öbürünün belini bulabilecekti.

Bu duruma dayanmak, hele Marya için pek güçtü, sevgilisi ile arasındaki küçük ve pek küçük yolu bir kımıldanışla aşmak, onun kolları arasına atılmak, aylardan beri çektiği acıları inlemek, hayatına bulaşan kirleri ruhundan dökülecek yaşlarla yıkamak ve sonra o kucakta yeni bir ömre kavuşmak ihtiyacı ile tutuşuyordu. Lâkin Aldemir adı altında şu saraya gelen, köle rolü oynayacak kadar ağır bir fedakârlığa katlanan sevgilisinin kovaladığına inanç beslediği amacı kaçırmamak, onu güçlüklere çarptırmamak düşüncesi ile bu ihtiyacı yeniyor ve genç akıncının nefeslerini tatlı tatlı emmekle iktifa etmek zorunda kalıyordu.

Mustafa'nın da duyduğu güçlük kızınkinden aşağı değildi. O da burnuna çarpan kokudan alevleniyordu. Fakat bu alev sade bir ihtiras değildi. O, yanı başında duran kıza Birçok hakikatler söyletmek özlemi ile çırpınıyordu. Sonra, tek başına karşısında oturan ve Maryaya şakilik ettiren sefil düşmanını alaşağı edip parçalamak için de dayanılmaz bir ihtiyaç duyuyordu. Fakat birkaç kere ölüme mahkûm ettiği adamı bir kere öldürmüş olmamak için dayanıldık gösteriyordu, hareketsiz kalıyordu.

Voyvoda, iki elinde iki kadeh, bu iki güzel gence bakıyordu. Se vinç ve kıvanç içindeydi. Gökten yere inen biri dişi, biri erkek iki yıldız elinden şarap içiyormuş gibi yaman bir haz içinde, geviş getiriyordu. Üç beş dakika bu hazzın sarhoşluğu ile oyalandı, sonra çirkinleştirdi:

- Çocuklar, dedi, iki kadehi birden içiyorum. Bu kadehlere sizin eliniz değdi, kokunuz sindi. O kokular, içimde birbirine karışacaktır ve siz yüreğimde birleşmiş olacaksınız!

Maryanın da, Mustafanın da kanları kurumuş gibiydi, herif her katrayı içine sindire sindire kadehleri boşaltırken onların damarları âdeta boşalıyordu, o kadar iğreniyorlar ve tiksiniyorlardı. Fakat tahammül ediyorlardı, cellât ruhlu adama kendi iç durumlarını sezdirmiyorlardı.

Vilad, bir avuç kan içmiş gibi derin bir hazla dudaklarını şapırdattı, kadehleri -gene ayrı ayrı- gençlere verdi:

- Haydi, dedi, siz de içiniz, hem bu kadehlerle içiniz. Sizden bana koku bulaştığı gibi benden de size ateş bulaşsın.

Marya, candan kendine bağlı olmakla beraber yanında pek az kaldığı için Mustafa'nın şarap içmediğini bilmiyordu. Hele onun şarap görünce ne acı hâtıralarla karşılaştığını oranlayamazdı. Onun için Vilad'ın bu emrine sevgilisinin uysallık göstereceğini sandı. Kendisi ise şarap içmeye alışkındı. Bu saraya geldiğinden beri de elemini unutmak, hayatına musallat olan kertenkeleyi yarı kör bir gözle görmek için bol bol şarap içiyordu. Bu içiş ona bir şifa olmasa bile bir rüya veriyordu ve Vilad'ın aşk adı altında yaptığı işkenceleri o rüya içinde geçirmiş oluyordu.

Bundan dolayı tereddüt etmeden sofraya yanaştı, elindeki kadehi doldurdu, gene yerine döndü, beklemeye koyuldu. Sevgilisinin de aynı şeyi yapmasını gözlüyordu. Lâkin, bu durumu görünce biraz sertçe emrini tazeledi.

- Ne duruyorsun Aldemir? Doldur ve iç!

- Ben şarap içmem!

Vilad şöyle bir toplandı, haykırmaya hazırlandı. Sonra biri sürü sahnelerle süslemek istediği şu meclisin tadını küçük bir sebeple kaçırmamayı düşünerek kendini zorladı, Aldemir'e cevap vermeyerek yüzünü Maryaya çevirdi:

Sen, dedi, kadehin yarısını iç, kalanını bana ver! Bu, genç kızdan dudaklarını istemek gibi bir şeydi ve o, ne pahasına olunsa ol sun böyle bir işi Mustafa'nın yanında yapamazdı. Gerçi kirlenmişti, baştan aşağı çamur içinde idi. Fakat sevgilisinin gözü önünde dudaklarını Voyvodaya sunmak elinden gelemezdi; ölse gelemezdi. O sepeple ne kendi durumunu, ne de genç akıncının taşıdığı maske al tındaki esrarı düşündü, âşığına karşı saygı göstermek kaygısından başka hiçbir şeye değer vermedi, elindeki kadehi bıraktı, iki kelime ile isyanını haykırdı:

- Ben de içmem!

Vilad ilkin belinledi, yabancı bir dille kendine sövülmüş gibi o sözlerin anlamını yalnız göz ile sezdi, sonra köpürdü, yerinden fırladı, Maryanın saçlarını yakaladı, iki yanağına iki sille yapıştırdı ve haykırdı:

- İçmez misin, içmez misin, bir daha söyle, içmez misin?

Mustafa, ellerini sıkmıştı, tırnaklarını avucuna batırıyordu, dişleriyle de dudaklarını kan çıkarasıya ısırıyordu. Bütün Plânlarını altüst edecek bir atılıştan kendini korumak ve gözü önünde geçen şu olayı haz eylemek istiyordu. Kendine ilk aşk rüyasını yaşatan kadının dövülmesine karşı sessiz kalmak elinden gelmiyordu lâkin mukaddes hıncı düşünerek ve Vilad'ı bir kere daha ölüme mahkûm ederek bu ağır imtihandan kurtulmaya savaşıyordu. Şimdi gözlerini de kapamıştı, en kirli bir kucağa düştüğünü görmekle beraber gene sorup dinlemeden mahkûm etmek istemediği dünkü sevgilisinin, kendisini bir ayak önce parçalamak dilediği bir düşman tarafından dövüldüğünü görmekten çekiniyordu. Bu durumda soğukkanlılığını daha iyi koruyacağını umuyordu.

Fakat Vilad'ın yapıştırdığı üçüncü ve dördüncü sille Maryanın tahammülünü kökünden yıktı ve kadın her şeyi unutarak inledi:

- Mustafa, acımıyor musun bana?

Yalnız maskesinin bir dost eliyle kaldırıldığını gören Mustafa'nın değil, Vilad'ın da gözleri birden açıldı ve iki erkeğin bakışları karşılaştı. Voyvoda'nın elleri çözülmüştü, kadını şuursuz bir gevşeklikle bırakarak bön bön genç akıncıya bakıyordu. Mustafa, adının ve Marya ile tanışıklığının ortaya konulmasından doğma şaşkınlığı hemen gidererek durumunu düzeltmiş, yapacağını kararlaştırmış bulunuyordu. Kolları göğsünde, bekliyordu.

Vilad, uzun bir zaman delikanlıyı, sonra Marya'yı süzdü, sonra hızlı bir muhakeme yürüttü, iyi kurulmuş bir tuzağa düştüğünü anladı. O, Marya'nın ve Aldemir'in danışıklı bir dövüş gibi önceden anlaşarak bu sarayda birleştiklerine hükmediyordu. Bu hükmün sakat taraflarını sezmekle beraber önünde beliren hakikate bakarak kanaatini gerçek buluyor ve aldatılmış olmak yüzünden kabına sığamayacak kadar kızıyordu.

Fakat korkmuyordu, nasıl bir ülkü ile kendini gene kendi sarayında tuzağa düşürdüklerini pek de oranlayamadığı şu iki düşmandan biri kadındı, bir tutumluk canı vardı. Öbürü dinç ve erkekse de silâhsızdı. Onun Türk gücü taşımasına rağmen silâhsızlığı büyük bir eksiklik demekti, tırnaksız aslan yavrusundan farkı yoktu. Halbuki kendinin, belinde hançer vardı, bilekleri de henüz kuvvetli idi.

Voyvoda aklından bu düşünceleri geçirdikten sonra ağır ağır yürüdü, elini hançerinin kabzasına koyarak Mustafa'nın karşısına dikildi:

- Senin adın Aldemir değil de Mustafa'dır, öyle mi?

- Öyledir Drakula!

- Vilad, kendini pervasızca şeytan diye anan delikanlının üstüne atılmamak için nefsini zorladı, homurdanır gibi bir sesle sorguya devam etti:

Bu kahpe ile tanışıyorsun, öyle mi?

- O benim artığımdır Drakula. Aslan yalağından köpekler su içemez ama sen bu yiğitliği gösterdin. Fakat dişlerin sökülecektir.

Vilad, uzun sorularla Aldemir'in, Marya'nın taşıdıkları sırrı öğrenmek, ondan sonra bu iki suçluyu cezalandırmak istiyordu. Lâkin delikanlının kendini Drakula diye anmakla iktifa etmeyerek köpekleşmesi ve üstelik dişlerini sökeceğini söylemesi üzerine soğukkanlılığını kaybetti, öğrenmek istediklerini Mara'ya söyletmeyi tasarlayarak, hançerini çekti, Mustafa'nın üzerine atıldı...